Essays on History
and Education

史林探径

杨共乐◎著

北京师范大学出版集团
BEIJING NORMAL UNIVERSITY PUBLISHING GROUP
北京师范大学出版社

序　言

　　史学是一门大学问，中国古代的史学更是如此，以至于我国著名史学家梁启超直言："中国古代，史外无学，举凡人类智识之记录，无不丛纳之于史，厥后经二千年分化之结果，各科次第析出，例如天文、历法、官制、典礼、乐律、刑法等，畴昔认为史中重要部分，其后则渐渐与史分离矣。"①李约瑟先生也在其著作中明确指出："事实上，在中国文化中，能被称为'科学女王'的不是神学或形而上学，更不是物理学或数学，而是史学。"②中国史学的发达既取决于对史学的重视，更取决于对史学人才培养的关注。唐时礼部尚书郑惟忠曾问刘知幾："自古文士多，史才少，何耶？"刘知幾回答说："'史有三长：才、学、识。世罕兼之，故史者少。夫有学无才，犹愚贾操金，不能殖货；有才无学，犹巧匠无楩楠斧斤，弗能成室。善恶必书，使骄君贼臣知惧，此为无可加者。'时以为笃论。"③后来，章学诚又在史学三长"才、学、识"的基础上增加了"史德"。善文、炼事、断是非始终是从史者必须修炼的功课。近代以来，史学越来越走向专业化。史学专业化大大推进了历史学的发展，但同时也使历史学本身失去了许多宝贵的东西。传统史学的训练模式和方法日益为人们所遗忘，只具备单一知识结构的学者很难读透综合知识结构下产生的思想。历史工作者的培养面临严峻的挑战。

　　早在20世纪80年代，白寿彝先生就已经意识到了历史学人才培养方面的一些缺陷，并推行了一系列改革措施，取得了很好的效果。我有幸

---

　　①　梁启超：《中国历史研究法》，32页，上海，上海古籍出版社，1998。
　　②　［英］李约瑟：《文明的滴定：东西方的科学与社会》，张卜天译，227页，北京，商务印书馆，2016。
　　③　《新唐书·刘知幾传》。

认识了白先生，并受到白先生教育、指点多年，收获丰硕。他指导我读"活书"，鼓励我读好行政管理这部"活书"，认为行政管理这部"活书"是历史学研究不可或缺且必须认真对待的必读书，读好这部"活书"对于历史学知识结构的构建非常必要。我不断思考着白先生对我的教诲，并自觉将其付诸行动，扩大知识面，补好实践这门课，博观约取，勤践精思，努力提高自身创造知识的能力。多年的实践表明，白先生的教育对我合理利用时间，辩证看待"平面之书与立体之书"之间的关系帮助极大。正是在白先生的点拨下，我慢慢地养成了读"活书"、看"活书"的习惯。我由衷地感谢白寿彝先生。

本书分"史学释义"、"史苑练艺"（上）、"史苑练艺"（下）与"史坛讲习"四部分。"史学释义"是我对历史学一些问题的思考，主要训练自己的判断能力；"史苑练艺"主要立足于古罗马，既炼事又练文，希望在清明的文字之上泛起思想的涟漪；"史坛讲习"为我对大学及学科的定位，有授课的部分内容，也有与学生一起完成的习作。如果我的实践能给读者带来一定的启发，那就是对我的最大鼓励。

杨共乐

2016 年 2 月 28 日

目　录

史学释义

史苑练艺（上）

史苑练艺（下）

史坛讲习

史 学 释 义

历史是人类最好的老师

　　自中国共产党第十八次全国代表大会以来，习近平总书记在多种场合阐述历史的重要性，阐述学习历史、研究历史对把握今天、开创明天所起的重要作用。他多次强调："历史是最好的教科书，也是最好的清醒剂"；"对我们共产党人来说，中国革命历史是最好的营养剂"；对于中华民族精神，"从历史的角度分析更深刻"；"历史就是历史，历史不能任意选择，一个民族的历史是一个民族安身立命的基础"。2015 年 8 月 24 日，习近平总书记在致信祝贺第二十二届国际历史科学大会在山东济南召开时，再次提出历史是人类最好的老师，实现中华民族伟大复兴的中国梦需要从历史中汲取智慧。习近平总书记的贺信及其相关讲话精神把人们对历史的认识、对历史价值的认识和对历史功能的认识提高到了一个新的高度。全面、深刻地学习和理解习近平总书记贺信及其相关讲话精神对于推动中国社会科学尤其是历史学的发展意义重大。

　　历史是人类最好的老师。这是因为今天的世界是从昨天的世界发展而来的。连续性是历史的最大特点之一。历史不能被割裂，历史也不允许被割裂。昨天的行为直接或间接地影响着今天的发展，而今天的发展又与昨天的基础紧密相连。人类的历史严格地说就是一部在前人实践的基础上不断推进的历史。马克思和恩格斯指出："历史不外是各个世代的依次交替。每一代都利用以前各代遗留下来的材料、资金和生产力；由于这个缘故，每一代一方面在完全改变了的环境下继续从事所继承的活动，另一方面又通过完全改变了的活动来变更旧的环境。"①而世代依次交替的过程实际上就是站在前人的肩膀上前行的过程，就是前人的智慧在

---

　　① 《马克思恩格斯选集》第 1 卷，88 页，北京，人民出版社，1995。

后人的承传中交接的过程，就是后人在前人智慧的指导、启迪下承师继业的过程。人事有代谢，往来成古今。历史的延续靠人类的传承来完成。

历史是人类最好的老师。这是因为历史忠实地记录下每一个国家走过的足迹，是前人的"百科全书"，是前人各种知识、经验和智慧的总汇。历史舞台上出现的"前言往行"和"嘉言懿行"常常能为后人提供"见贤思齐"的坐标。"君子以多识前言往行以蓄其德"、"厚德载物"、"德行天下"中的"德"也是通过历史这位无私的老师来传行天下，并成为中国人共同认可的行为准则的。

历史是人类最好的老师。这是因为"今天世界遇到的很多事情可以在历史上找到影子，历史上发生的很多事情也可以作为今天的镜鉴"。所谓"前车之覆，后车之鉴"，"前事不忘，后事之师"，"以史为鉴"，"以史为镜，可以知兴替"等都是前人留给我们的重要经验和宝贵财富。

历史是人类最好的老师。历史上哲人们提出的如稽"兴衰成败之理"，"鉴前世之兴衰，考当今之得失"，"承前世之史，有鉴于治道"，"关国家盛衰，系生民休戚"等，都是为了从历史中汲取经验，服务现实，服务当下。再如，历史上经常碰到的中央与地方的关系、主体民族与少数民族的关系、难民与国家安全的关系、民族主体精神的构建和培植等都是政治家不能忽视的大问题。又如，历史上不时引用的"民可近不可下，民惟邦本，本固邦宁"，"水能载舟，亦能覆舟"等都是政治家必须时刻铭记的政治原则。

历史是人类最好的老师。这实际上也对历史工作者提出了更高的要求。因为历史常常通过历史学来加以认识。历史学是认识客观历史的重要途径。马克思和恩格斯指出："我们仅仅知道一门唯一的科学，即历史科学。历史可以从两方面来考察，可以把它划分为自然史和人类史。但这两方面是不可分割的；只要有人存在，自然史和人类史就彼此相互制约。"[1]人是人类史的主角，自然史也只有通过人的研究与总结才能成为现实并发挥作用，产生影响。无论是自然史还是人类史，都是后人经过研

---

[1] 《马克思恩格斯选集》第1卷，66页，脚注②，北京，人民出版社，1995。

究与总结后产生的成果。即使是近代以来分离且规范起来的社会科学也都离不开最直接、最好的老师——学科领域史。正因如此，所以才有"历史研究是一切社会科学的基础"这一至理名言。当然，历史研究要成为一切社会科学的基础也必须付出极大的努力。

应该说，历史是人类最好的老师，中国历史是中国经验的深刻反映，也是中国奉献给世界的最珍贵的精神礼品。众所周知，中国是一个史学大国。中国拥有最丰富的史学遗产，也拥有世界各国所无法比拟的众多的史学名著。史学在中国有很高的地位。梁启超说："在中国，史学的发达比其他学问更利害。"①"中国于各种学问中，惟史学为最发达。"②黑格尔也认为："中国人具有最准确的国史……中国凡是有所措施，都预备给历史上登载个仔细明白。"③中国"历史著作的精细正确"，着实让欧洲人惊叹不已。④ 重史尊史一直是中国文化的最重要特征之一。中国的思想界都极重视历史，敬畏从历史的运动中把握真相的史学成果。学术思想界也多以历史知识作为其立说立论、建言献策的依据。来源于历史的成功经验或失败教训更成为政治家们制定政策的重要参照。之所以如此，是因为历史学中包含着政治家治国安邦的重要经验和智慧。历史是最深刻的国情。中华文明之所以连续不中断，与历史学在文明的发展中所发挥的作用密不可分。中华文明的持续发展表明：历史经验与历史知识对于事业的成功、文明的发展、国家的兴旺意义重大。

在古希腊，在各种学问中史学的地位相对低下。在古希腊人那里，哲学是最高学术的代表。⑤"史"(ἱστορία)还不如"诗"的地位高。因为"史"只是叙述已经发生的事，而"诗"却是叙述可能发生的事。亚里士多德说得更明白。他说："诗比历史学更富有哲理、更富有严肃性，因为诗意在

① 梁启超：《中国历史研究法补编》，见梁启超：《中国历史研究法》，295页，上海，上海古籍出版社，1998。
② 梁启超：《中国历史研究法》，10页，上海，上海古籍出版社，1998。
③ ［德］黑格尔：《历史哲学》，王造时译，167页，上海，上海书店出版社，1999。
④ 参见［德］黑格尔：《历史哲学》，王造时译，125页，上海，上海书店出版社，1999。
⑤ 参见［古希腊］亚里士多德：《形而上学》，吴寿彭译，6页，北京，商务印书馆，1997。

描写普遍性的事件，而历史学则意在记录个别事实。"①史不能产生普遍的意义，因此也不可能成为普遍的价值。"以史为鉴"很难在古代希腊形成共识。古希腊的史学传统对西方影响巨大。在马克思主义产生以前，即使像黑格尔这样的学术大师，也认为："历史与经验教导我们说，各个民族一般都没有从历史方面学到什么。"②旧的唯物主义也认为：在历史的研究中不能得到很多有教益的东西。③ 就是在马克思主义诞生以后，否定历史价值的人也大有人在。因此，在西方的传统中很难产生像"历史是人类最好的老师"这样精辟的思想。

"历史是人类最好的老师"，"历史研究是一切社会科学的基础"非常深刻地概括了历史的作用，明确指出了历史学的神圣使命。"历史是人类最好的老师"，"历史研究是一切社会科学的基础"是习近平总书记在系统总结中国的历史经验的基础上，在马克思主义中国化的伟大实践中提炼出来的经典思想，是历史价值的高度抽象，是中国对世界文明的重大贡献。

历史是人类最好的老师，人类从历史中汲取营养，然后又以自身的实践不断丰富历史的内涵，历史是人类最好的营养剂。我们应该对这位无私且最好的老师致以崇高的敬意。

---

① ［古希腊］亚里士多德：《论诗》，9，5-10，见苗力田主编：《亚里士多德全集》第9卷，654页，北京，中国人民大学出版社，1994。

② 《黑格尔全集》第27卷第Ⅰ分册，《世界史哲学讲演录（1822—1823）》，刘立群、沈真、张东辉等译，17页，北京，商务印书馆，2014。

③ 参见《马克思恩格斯选集》第4卷，248页，北京，人民出版社，1995。

历史学之管理价值

历史是指已经过去的事物与现象，是客观世界以往的发展过程。历史的主体是人。

历史学是帮助人们认识历史、了解人类社会生活的主要路径。重视历史，必须进行历史学探究。而历史学探究又是一项综合工程，其中包括取材、分析、形成思想、得出结论等一系列过程。这一系列过程与科学的研究过程完全吻合。所谓历史学"无用"的观点是站不住的。

从事历史学工作的人需经过严格的训练，这个训练包括文献如何解读，思想如何形成，文字如何表达等。历史不是可以随便打扮的"小姑娘"，更不是所有的人都能随意解释的"玩偶"。历史学需要真实，是在求真基础上的思维活动。"可以随意解释历史"的观点也是不能成立的。

从历史学的训练层面看，我们可以发现史学的训练模式与政治家的决策具有一致性。所以，许多政治家特别重视学习和研究历史，关注历史的作用与历史学研究的成就，这是有道理的。

历史学是一门包罗万象且变化不断的科学，研究的对象众多，内容丰富，但其核心还是建立在经济发展基础上的政治史。有人说，历史是过去的政治，政治是明天的历史。虽然这句话不够全面，但还是有其合理的一面。白寿彝先生说，政治是历史的脊梁；刘家和先生说，历史是现实政治运动发展的轨迹。这些都告诉我们，历史学研究的是大问题，是与国家、民族和社会发展有密切关系的大问题。历史学是治国安邦的必修课程。

古往今来，谈论历史学价值的学者很多，作品也不少，但阐述历史学之管理价值的却寥寥无几。本文选择下述四个方面来对上述问题进行探讨，目的就是想以此来引起人们对这一问题的关注与重视。

第一，历史学是一门能够揭示历史发展规律的学问。马克思和恩格斯在《德意志意识形态》里说："我们仅仅知道一门唯一的科学，即历史科学。"马克思、恩格斯把历史学放到"唯一的科学"这样的高度，说明了历史学在他们心目中的崇高地位。从希罗多德的《历史》到波里比乌斯的《通史》，从维科的《新科学》到黑格尔的《历史哲学》，都是在探究和思考人类社会（尤其是西方社会）的发展定势；从司马迁的"究天人之际，通古今之变，成一家之言"、"罔罗天下放失旧闻，王迹所兴，原始察终，见盛观衰"、"承敝通变"，到司马光的"监前世之兴衰，考当今之得失"，也都是在探寻历代的"成败兴坏之理"。他们的作品也确实回答了许多重要的问题，其众多成果也一直为后人所推崇。

到 19 世纪中叶，马克思从社会存在入手，"发现了人类历史的发展规律，即历来为繁芜丛杂的意识形态所掩盖着的一个简单事实：人们首先必须吃、喝、住、穿，然后才能从事政治、科学、艺术、宗教等等；所以，直接的物质的生活资料的生产，从而一个民族或一个时代的一定的经济发展阶段，便构成基础，人们的国家设施、法的观点、艺术以至宗教观念，就是从这个基础上发展起来的，因而，也必须由这个基础来解释，而不是像过去那样做得相反。"①

马克思的发现深刻地揭示了人类社会发展的客观基础，阐述了众多意识形态、社会活动与这一客观基础之间的关系。这一历史规律的发现影响深远，意义重大。它改变了人类的思维模式，为了解社会问题奠定了科学的分析基础，为制定社会政策提供了理论依据，为执行政策规定了行为准则。把握这一规律可以帮助管理决策者更好地做出科学的决策，帮助民众更自觉、更积极地参与现实之社会建设。

第二，历史学是人们认识历史真实的重要途径。众所周知，历史中蕴含着普遍真理，但这些真理只有通过研究历史才能揭示。唯有历史学，可以在更开阔的视野下观察事物的发展；唯有历史学，可以在更广阔的范围内确定政治家的功绩。人们通过历史科学能够总结出历史的经验与

---

① 《马克思恩格斯选集》第 3 卷，776 页，北京，人民出版社，1995。

教训，使历史能为现实所鉴，为社会服务。所谓"前车之覆，后车之鉴"，"以史为鉴"，"以史为镜，可以知兴替"等都是先人们从实践中得出来的经验，是历代管理者治国智慧的高度总结。唐代史学家刘知幾在其《史通·史官建置》中曾这样写道："向使世无竹帛，时阙史官，虽尧、舜之与桀、纣，伊、周之与莽、卓，夷、惠之与跖、蹻，商、冒之与曾、闵，但一从物化。坟土未干，则善恶不分，妍媸永灭者矣。苟史官不绝，竹帛长存，则其人已亡，杳成空寂，而其事如在，皎同星汉。用使后之学者，坐披囊箧，而神交万古，不出户庭，而穷览千载，见贤而思齐，见不贤而内自省。若乃《春秋》成而逆子惧，南史至而贼臣书，其记事载言也则如彼，其劝善惩恶也又如此。由斯而言，则史之为用，其利甚博，乃生人之急务，为国家之要道。有国有家者，其可缺之哉！"历史学所具有的"断是非、惩恶行"之功能不言自明。罗马历史学家李维也说："往事研究特别富于教益，富于成效，因为从录于珍贵碑文的历史档案中我们可看到各种各样的范例。你可以从中为自己和自己的国家选择能够模仿的榜样，也可以从中察觉到源自始点的或过程中与终点的失误，并将之杜绝。"①惩恶劝善既是对史家提出的要求，也是历史学重要功能之所在。

应该说，客观的历史不可重演，但在科学基础上总结出来的经验教训可以复制，可以传授。其一旦为管理者所掌握，就能发挥无穷的作用。

第三，历史学是管理之基础，历史学研究的对象是人与社会，其研究的主题就是人类本身及其行为，而研究的最终目的也是为了增进人类的知识与福祉。因此，历史学研究的问题是学术问题，但常常也是社会问题，因为社会问题归根结底还是学术问题。学习历史可以获得"一种观察世务的方法，并可以加增认知事实和判断事实的力量"②；可以使人在运动和发展中明确方向，定位自己，定位自己的行为；可以使人在矛盾中分辨主次，看清大势，把握发展的创造性和主动性。

---

① "hoc illud est praecipue in cognitione rerum salubre ac frugiferum, omnis te exempli documenta in inlustri posita monumento intueri: inde tibi tuaequae rei publicae quod imitere capias, inde foedum inceptu, foedum exitu, quod vites."Livy, *The History of Rome*, Preface, 10.

② 李守常(李大钊)：《史学要论》，65 页，北京，商务印书馆，2000。

马克思说："人们自己创造自己的历史，但是他们并不是随心所欲地创造，并不是在他们自己选定的条件下创造，而是在直接碰到的、既定的、从过去承继下来的条件下创造。"①同样的话，马克思、恩格斯在另一处也有过阐述："历史的每一阶段都遇到一定的物质结果，一定的生产力总和，人对自然以及个人之间历史地形成的关系，都遇到前一代传给后一代的大量生产力、资金和环境，尽管一方面这些生产力、资金和环境为新的一代所改变，但另一方面，它们也预先规定新的一代本身的生活条件，使它得到一定的发展和具有特殊的性质。"②历史学正是研究和阐述人们在创造历史时所遇到的已有基础，管理者若能了解社会现实活动所赖以存在的历史条件和文化传统，制定有效的政策，就能更顺利地解决前进中的矛盾，取得理想的效果。因为每个人或单位都处于历史与现实之间，深受历史文化的影响与制约。今天的决定既受制于昨天，更对明天的发展起着重大的规定作用。优秀的管理者应该从历史的视角思考问题，承担历史的责任。

第四，管理的主体主要是人，提高人的精神创造力是管理者的重要责任。而历史学正好也以人类的活动为特定的对象，能给管理者提供生动的事例、丰富的精神食粮。李大钊说："吾人浏览史乘，读到英雄豪杰为国家为民族舍身效命以为牺牲的地方，亦能认识出来这一班所谓英雄所谓豪杰的人物，并非有与常人有何殊异，只是他们感觉到这社会的要求敏锐些，想要满足这社会的要求的情绪热烈些，所以挺身而起为社会献身，在历史上留下可歌可哭的悲剧，壮剧。我们后世读史者不觉对之感奋兴起，自然而然的发生一种敬仰心，引起'有为者亦若是'的情绪，愿为社会先驱的决心亦于是乎油然而起了。这是由史学的研究引出来的舜人亦人感奋兴起的情绪。"③这种精神食粮对管理者有教育之能，对被管理者也有示范之效，给人信心，鼓人奋进。充分利用历史学的育人功能，

---

① 《马克思恩格斯选集》第1卷，585页，北京，人民出版社，1995。
② 《马克思恩格斯选集》第1卷，92页，北京，人民出版社，1995。
③ 李守常（李大钊）：《史学要论》，136页，北京，商务印书馆，2000。

培养民众的自觉与自律意识本身就是管理的核心内涵，是管理者增强凝聚力、降低管理成本的重要途径。

总之，现实管理与历史学之间存在着明显的共通性与互补性。现实的管理可以为历史学提供大量的素材，而历史学又可以为现实的管理提供成功的经验，帮助其合理决策，科学发展。历史学和管理的结合既是社会的需要，更是时代的需要，它将有助于人们自觉地总结昨天、把握今天，从而更好地推动社会未来的发展。

历史学要研究大问题

《世界历史》是我国从事世界历史研究的专业性重要刊物，对于我国世界史研究的深入开展起着举足轻重的作用。办好《世界历史》是历届主编和编辑部所有成员的共同要求，也是我国世界史研究者的共同心愿。

历史学的最高境界应该是独家之言，把客观存在的真相充分或完全地揭示出来。这是非常艰难的事业。建立在"究天人之际，通古今之变"基础上的"成一家之言"已相当不易，要求"独家之言"更是难上加难。历史学作品的好坏不取决于行文的长短，而取决于是否能够揭示事实的客观真相。这是历史学的根本，也是历史学追求的主要目标。揭示真相的文章越多，刊物的质量也就越高，刊物在社会上的影响力也就越大。

历史学要研究大问题，要研究对人类命运和发展起重要作用的关键和核心问题。人类社会是一个综合体，经济、政治与文化共同构成了社会的主体。经济是基础，政治是脊梁，文化是灵魂。它们相互作用，相互影响。研究经济、政治和文化之间的内在逻辑联系以及它们对社会的作用，是这些年学界有所忽略，但确实很值得关注的大问题。

我国的世界史研究起步晚，但特色明显。就客观条件而言，现在应该进入了其发展的最佳阶段。无论是获取资料的方便程度，还是研究手段的快捷方面，都是我们的前辈学者所想而不曾拥有的。世界史研究应该在国家、社会与民族发展史上做文章。国家、社会与民族都是单一的实体，有其自身发展的规律和特点。对单一的实体研究不透，只能看到事物的外部现象，无法了解事物的内在实质，有碍于真相的揭示。应该说，近年来，我国的世界史学界对实体研究有重视不够的趋向。从长远的观点看，这不利于世界史学科的发展。此外，世界史研究也应该在探究国家与民族间的关系、多国之间的关系等方面下功夫。由于受众多客观条件的影响，我国学者在对世界各国、各民族间横向联系的研究方面做得还是有欠缺的。

就世界古代史研究而言，这些年有一定的进步，但在许多核心问题的解释和研究方面还有进一步加强的必要。这些问题包括国家的起源、早期国家的性质、古代国家的经济结构和阶级关系、古代国家的政治体制和管理模式等。它们都是研究世界古代史的学者绕不过去的重大课题。近年来，对原创文化的研究越来越受到国际学术界的重视，文化寻根、文化探源已成为世界历史研究的一大热点。我认为，这些研究的价值不纯粹是为了弄清情况，还原史实，而更重要的是为了说明传统与现实之间的关系，回答传统之中的现实和现实之中的传统等看似矛盾但又关系紧密的大问题。

重视世界史研究是历史发展的必然，但世界史研究的价值和地位还需研究者的成果以及成果在解决学术问题和解决社会问题中所发挥的作用来决定。从事世界史研究的学者任重而道远。

优秀传统文化应该成为
中华民族的精神基因

　　2014 年 9 月 9 日，习近平总书记来北京师范大学考察。当习近平总书记参观北师大"尊师重教、筑梦未来"的展览时，他发表了极其重要的讲话，对我们极具指导意义。

　　第一段讲话是，当习近平总书记听到有关人员对中学课程标准的说明时，他说："我很不赞成把古代经典诗词和散文从课本中去掉，'去中国化'是很悲哀的。应该把这些经典嵌在学生脑子里，成为中华民族文化的基因。"

　　第二段讲话是，当习近平总书记看到北京师范大学历史学院瞿林东教授主编的五卷本《历史文化认同与中国统一多民族国家》时，他拿起其中的一本看了许久，认为这部书很好。接着，他又听取了北京师范大学刘川生书记对郑师渠等教授主编的《历史视野下的中华民族精神》一书的介绍，并再次发表重要讲话。他指出，我们这个民族，一个是不侵略，不扩张，我们是防御型的；第二个是我们内敛，包容，把从各方面进来的文化全都交汇融合在一起了。他强调，对于中华民族精神，"从历史的角度分析更深刻一些"。

　　习近平总书记的上述两段讲话，看上去似乎针对两个具体的对象，但只要认真思考，把它们放在中华民族伟大复兴的大目标下进行考察，就会发现，这两段话间有着严密的逻辑关系，都在阐述同一个道理，即民族的复兴不能抛弃中国自身的文化与历史。

　　中华民族是一个具有五千年文化传统的伟大民族。中华传统文化是我们民族的"根"与"魂"，是中华民族有别于世界其他民族的独特精神标识。如果把中华民族的"根"与"魂"都去掉了，那么实际上也就"割断了自己的精神命脉",毁掉了中华民族伟大复兴的基础。这不是个小问题,而是个重要的原则问题,因为"今天的学生就是未来实现中华民族伟大复兴中国梦的主力军",我们的"两个一百年"奋斗目标,距离21世纪中叶即2050年左右,还有30多年,要靠"80后"、"90后"、"00后",要靠他们。如果这些主力军都不了解中华优秀文化,都对中华优秀文化缺乏敬意,那么实现中华民族伟大复兴的中国梦也就成了空中楼阁,一句空话。习近平总书记的讲话可谓是说到了问题的根本,对指导当下我国正在进行的教育综合改革具有极其重要的意义。

一个民族的历史是一个民族安身立命的基础,是前人的实践和智慧之书,历史中蕴含着普遍的真理。习近平总书记十分重视历史,重视历史对现实的作用。他一再强调,"历史、现实、未来是相通的。历史是过去的现实,现实是未来的历史","历史是最好的教科书",这次又特别指出,对于中华民族精神,"从历史的角度分析更深刻一些"。这更为我们的工作指明了方向,加深了我们对历史的认识。他在这里告诉我们两个重要的思想:第一,历史视角是分析问题的一个重要维度,善于运用历史思维对于认识社会发展规律,把握前进方向,解决现实问题有十分重要的意义;第二,应该充分利用中华优秀传统文化蕴含的丰富思想资源,自觉总结历史的经验,并主动地把从历史中揭示出来的经验和知识向民众与世界讲清楚,让其成为推动社会发展的重要力量。讲好中国故事,传播好中国声音,既是宣传部门的任务,也是历史工作者应有的责任。

中华民族的伟大复兴离不开中国特色,中华民族的伟大复兴更需要立足中国,从中华五千年的文明中汲取养分。习近平总书记在参观北师大"尊师重教、筑梦未来"的展览时的重要讲话必将对我国的教育改革和史学研究产生重大的影响。

不忘本源方能赢得未来

2017 年 1 月，中共中央办公厅和国务院办公厅印发了《关于实施中华优秀传统文化传承发展工程的意见》，对传承发展中华优秀传统文化的重要意义、主要内容和重点任务做了全面、深入的阐述，为中国未来的文化建设与发展指明了方向，提出了要求，设定了目标，意义重大，影响深远。

中华优秀传统文化是经过中华五千年历史沉淀，体现民族特质的文化心理、价值观念、思维方式、精神取向，代表了中国人对宇宙、社会和人生的独特认识，是中华民族生生不息、发展壮大的丰厚滋养，是中国对人类文明做出的巨大贡献，是中国特色社会主义文化自信的重要源泉。《关于实施中华优秀传统文化传承发展工程的意见》从建设社会主义文化强国的战略高度，用三个"迫切需要"及三个不同层面来论证和强调开展中华优秀传统文化传承工作的重要性，既涉及认识的深化，又涉及价值内涵的挖掘，更涉及中华优秀文化传承发展体系的构建，分析精到，说理透彻。《关于实施中华优秀传统文化传承发展工程的意见》高举中国特色社会主义伟大旗帜，牢牢把握社会主义先进文化前进的方向，明确指出实施中华优秀传统文化传承发展工程的指导思想、基本原则和总体目标，为传承发展中华优秀传统文化提供了重要的理论指南。

中华优秀传统文化以讲仁爱、重民本、守诚信、崇正义、尚和合、求大同为核心理念，形成了"天人合一"的宇宙观，"以人为本"的人文观，"自强不息"、"厚德载物"的人生观，"敬祖孝亲"的伦理观，"礼义廉耻"的荣辱观，"人尽其才"、"唯贤是举"的人才观等众多精神内涵，在思想学说、道德伦理、典章制度、科学技术、语言文字、文学艺术、民俗习惯等多个领域彰显辉煌，创造奇迹。中华优秀传统文化是中华文化之

"魂",是中华民族连绵不绝的精神命脉,是中华文明持续传承的内在动力,是凝聚全国各族人民团结奋进的强大精神纽带。《关于实施中华优秀传统文化传承发展工程的意见》对传承发展中华优秀传统文化的主体内容进行了总结凝练,撷精华,择要领,无论是核心思想理念、中华传统美德还是中华人文精神,都是中华精粹思想的结晶,是中华民族生存发展的精神支柱,具有强大的生命力、影响力和创造力。

传承发展中华优秀传统文化需要继承一切优秀的文化遗产,批判地吸收一切有益的养分,汲其精髓,取其精华,把跨越时空、超越国度、富有永恒魅力、具有当代价值的文化精神总结出来,弘扬起来,使其成为人类精神的指引。这是一项巨大的建设工程。深入研究阐释中华文化的历史渊源、发展脉络、基本走向,深刻阐明中华优秀传统文化是发展当代中国马克思主义的丰富滋养,深刻阐明传承发展中华优秀文化是建设中国特色社会主义事业的实践之需,深刻阐明丰富多彩的民族文化是中华文化的基本构成,深刻阐明交流互鉴是中华优秀传统文化不断丰富发展的重要原因,是这项工程的本质内涵;对传统文化进行创造性转化、创新性发展,是这项工程的核心要务;讲好中国故事,传播中国好声音,让更多的人了解中华文明,接受中华优秀传统文化的洗礼,使文化的软实力最终转化为国家发展的硬实力,是这项工程的目的所向。《关于实施中华优秀传统文化传承发展工程的意见》问题指向鲜明、任务具体清晰,融指导方针于实践措施之中,是传承发展中华优秀传统文化的行动纲领。

《关于实施中华优秀传统文化传承发展工程的意见》是中华人民共和国成立以来我们党和政府第一次全面系统地阐发传承发展中华优秀传统文化的纲领性文件,具有划时代的意义。其颁布必将大大推动中国文化事业的蓬勃发展,促进中华文化的伟大复兴,对于凝聚人们的共识,增强国家认同、民族认同和文化认同,维护中华民族的团结、统一产生重大的影响。

习近平总书记说:"现在,我们比历史上任何时期都更接近中华民族伟大复兴的目标,比历史上任何时期都更有信心、有能力实现这个目标。"确实，我们已经进入了中华民族可以也应该大有作为、大展宏图的伟大时代，把中华优秀传统文化总结传承好，把中华民族的文化家园精心建设好，把"更基本、更深沉、更持久"的文化自信坚守发扬好，既是13亿中国人民的共同心愿，更是时代赋予华夏儿女的神圣使命。唯有不忘本源方能赢得未来。博大精深的中华优秀传统文化必将在中华儿女的共同努力下焕发出新的生机，为人类文化事业的发展做出更大的贡献。

中华复兴是近代以来中国人民最伟大的事业

　　2012 年 11 月 29 日，习近平总书记在参观《复兴之路》展览时发表重要讲话，指出："现在，我们比历史上任何时期都更接近中华民族伟大复兴的目标，比历史上任何时候都更有信心、有能力实现这个目标"，"实现中华民族伟大复兴，就是中华民族近代以来最伟大的梦想"。几年以后，中国大地发生了巨大的变化，中华民族伟大复兴已经"如早晨的太阳喷薄欲出"。我们完全有理由说，生活在这个时代的人们是幸运的，参与并见证这个时代发展的人们更是幸福的。

　　中华民族的复兴之所以伟大，是因为从世界历史上看，中华文明是唯一没有中断的文明。世界的几大古文明如古代两河流域的文明、古代埃及文明、古代印度河流域的文明、克里特—迈锡尼文明都相继中断了，唯有中华文明薪尽火传，连绵不绝。其中最重要的一条原因是：中华民族的文化有强烈的内化和扬弃能力。中华民族的复兴具有深厚的历史渊源和广泛的现实基础，是传承中的复兴，承传中的创造，既肩负时代的使命，也承载历史的责任，是近代以来中国人民最伟大的创举，在世界文明的发展史上具有独特的价值和意义。

　　中华民族的复兴之所以伟大，是因为它"凝聚了几代中国人的夙愿，体现了中华民族和中国人民的整体利益，是每一个中华儿女的共同期盼"。国家、民族、人民是中华民族伟大复兴的主体。国家富强、民族振兴、人民幸福是中国梦的本质。中华民族素以吃苦耐劳、富于非凡的创造力著称于世，创造了伟大的中华文明。在历史上的很长时间里，中国曾经是世界上最强大的国家之一。但是，鸦片战争以后，帝国主义列强把瓜分世界的魔爪伸向了中国。中国被迫签订了许多不平等条约，主权和领土完整遭到严重破坏。中华民族陷入了空前的危机，面临着亡国灭种的困境。"中华民族遭受的苦难之重、付出的牺牲之大，在世界历史上都是罕见的。"经过长期的奋争，1949 年，中国人民终于在中国共产党的领导下推翻了三座大山，建立了中华人民共和国。1978 年，中国共产党吹响了"改革开放"的号角，把中华民族带向了富强兴旺的大道。历史选择了中国共产党，而承载民族希望的中国共产党人又把中华民族复兴的伟业推向了新的高度，开辟了人类文明发展的新途径。中国共产党人正以令人震惊的发展创造着人类的奇迹，向世界证明中国特色社会主义道路的巨大力量。由一个政党来领导一个大国进行现代化建设并迅速取得举世瞩目的成就，这在世界上是绝无仅有的。

中华民族的复兴之所以伟大，是因为它是和平的复兴。与世界历史上众多国家的崛起不同，它不是依靠武力侵略或损害他国利益的结果，而是中国人民依靠自身力量奋发图强的结果。"国强必霸"与中国的国情、中国的文化传统不符。中国没有搞帝国主义的文化基因，也没有留下殖民和侵略他国的记录。中华民族历来就是热爱和平、珍惜和平的民族。正如习近平总书记在考察北京师范大学时所指出的：我们这个民族，一个是不侵略，不扩张，我们是防御型的；第二个是我们内敛，包容，把从各方面进来的文化全都交汇融合在一起了。"己所不欲，勿施于人"，"和而不同"，"生而不有，为而不恃，长而不宰"是中华民族的处事原则。它与主张"占有"、"自恃"和"支配"的西方价值理念有着明显的不同。[①]

中华民族的复兴之所以伟大，是因为它为世界各国提供了极其重要的和平发展的经验，同时也为世界各国的和平发展提供了极其重要的机会。"丝绸之路经济带"与"21 世纪海上丝绸之路"的构思和建设是中国智慧对人类做出的重大贡献。因为从理念上说，"一带一路"建设秉持的是共商、共建、共享原则，不是封闭的，而是开放包容的，不是中国一家的独奏，而是沿线国家的合唱。"一带一路"倡议不是要替代现有地区的合作机制和倡议，而是要在已有的基础上，推动沿线国家实现发展战略

---

① 参见[英]罗素：《罗素论中西文化》，杨发庭等译，89 页，北京，北京出版社，2010。

相互对接、优势互补。① 从现实上说，"一带一路"倡议不是空洞的口号，而是看得见、摸得着的实际举措，将给地区国家带来实实在在的利益。② 经济互惠、文明互鉴、和平共赢将成为"一带一路"倡议带给世界的最大礼物。中国正以扎实的工作造福世界，为世界和平增添无穷的正能量。

当然，要对这么一个伟大的时代进行系统、深入的阐述，光用数千字的文稿是远远不够的。因此，我想在这里提一点建议：我们的国家应该动员更多的力量，按中国自己设定的科学标准来认真总结、研究这个时代、这个时代的核心精神内涵与价值特征，加快构建中国特色的学科评价体系，这对于推动我们事业的发展是极其有用的。

应该说，中华民族的复兴是近代以来中国人民最伟大的事业。它必将在人类历史写下壮丽的篇章，对中华文明的发展以及世界文明的发展产生巨大的影响。

---

① 参见习近平主席在博鳌亚洲论坛 2015 年年会上的主旨演讲。
② 参见习近平主席在博鳌亚洲论坛 2015 年年会上的主旨演讲。

用历史的眼光和世界的眼光
把握时代发展的大势

　　2003 年 11 月 23 日，中共中央政治局举行第九次集体学习，首都师范大学的齐世荣教授、南京大学的钱乘旦教授向中央领导讲述了"15 世纪以来世界主要国家发展历史考察"，并就此问题谈了他们自己的看法，得到了中央领导的充分肯定。这是世界史学界值得自豪的一件大事，很受鼓舞。在学习会上，胡锦涛特别指出，浩瀚而宝贵的历史知识既是人类总结昨天的记录，又是人类把握今天、创造明天的向导。一部人类文明史就是人类不断在以往历史的基础上有所发现、有所发明、有所创造、有所前进的历史。中华民族历来就有治史、学史、用史的传统。我们党在领导革命、建设和改革的过程中，一贯重视对历史经验的借鉴和运用。在新形势下，我们要更加重视学习历史知识，更加注重用中国历史特别是中国革命史来教育党员干部和人民。不仅要学习中国历史，还要学习世界历史，不仅要有深远的历史眼光，而且要有宽广的世界眼光。胡锦涛的讲话既有重要的现实意义，又有很强的指导意义。

　　在经济全球化和信息全球化的今天，学习历史，用历史的眼光和世界的眼光来正确处理问题，无论是对于领导者还是对于研究者都很重要。有了历史眼光和世界眼光，我们就能正确地认识中华民族的过去，认识中国在人类文明发展史上的地位以及它对人类文明发展所做出的贡献。早在抗战最艰难的时期，毛泽东就曾以这种方法歌颂中国古代的辉煌成就，鼓舞正在浴血奋战的中国人民，他这样说道："在中华民族的开化史上，有素称发达的农业和手工业，有许多伟大的思想家、科学家、发明家、政治家、军事家、文学家和艺术家，有丰富的文化典籍。在很早的时候，中国就有了指南针的发明。还在一千八百年前，已经发明了造纸法。在一千三百年前，已经发明了刻板印刷。在八百年前，更发明了活字印刷。火药的应用，也在欧洲人之前。"①中国的悠久文明激励了无数炎黄子孙为中华民族的美好未来而奋斗，而献身，同时，也赢得了许多外国学者的称颂和倾心。近代伟大的科学家、英国17世纪著名学者弗兰西斯·培根在其《新工具》一书中就曾对中国文明有过高度的评价。他指出，印刷术、火药和指南针的发明，产生了巨大的力量和效能，其后果是："已经在世界范围内把事物的全部面貌和情况都改变了：第一种是在学术方面，第二种是在战事方面，第三种是在航行方面；并由此又引起难以数计的变化来；竟至任何帝国、任何教派、任何星辰对人类事务的力量和影响都仿佛无过于这些机械性的发现了。"②所以，学习历史，能够增强中国人民的自信心，激发中国人民建设祖国的热情。

有了历史眼光和世界眼光，人们就能更好地把握现在和未来，抓住机遇，加快发展，赢得主动，赢得优势，赢得胜利。历史学从来就有"彰往察来"的功能。克罗齐说："历史是生活的教师。"③蓝达尔说："历史的长河是源远流长的，重大的人类情感和利益都和保持（或者避免）过去的记忆分不开。无论是令人厌恶的回忆或者是令人渴望的回忆，都影响着人民的历史进程。"④郭沫若说："对于未来社会的待望逼迫着我们不能不生出清算过往社会的要求。古人说：'前事不忘，后事之师。'认清楚过往社会的来程也正好决定我们未来的去向。"⑤学习历史，能够使大家从中吸取闭关锁国就要落后、落后就要挨打的教训，懂得只有社会主义才能够救中国、只有中国特色社会主义才能发展中国的道理，从而自觉地参与我国的社会主义建设；学习历史，能够使大家正确把握国情，主动地从

① 《毛泽东选集》第2卷，622～623页，北京，人民出版社，1991。
② ［英］培根：《新工具》，许宝骙译，103页，北京，商务印书馆，1984。
③ ［意］贝奈戴托·克罗齐：《历史学的理论和实际》，［英］道格拉斯·安斯利英译，傅任敢译，2页，北京，商务印书馆，1982。
④ ［美］蓝达尔：《历史学家的身份》，见《美国历史协会主席演说集（1949—1960）》，何新等译，69页，北京，商务印书馆，1963。
⑤ 郭沫若著作编辑出版委员会编：《郭沫若全集·历史编》第1卷，6页，北京，人民出版社，1982。

其他国家的发展历程中吸取经验，不断推进我国的社会主义改革事业，实现中华民族的伟大复兴。

应该说，用历史的眼光和世界的眼光认识和把握时代发展的大势，是我们党的优良传统，也是我国不断开拓、持续发展的重要保证。我们坚信，一个能够自觉认识把握共产党执政规律、自觉认识把握社会主义建设规律和人类社会发展规律的党是战无不胜的，她一定能够带领大家开拓进取，不断开创中国特色社会主义事业的新局面。

人文学科在中华民族伟大复兴中的作用

——以北京师范大学历史学科为例

　　中国共产党第十八次全国代表大会以来，习近平总书记多次发表重要讲话，从中国与世界历史发展的大角度、大视野分析哲学社会科学发展的重要性，从学理上论证加速构建中国特色哲学社会科学的必要性和迫切性，阐述建设中国特色哲学社会科学的重要原则、指导思想和领导力量。不久前，中央又公布了《统筹推进世界一流大学和一流学科建设总体方案》，教育部等部委联合出台《统筹推进世界一流大学和一流学科建设实施办法（暂行）》（简称《实施办法》），为"世界一流大学与世界一流学科"建设的具体实施提供了明确指引。包括历史学在内的人文学科越来越得到党和国家的重视，人文学科的价值与贡献也越来越受到社会的关注。人们越来越意识到，人文学科是"为往圣继绝学，为万世开太平"的奠基之学，是"为天地立心，为生民立命"的铸魂之学。人文学科是基础性学科。人文学科的发展直接影响着一个社会的价值导向，影响着一个国家优质国民素养的养成，影响着一个民族民族精神的塑造。长期以来，北京师范大学人文学科不但为国家输送了一大批人才，而且还培育了众多思想深邃的教育家、思想家和学术大师，为社会的进步、为中华之崛起做出了重大的贡献。下面我就以北京师范大学历史学院为例，择要介绍北师大历史学院的学者为国家做出的贡献。

　　马克思主义是中国共产党的指导思想，唯物史观则是马克思主义的核心内涵。李大钊、侯外庐和白寿彝等先生都在传播、运用马克思主义理论，都在马克思主义中国化方面起过重要的作用。李大钊是中国共产主义运动的先驱，北京师范大学党组织的创建人，北京地区中共党组织的缔造者和奠基人，中国共产党的创始人之一，在中国共产主义运动和

25

中华民族解放事业中，占有崇高的历史地位。他在北京师范大学、北京大学等高校开设"唯物史观"等课程，传播马克思主义，吸引并培养一大批青年共产主义者，在思想、组织及干部上为中国共产党的创立奠定了重要的基础。

侯外庐是我国著名的马克思主义史学家、思想家、教育家。他在任北平师范大学史地系教授期间翻译出版了《资本论》第一卷。《资本论》第一卷在中国的首次翻译出版对于提升中国共产党人的马克思主义理论水平，扩大马克思主义在中国的影响意义重大。他主持出版的《中国古代社会史论》、《中国古代思想学说史》、《中国近代思想学说史》、《中国近代哲学史》等，都是在马克思主义理论指导下，对中国历史、思想史和社会史进行深入反思后产生的重要成果。这些著作对于中国特色学术话语体系的形成意义深远。

白寿彝先生是马克思主义史学家。20世纪70年代初，白寿彝先生受顾颉刚先生之托，实际主持并领导了中华书局负责组织的"二十四史"加《清史稿》的点校工作，圆满完成了周恩来布置的任务，为中华传统文化的准确传承与普及做出了杰出的贡献。白寿彝先生70岁时开始主编12卷22册的《中国通史》，于90岁时完成，历时20年，终于使毛泽东提出的"中国需要有一部大通史"成为现实。时任中共中央总书记的江泽民写长信祝贺，其他的政治局常委几乎全都发贺电祝贺。《中国通史》是马克思主义中国化在中国通史编撰领域的典范之作，在社会和学界影响巨大，被誉为"二十世纪中国史学的压轴之作"。

传承中华优秀传统文化一直是教育工作者的神圣使命。我国著名的教育家、学术大师陈垣校长一生从教74年，当过幼儿园园长、小学教师、大学教授，任大学校长46载，为国家培养了大批顶尖级、一流的文化传承与创新人才。柴德赓、赵光贤、刘乃和、余逊、邵循正、启功、郭预衡、史树青、史念海、来新夏等都是这批文化传承与创新人才中的杰出代表。1951年11月1日，毛泽东曾高度评价陈垣校长"是我们国家的国宝"。陈垣校长学为人师、行为世范，本身就是一部爱国主义的活教材。从一定要把汉学中心夺回来到1937年七七事变以后，北平沦陷，先生坚守阵地，坚持与侵略者做斗争；从"余如南归，辅仁大学数千青年，有何人能代余教育之？沦陷区正气有何人能代余支持倡导之"到亲自护校迎接新中国的诞生，等等，充分体现了陈垣校长在民族大义面前的铮铮铁骨与浩然正气。其精神和行为业已影响并激励了无数中国青年。

有人或许说，历史无用。其实，历史不是无用，而是有大用。历史中包含着巨大的国家利益。而那些受过历史学训练的学者又不时地为中华民族的利益奉献智慧、贡献力量。例如，抗日战争胜利后，北师大学人郑资约、傅角今等不但参与南海诸岛的收复工作，而且编纂了《南海诸岛位置图》，为此后的中国南海主权确定了范围，提供了依据。《南海诸岛位置图》调整、规范了南海诸岛各岛群的名称，用十一段国界线圈定了中国南海的海域范围，成为如今中国坚持的南海主权九段线的来源，是我国维护海洋领土的重要法理依据，对我国的领土完整和安全起着极其重要的作用。

再如，白寿彝教授在 1951 年 5 月 5 日的《光明日报》上发表《论历史上祖国国土问题的处理》的文章。文中指出，历史研究应当以中华人民共和国国土为范围，由此上溯，研求自有历史以来，在这块土地上的先民的活动。这一论点，对于合理确定中国历史教学与研究的范围具有重要意义，对维护中国统一多民族国家的历史和现状具有重大价值，为我国制定相关的民族政策提供了重要的历史与决策依据。而北京师范大学清史研究小组编写的《一六八九年的中俄尼布楚条约》一书，更得到了外交部的表彰，对其时我国制定正确的中苏外交政策产生过重大的影响。

2014 年 9 月 9 日，习近平总书记来北京师范大学考察。习近平总书记充分肯定了北京师范大学历史学院瞿林东教授主编的五卷本《历史文化认同与中国统一多民族国家》，认为这部书很好。同时，他又在听取《历史视野下的中华民族精神》（郑师渠、史革新教授主编）一书内容的讲解后，发表重要讲话，指出：我们这个民族，一个是不侵略，不扩张，我们是防御型的；第二个是我们内敛，包容，把从各方面进来的文化全都交汇融合在一起了。他强调：对于中华民族精神，"从历史的角度分析更深刻一些"。习近平总书记在北师大的上述讲话既肯定了北师大历史学科的工作，又给北师大的人文工作者指明了学术研究的方向。我们的人文学科应该在总结经验、发现规律等方面为中华民族的伟大复兴发挥独特而又不可替代的作用。

历史表明，历史学是一门治国之学，也是一门利民之学。从历史的本源和根本入手，寻找化解矛盾、解决问题的方案，会使我们的工作更主动，使我们的政策更有效。在我们提倡"文化自信"、建设世界一流大学的今天，我们应该认真评估历史学的作用，重新认识包括历史学在内的人文学科的价值，重新认识我们的老师在实现中华民族伟大复兴的过程中所做出的贡献。唯有礼敬前贤才能更好地把握当下，赢得未来。

高度关注世界历史专业化
建设过程中的难度

世界历史研究需要专业化已经越来越受到学者的重视。但专业化的难度也需要高度的关注，因为历史研究毕竟是一项综合工程，除了读懂文字、文献以外，还需有其他多种素养。唐代学者刘知幾曾说："史才须有三长……三长：谓才也，学也，识也。夫有学而无才，亦犹有良田百顷，黄金满籝，而使愚者营生，终不能致于货殖者矣。如有才而无学，亦犹思兼匠石，巧若公输，而家无梗楠斧斤，终不果成其宫室者矣。犹须好是正直，善恶必书，使骄主贼臣，所以知惧，此则为虎傅翼，善无可知，所向无敌者矣。脱苟非其才，不可叨居史任。自复古已来，能应斯目者，罕见其人。"①章学诚在此基础上又加了"史德"。这就是说，要成为良史，需要具备多种条件，必须经过多方训练。尤其是史学职业化以来，史学与它的研究主体——政治分离的现象非常明显，这就更加增加了史家认识政治家和政治事件的难度。学者需有自知之明。

历史学的主要职能是揭示真相。求真是历史学永恒的目标，也是历史学的魅力所在。但要求真，需有众多准备。中国有句谚语叫作"摸着石头过河"，其意为小心行事、稳步前进。"摸着石头过河"里的主体是人，工具是石头，措施是摸着并利用石头，目标是过河。在这里，人的作用固然重要，但石头的价值也不应低估。在人过河的过程中，石头至少起了两方面的作用：一是方向性的作用，二是工具性的作用。方向性的作用重要，在于它提供了正确的导航；工具性的作用必需，在于它是解决问题的基础。在其他条件不具备的情况下，没有"石头"的辅助，人们就

---

① 《旧唐书》卷一百二。

不能到达河的对岸。

其实，读懂古典也似摸着石头过河。这里的"石头"就是历朝历代的注释和译解。如果没有注释与译解，后人几乎不能与古人沟通，不知其内涵，不明其意义，既不能读懂文本，又不能了解真相，更谈不上传承文明了。如果没有前人不断地译解《尚书》、《荷马史诗》以及《大唐西域记》等经典名著，后人也只能是望书兴叹、不知所措，求真相、继绝学皆是空中楼阁，毫无可能。例如，《荷马史诗》是用方言而且是多种方言写成的，金嘴狄奥说："荷马并不拘囿于一种单独的方言，而是在伊奥尼亚方言中混合了多立斯方言，甚至阿提卡方言，将这些不同口音的言辞像染布一样谨慎地组织起来，并不是只注意到他那时的方言口语，而是返回往昔，摭拾一些阿卡亚古话，赋之以流行的活力，恰似在一个长久废弃的密窖里发现一枚古老的钱币；即使是蛮族的语言，亦不鄙弃，任何具有优美或雄壮力的词语，都不忽略。荷马的隐喻与他对日常语汇的点化功夫，也值得称赏。他已然证明自己在措辞、用韵上都是一位富于创造力的诗人，他还擅长模拟各种音响，无论是水声、木声、风声、火声、海声、石声、铜声、兽声、禽声、笛声以及牧徒们的哨声。因此他从不怯于用语言表述各式各样的构思，并且，借由他丰富的想象，他能够引导心灵产生他所要的任何一种情绪。"①可以毫不客气地说，没有各个时代的解释、注解，当今没有一个人能够完全读懂荷马。即使是公元前5世纪写就的《伯罗奔尼撒战争史》，至公元前1世纪哈里卡纳苏斯的狄奥尼修斯时已很难全部读懂。狄奥尼修斯在其《论修昔底德》一文中写得很清楚。他说："能解修昔底德书中一切义音者少之又少，若无人与之笺注，则有数义终将暗昧于世也。"②

因此，正确对待注释和译解尤其值得学者在专业化建设过程中加以关注。应该说，与研究本国历史相比，研究世界历史难度更大，需要利用的"石头"更多。其中有的是纵向的，有的是横向的；有的是本国的，

---

① Dio Chrysostom, *Discourse*, 12.
② Dionysius of Halicarnassus, *Thucydides*.

也有的是外国的；有由本国文字撰写的，也有从别国文字翻译的；有些质量高一些，有些质量次一些。但它们都对我们认识真相有帮助。它们是通向彼岸的路标，是求真路上的凭借，我们都应对其怀有敬意，择善而用之。陈垣先生在这方面为我们树立了很好的榜样。据刘乃和先生回忆，陈垣先生常常教育学生："前人文章中偶有疏漏差错，写文指出以使读者注意则可，万不可自鸣得意，或得理不让人。题目用'商榷'较缓和，如《十七史商榷》，态度较好；如用'纠缪'，未免过分，如《新唐书纠缪》则不好。他的文章用过订误、正误、有误、质疑，疾言厉色的题目是没有的。"①陈垣先生的教诲显然是后辈学者需要认真学习的。

---

① 刘乃和：《著作的标题与学者的用心》，见刘乃和：《历史文献研究论丛》，204 页，桂林，广西师范大学出版社，1998。

后现代主义史学述评

后现代主义是 20 世纪中后期流行于西方学术界的一种文化思潮。这种思潮最先出现于建筑和艺术界，然后发展到语言和文学界，最后进入历史学领域。因为涉及学科多、影响面广，所以后现代主义对西方学术界产生了很大的冲击，而现在似乎是日薄西山、很少有人问津了。然而在我国，对于后现代主义作品的介绍和研究却大有方兴未艾之势，有的甚至盲目地将其应用到中国的实际中去，这不能不引起大家的注意和重视。本文只想就后现代主义产生的背景以及它在历史学中的表现和影响谈谈自己的看法，以求教于同行学者。

一

"后现代主义"（Postmodernism）产生于 20 世纪 70 年代，它的兴起有其深刻的社会、经济背景。它与西方发达国家进入"后工业化"发展阶段有很大的关系。

自从 20 世纪 60 年代中期以来，西方的社会发生了很大的变化。生产力飞速发展，新的生产领域不断出现，"新的消费类型；有计划的产品换代；时尚和风格转变方面前所未有的急速起落；广告、电视和媒体对社会迄今为止无与伦比的彻底渗透；市郊和普遍的标准化对过去城乡之间以及中央与地方之间紧张关系的取代；超级高速公路庞大网络的发展和驾驶文化的来临——这些特点似乎都可以标志着一个和战前旧社会的彻底断裂，那时高等现代主义还是一种地下力量"①。这就是说，西方在经历了"与自然较量"的"前工业化"社会和"与经过加工制作后的自然较量"的"工业化"社会后，到 20 世纪 60 年代，已经进入了一个所谓以"服务"为主要特征的"后工业化"时代。"后工业化"时代的最主要的标志是科学技术优先地位的确立，科学技术官僚的产生以及消息技术在传统工业领域的广泛使用。

随着"后工业化社会"的到来，资本主义向社会的所有领域扩展，西方社会的经济结构变化显著，传统工业尤其是制造业的主体地位日益动摇，消费的作用日渐增大，消费者与生产者之间的关系明显分离，消费者对于生产者一无所知，更不可能知道产品的生产过程和程序。由于商业的高度发达，消费对人们思想观念的冲击也日趋强烈，作为主体的个人常常被外界或客体所吸引，在某种程度上，客体甚至制约了主体的消费，制约了主体的思维、观念和行为。

与此同时，当代信息工业的蓬勃发展，使人对客观世界的认识途径和方式也有了显著的变化，电脑化、信息网络的发达，使符号成了人们日常生活中非常关键的一部分，许多现实和客观的事物都可用符号来替代，人与现实、人与客观事物之间的距离越来越遥远。这些新的变化在以前是不可想象的。

面对现代社会的快速变迁、物质财富的大量增加、新事物的大批涌现、信息化程度的不断加深，许多学者都感到这个社会和以前的社会已经有了非常明显的不同，于是他们纷纷在自己的著作中使用了"后现代"(Postmodern)这样的概念，其中有些学者还开始用一种不同于现代理性和科学的方法来研究现实和历史上的文化现象。"后现代主义"思潮开始在学术界不断地蔓延并发展起来。

大约在 20 世纪 70 年代，后现代主义开始进入现代主义的最后一个堡垒——历史学。美国学者海登·怀特是这方面的主要代表。1973 年，他

---

① ［美］詹明信：《晚期资本主义的文化逻辑——詹明信批评理论文选》，陈清侨等译，418 页，北京，生活·读书·新知三联书店，1997。

出版了非常重要的一部著作,题目是《元史学:19世纪欧洲的历史想象》。他以19世纪的四位史学家(米什莱、托克维尔、兰克和布克哈特)和四位哲学家(黑格尔、马克思、尼采和克罗齐)为例,指出任何历史事实都不可能超越表达这些事实的话语形式,历史学家和哲学家所写的著作没什么不同,历史学家在写历史的时候,与其说是要追求真相,不如说是要追求语言的修辞效果;历史语言与文学语言没有什么区别,它并不享有可以讲述真理的特权,它同文学话语一样,都是书写表达某种愿望的"虚构故事",是人们想象的产物。① 自从海登·怀特向历史学首先发难以后,后现代主义又从多个层面对现代主义史学进行攻击。历史学面临着前所未有的挑战。

二

后现代主义史学针对的主要对象显然是现代主义史学,也就是在启蒙时代建立起来的理性和科学史学。当然,在这以前,尼采、斯宾格勒和贝克尔等都对现代主义史学进行过不同的研究,提出过许多不同的看法。不过,他们的侧重点大都放在对史学家主观性的探讨方面,影响有限。而后现代主义则不同,它不但要挑战史学的科学性,而且还要颠覆史学的客观性,颠覆史学赖以存在的基础。他们对现代史学的攻击点很多,但主要放在以下几个方面。

第一,后现代主义否认历史学的客观性和真实性,否定普遍真理的存在。早在17世纪,西方科学技术有了很大的发展,科学的发展不但给西方生活带来了先进的方法和技术,而且也给西方思想界带来了认识自然和征服自然的信心。学者们普遍认为,既然自然科学能揭示真理,那么人类也肯定能够认识自己,认识自己生活的社会以及这一社会的演变和发展。正是在科学主义的影响下,原来以讲述故事为目的的西方史学,

---

① 参见 Hayden White, *Metahistory: The Historical Imagination in the Nineteenth Century in Europe*, Baltimore, The Johns Hopkins University Press, 1973.

也逐渐向科学靠拢。"不是我替历史说话，而是历史通过我说话"，这一说法就是当时历史学家对自身认识能力充满信心的真实写照。史学家们都深信，人们能通过人的理性认识人类社会发展的一般规律，并运用它来预测人类社会发展的未来。"大叙述"①史学的大量出现正是这个时代的重要产物。

后现代主义者反对"大叙述"史学，否认人类社会发展的普遍原理。他们认为这些普遍原理带有许多政治的含义，是政治力量的结果，所以后现代主义者不相信历史学家们所揭示的社会规律，认为持客观和中立态度的历史学家根本不存在。这是因为历史学家虽然具有其独特的训练模式，但历史学家在写作历史时，并不拥有特殊的语言，他们所使用的语言必然带有一般语言都有的道德含义和文化成见。历史学家不可能在没有判断标准的情况下写作。巴尔特说得更加明确："历史的话语，不按内容只按结构来看，本质上是意识形态的产物，或更准确些说，是想象的产物……结果，区别历史话语与其它话语的唯一特征就成了一个悖论：'事实'只能作为话语中的一项存在于语言上，而我们通常的作法倒象是说，它完全是另一存在面上某物的、以及某种结构之外（extra-structural）'现实'的单纯复制。历史话语大概是针对着实际上永远不可能达到的自身'之外'的所指物的唯一的一种话语。"②这样，历史学也就失去了其客观性和真实性。

第二，后现代主义史学从否定历史著述的形式入手来动摇现代史学研究的基础。众所周知，西方史学著作都以叙述体作为其主要表述形式。一般都认为，作为历史表述的一种话语形式，叙述是中立的，它的作用是只反映作为其内容的客观实际，对于内容本身，它并没有增加，也没有减少。后现代主义者海登·怀特首先向叙述体这一写作形式开刀，认为"叙述，远不仅仅是一种话语形式，它可以填充不同的内容，不管它们

---

① 大叙述（Grand Narrative）就是指思想家们有关人类社会发展规律的理论，也即通常意义上的历史哲学。

② ［法］罗兰·巴尔特：《符号学原理——结构主义文学理论文选》，李幼蒸译，59～60页，北京，生活·读书·新知三联书店，1988。

是实际的还是想象的，因为在用演讲的或写作的方式使内容现实化以前，叙述已经具有了一种内容"①，所以，在海登·怀特看来，历史的叙述与虚构的话语、历史与虚构完全相同，很难区别。既然历史与虚构属于同一类别，那么，它的客观性也就无从谈起。

第三，将史学与文学相提并论。后现代主义者海登·怀特认为历史学家为了叙述事件的全面性和完整性，必然会编排故事，他提出了"情节设置"这一概念，认为"历史通过从时间顺序表里编出故事的成功正是历史阐释效用的一部分；从时间顺序表中得出的故事是……'编织情节'（emplotment）的运作。我所称的'编织情节'是指从时间顺序表中取出事实，然后把它们作为特殊情节结构而进行编码，这同福莱所说的一般'虚构'的方式一模一样"②。正因为如此，所以历史文本也就变成了一种文学的制造物。这样，史学与文学之间的界限就不见了。史学与文学之间本质特征的消失，实际上也就动摇了历史学作为独立学科存在的基础。

第四，突出"语言学转向"，夸大语言学的局限性。众所周知，人们的知识大都是通过语言表达出来的，过去，在语言学转向之前，人们认识不到语言的独立性，认识不到历史学家始终处在所处语言体系的局限之中，看不到先于我们存在的语言，这显然是不对的。后现代主义者正好抓住了这一弱点，大力强调语言的先在性，强调语言系统对于意义的限定，认为语言总是局部的，无法准确无误地传播思想，语言与思想行为不可能等量，即输出与接受之间无法取得均等。在后现代主义者看来，语言与历史真实之间不可能相互一致。所以历史学家创作的著作是不真实的，是在制造一种科学的迷信。

第五，反对文本的确定意义，突出读者的重要作用。现代史学的重要目的是确定文本的主体地位，认为文本是作者原意的表现形式，读者只有通过阅读文本，才能正确领会和理解文本中作者的原意，了解作者

---

① Hayden White, *The Content of the Form*, *Narrative Discourse and Historical Representation*, Baltimore, The Johns Hopkins University Press, 1987, p. 11.

② ［美］海登·怀特：《作为文学虚构的历史本文》，见张京媛主编：《新历史主义与文学批评》，162～163 页，北京，北京大学出版社，1993。

作品的内涵。在这里主体和客体之间的关系比较明显。然而，后现代主义者反对将文本意义确定化，认为文本的意义都是变化的，读者可以随意理解和把握文本的原意，而且还能对文本的内容和原意加以"创造"。这样，读者和作者、主观和客观之间的位置就被颠倒了，作者的权威性和独立性也就不复存在。所谓"作者死了"就是指这个意思。如果读者能随意解释史料或作品等文本，那么历史的真实性也就不复存在，历史学的基础也就消失了。

此外，后现代主义还在否定历史发展之间的逻辑关系，否定历史的时间观念以及历史事实和历史事件之间的因果关系等方面做了大量的工作。当然，其目的都是为了颠覆西方现代历史编撰学以及由此建立起来的历史观念，从而否定历史学的客观性和科学性，使历史学重新回到讲故事的状态。

<h2 style="text-align:center">三</h2>

后现代主义进入史学领域的时间虽然较晚，但影响却很大。应该说，后现代主义历史学家们强调"历史叙述"带有明显的观点性或主体性是有一定道理的，但因此否定历史事实的客观性，显然是非常错误的。因为历史事实也即历史学研究对象的外在性和客观性是不以人的意志为转移的，是独立存在的现实。既然有历史事实存在，所以，寻找历史真相的活动不可能停止。正如伊格尔斯所说："历史与自然科学截然不同，从未与文学的思考方式完全分开，但是历史具有可靠的知识。不管对历史科学的前途如何从哲学上怀疑，历史专业化和寻求科学的严密性在 20 世纪都不会被颠倒的。"[①]

后现代主义者将历史研究更多地固定在认识的中介环节语言上，甚至把原本客观存在的历史过程看成是主观的构建物，认为史学没有真相，

---

① ［美］伊格尔斯：《历史研究国际手册——当代史学研究和理论》，陈海宏、刘文涛、李玉林等译，3 页，北京，华夏出版社，1989。

史学家建构的过去并非历史的真实，而只是用语言组成的自以为真相的东西。其目的显然是为了将史学虚无主义化。这种"语言决定论"的出现实际上就为极端相对主义历史观的发展提供了前提。

众所周知，历史首先是历史事实，随后是历史认识或理解，最后才是历史语言。语言之所以能与历史（话语、符号、文本等）联系在一起，完全是因为语言有助于人们认识历史事件、理解历史事实。后现代主义者把历史仅仅看作话语，显然是不对的。因为话语和文本只能建立在历史事实和对历史事实的认识的基础之上。如果没有作为认识对象的历史事实，没有对历史事实进行深刻的认识和理解，那么也就没有历史话语和历史文本。所以，从基础和存在论的角度上讲，客观的历史事实是第一位的，它与历史认识和表述历史的语言共同构成了历史意义的显现形态。人们在注意语言世界、文本世界、符号世界的同时，必须注意完全独立于语言世界以外的、不以人的主观意志为转移的客观存在的世界。

当然，后现代主义史学对于历史学的发展也有一定的正面影响。它促使史学家在研究历史时，更加注意对史料的鉴别和判断；更加考虑历史认识的复杂性和艰巨性，注意历史学家自身的主观性，尽量避免历史学家本身可能出现的偏见，使历史学更具客观性；更加注意历史学的表述形式，准确运用历史语言文字，从而在广度和深度上把史学研究推向一个更高的境界；更加关心和注意以前不太注意的群体和现象，使历史研究更具全面性。

事实上，从世界史的角度来看，后现代主义既是一种文化思潮，同时也不仅是一种文化思潮，在它的背后有其明显的政治性。正如西方学者詹明信所说："眼前这个既源于美国又已经扩散到世界各地的后现代文化现象，乃是另一股处于文化以外的新潮流在文化范畴里（上层建筑里）的内向表现。这股全球性的发展倾向，直接因美国的军事与经济力量的不断扩张而形成，它导致一种霸权的成立，笼罩着世界上的所有文化。从这样的观点来看（或者从由来已久的阶级历史的观点来看），在文化的背后，尽是血腥、杀戮与死亡：一个弱肉强食的恐怖世界。"①对于这一点，我们在大量翻译和介绍后现代、后现代主义和后现代主义史学的时候，必须有一个清楚的认识。如果我们不弄清后现代主义产生的背景和后现代主义史学的真实内涵，不顾东西方历史传统的差异，不顾东西方意识形态的差异，不顾东西方政治、经济和文化传统方面的差异，把西方的这一文化思潮盲目地搬到中国，其后果显然是非常严重的，它不但会给我们带来严重的思想混乱，而且还会对我们已经建立起来的正确的价值体系产生巨大的副作用，从而影响我国社会的稳定和发展。这是我国学者应该认真注意的。

---

① ［美］詹明信：《晚期资本主义的文化逻辑——詹明信批评理论文选》，陈清侨等译，430页，北京，生活·读书·新知三联书店，1997。

后现代主义和后现代史学探析

后现代主义（Postmodernism）作为对现代性的一种批判思潮兴起于 20 世纪 70 年代的欧美学术界，因为这一思潮具有强烈的反传统倾向，所以格外引起学界和社会的关注，褒者不少，贬者也很多。近些年来，随着中外学者相互之间交往机会的增多，我国学界对于后现代主义作品的介绍也大有增多的趋势。因此，弄清楚后现代等概念的由来及其相关内涵对于我们了解西方史学的现状和发展方向都有很重要的意义。那么后现代、后现代主义和后现代史学到底是什么样的概念呢？后现代史学的主要内涵是什么？它又是怎样挑战现代史学的？这些都是本文所要探讨的问题。

一

"后现代"（Postmodern）是相对于"现代"（Modern）而言的一个概念。美国学者伊哈勃·哈桑（Ihab Hassen）认为，"后现代"作为一个术语，最早出现于西班牙学者费德里科·德·奥尼斯（Federico de Onis）于 1934 年编辑出版的《西班牙和拉美诗歌选集：1882—1932》中。① 8 年以后，达德利·菲次（Dudley Fitts）在其《当代拉丁美洲诗歌选集》中，又沿用了这一术语。后来，英国历史学家阿诺德·汤因比在其缩写本《历史研究》中也使用了这一术语，意思是说，从 1875 年以后，西方文化开始向世界方向发展，对世界其他地区的文化产生了明显的影响，成了其他地区纷纷效仿的标本，所以，汤因比认为，从那时开始，世界已经进入了一个全新的时代，即后现代。

---

① 而据卡宏的研究，最早提到这一术语的是德国哲学家鲁道夫·潘唯兹（Rudolf Panwitz）。

不过，从现实意义上看，当时他们所使用的"后现代"或者只是描述文学批评中的一种反现代主义倾向，或者只是作为一个时代简单的分期术语，不但在社会上没有产生较大的影响，就是在学界也没有引起较为强烈的反应。

自从 20 世纪 70 年代中期以来，尤其是西方主要发达国家完成工业化，进入信息化时代以来，社会经济发展迅猛，社会变化明显加速。而随着西方经济的发展，生产尤其是制造业的主体地位日益动摇，消费的作用日渐增大，消费不但对人们的思想观念产生了很大的影响，而且在某种程度上还制约了人们的思维、观念和行为。更为重要的是，信息工业的蓬勃发展，使社会秩序、结构以及人与人之间的关系发生了显著的改变，电脑化、信息网络已很发达，数字符号已经走进人们的日常生活，成为许多现实和客观事物的代名词，人们似乎生活在一个由文本、符号、声音等组成的与客观世界完全不同的另一自然里。认识主体和客体之间的关系越来越复杂。面对快速变迁的现代社会，越来越多的学者开始在自己的作品中使用"后现代"这一概念，并以此作为新时代分期的基本术语。

大约与此同时，又有一些学者开始用一种批判现代理性的方法来研究社会，研究现实，研究现代文化，其中著名的有福柯、德里达等。到了 20 世纪 70 年代末，这一以批判现代文化为主的社会思潮在西方已相当流行，人们开始将其统称为"后现代主义"。西方学者哈桑曾对后现代主义做过认真的研究，并将它与现代主义做了深入的比较，现将其比较的主要结果列表于下[①]。从这里我们能够清楚地看到后现代主义的大致特点。

表 1　现代主义与后现代主义的比较

现代主义	后现代主义
提倡形式	反对形式
目的鲜明	不讲目的
刻意规划	随遇而安

---

① 参见 Margaret A. Rose, *The Post-modern and the Post-industrial*: *A Critical Analysis*, Cambridge, Cambridge University Press, 1991, pp. 49-50.

续表

现代主义	后现代主义
等级严明	毫无秩序
作品完整	临时发挥
客观对待	参与其间
一统天下	四分五裂
中心明确	中心分散
边界分明	互涉文本
阅读理解	边读边解
叙述清晰	有头无尾
深入透彻	表面肤浅
确定性强	无确定性
超越经验	变化迅速

当代最先出现后现代主义思潮的领域是建筑、艺术。此后，后现代主义又开始对语言学提出质疑，否定语言的确定性，挑战语言所反映的事物的客观存在性，并由此逐渐走向文学和文学批评等领域。大约到20世纪70年代，后现代主义由于"语言学转向"（Linguistic Turn）而进入历史学领域。美国学者海登·怀特可以说是这方面的始作俑者。1973年，他出版了著名的《元史学：19世纪欧洲的历史想象》（*Metahistory：The Historical Imagination in the Nineteenth Century in Europe*）一书。在书中，他以19世纪的四位史学家（米什莱、托克维尔、兰克和布克哈特）和四位哲学家（黑格尔、马克思、尼采和克罗齐）为例，指出历史学家和哲学家所写的著作没什么不同，历史学家虽然用的是史料，但目的是为了表述一种哲学理念，所以，人们无法从历史著作中获取真实的历史；人们在写作历史的时候，与其说是在追求真相，不如说是在追求语言的修辞效果；历史语言与文学语言没有什么区别，历史和文学一样都是人们想象的产物。① 自从海登·怀特向历史学首先发难以后，西方传统的历史

---

① 参见 Hayden White，*Metahistory：The Historical Imagination in the Nineteenth Century in Europe*，Baltimore，The Hopkins University Press，1973.

基本理念如历史的客观性、历史的真实性、历史的因果关系等都受到了后现代主义者的批判和责难。

对于后现代史学的挑战，大多数史学家最初都采取不屑一顾的态度。但从20世纪90年代以来，后现代史学的攻势越来越猛，迫使不少史学家对之做出一些反应。美国的《历史与理论》(*History and Theory*)、英国的《过去和现在》(*Past and Present*)等杂志也就"历史学与后现代史学"这一问题举行过讨论。许多学者还专门写书来发表自己的看法，其中著名的有美国学者乔伊斯·阿普尔比(Joyce Appleby)等的《历史的真相》(*Telling the Truth about History*)、理查德·艾文思(Richard Evens)的《为历史辩护》(*In Defense of History*)以及澳大利亚学者凯思·文夏特乐(Keith Windschuttle)的《历史的谋杀》(*The Killing of History*)等。直到20世纪末，西方后现代主义的思潮才开始慢慢地消沉下去。

纵观后现代主义发展的大致过程，我们能够知道后现代主义的相关内涵。这些内涵主要包括：第一，标志着一种新的时代或文化时期；第二，作为一种新的文学、文学的批评理论；第三，代表一种批判启蒙运动以来所提倡的理性主义的思想思潮，反对理性的普遍化与扩大化。而这几点也正是历史工作者们所要认真对待和关注的。

二

后现代主义进入史学领域以后，对史学的冲击力是非常明显的。不过，与前人相比，后现代主义史学对现代史学也即理性史学的批判有非常明显的特点。前人的论述主要集中在：史学不可能像科学研究那样客观正确，因为史学研究的对象与科学研究的对象不同，而且在研究的手段和方法上也存在着明显的差异；因为史学研究带有史学家自身的思考和理解，史学家的知识结构、认识水准、社会背景和经历等，都会对他的研究产生一定的影响，所以即使像兰克那样标榜"如实直书"(wie es eigentlich gewesen)的史学家，也不可能完全摆脱其自身的政治和文化偏见。而后现代史学选择攻击的突破点恰恰是西方现代历史编撰学(The

Western Modern Historiography)的理论和实践，其目标则是颠覆与此相关的重要历史观念，颠覆现代历史学。

后现代主义史学否认普遍真理的存在。自从启蒙运动以来，人们逐渐形成了这样一种共识，即人类社会是不断向前发展的，这种发展又是有规律的，而这种规律又常常通过事件之间的相互联系和相互的因果关系表现出来。因此，人们能用理性的方法去叙述它、认识它，并预测其发展的方向。正是在这一认识的指导下，人们以前所未有的热情探讨人类社会的发展规律，揭示历史演变的内在逻辑和相关意义。所谓"宏大叙事"(Grand Narrative)就是这些探索活动的结果。后现代主义者否认这些原理的普遍存在，挑战理性的普遍性原则，强调政治权力的规则，把普遍原理看成是一种权力，一种靠政治和金钱运转的游戏，是政治力量的产物和结果。而建立在此基础上的宏大叙事不但不能揭示社会发展和演变的规律，而且也有违客观性原则。同时，后现代主义者还从语言学入手来支撑自己的观点。他们把原来写的历史看作一种语言的表达方式。既然用语言来表达，而语言又是有局限的，因此，语言无法准确无误地传播思想，语言与思想行为不可能等量，语言与历史真实之间不可能相互一致。所以历史学家创作的著作是不真实的，是在制造一种科学的迷信。

后现代主义史学撇开原来纠缠不清的主观和客观问题，选择现代史学的表述形式叙述体作为其攻击的主要对象。海登·怀特是首先把叙述看作历史写作的内在本质的人，他认为史学家为了实现其叙述对象的全面性和完整性，在写作著作时，肯定会不断整理、选择适用于自身要求的资料。他指出："作为一种象征性的结构，历史叙述无法重造它所描述的事实；它只告诉我们应从哪些方向去思考这些事实。"①因此，它不仅传达意义，而且也创造意义；它不仅是形式，而且也是内容。另一位后现代主义者汉斯·柯尔纳(Hans Kellner)也认为，虽然史学家想充分表现历史长河的连续性，但实际上，由于叙述的需要，作者必须划分历史时期，

① Hayden White，*Tropics of Discourse*，*Essays in the Cultural Criticism*，Baltimore，The Hopkins University Press，1978，p. 91.

从而将历史分割开来，而分割本身就是历史学家对历史的一种理解和解释，所以它根本无法与客观真实相等同。[①]

诠释是现代历史学的重要功能之一，也是后现代史学攻击的主要对象。从 20 世纪上半叶开始，西方哲学的研究重心发生了重大的变化，原来的重心主要放在世界本原的探究上，后来则逐渐转移到人与世界之间的关系这一认识论问题上。于是，诠释学理论成了人们研究的重点。传统诠释学的目的，是让读者去了解作者作品的内涵。在这里主体和客体之间的关系比较明显。然而，后现代哲学和史学却根本不考虑读者与作者之间的主客观关系，不把诠释工作视为读者对作者的一种认识、一种理解，而是把它看作读者寻找自我的一个过程。这样，作者的权威性和独立性也就消失了。随着作者的消亡，原来被动的读者解放了，他可以阅读，而且可以随心所欲、自由地解释史料、文献和档案。这一认识的最终目的是要动摇现代历史编撰学的基础。如果历史学家对史料或作品都能任意取舍，随意解释，那么历史的真实性就成了一句空话。

后现代史学的一个重要特点是将史学文学化。历史学家都认为自己的首要工作是忠实于历史事实。这一思想的前提是有一个历史的真相，历史学家的任务是去研究、描述和揭示这一真相。但后现代主义者认为人不能运用理性认识自己的世界，不能找到历史的真相。历史根本"不是过去的事情，而是写下来供人们阅读的历史话语"，只有把档案、史料"纳入有意义的结构中"才成为"历史"。历史文本的决定因素不是已经过去的历史事实，而是它的"潜在的深层结构"，即"范式"（Paradigm）。史学家在展现这种"范式"时，肯定会出现作者的情节设置、形式论证和意识形态暗示等主观和虚构的因素。因此，柯尔纳说："对有知识的读者来说，所有历史都是故事的一部分，是一种明显或隐蔽的历史叙述。那种对纯洁的、没有进行加工的材料的追求，并希望从这些材料中获取更新、更真实的事实真相的想法，是注定会以失望的结局而告结束的。因为世

---

① 参见 Hans Kellner, "Language and Historical Representation", in Keith Jenkins ed., *The Postmodern History Reader*, London, Routledge, pp. 127-137.

上不存在没有经过加工的材料；一件实物或文件一旦被认定为是史料，它就已经深刻地反映了一个文化系统。"①于是，他认为，阅读历史的方法恰恰是虚构历史。因为人不可能揭示历史的真相，而且历史学的作品也带有明确的目的性和情节设置，与文学、艺术没有两样，它们都是在编造故事。

当然，后现代主义史学对于传统史学的挑战还表现在其他多个方面，如注重原来的边缘史学的研究，注重妇女史的研究等。但其核心还是力图在挑战西方现代历史编撰学的基础上，动摇历史的科学基础，颠覆西方自启蒙运动以来建立起来的历史观念。

三

后现代主义史学对于现代史学的挑战以及由此对其带来的影响应该说是很大的。这是因为后现代主义史学从分析语言的不确定性、局限性和倾向性等具体的形式入手，不但明确地肯定了历史主观主义的存在，而且也对现代史学的主要基础产生了严重的冲击。这种冲击主要表现在以下几个方面。第一，后现代史学否定了历史学的科学性和学术性，认为能反映客观事实的历史是不存在的，历史事实和历史事件之间的因果关系常常是人们用虚构的方法或用语言修辞这种形式建立起来的。第二，后现代史学否定了历史学的客观性和真实性，认为历史学家在写历史著作时，并不拥有一种独立于日常语言之外的特殊语言，他们的语言必然融入日常语言所带有的道德含义和文化成见。第三，后现代史学否定了历史学作为独立学科的地位。在后现代主义看来，历史无非是一种特殊的文学形式，这不仅仅是因为历史的写作具有文学性，而且更重要的是历史著作就本质而言就具有文学的性质。第四，后现代史学否定了历史的主体——人的存在。他们认为，高度发达的科学技术不但快速改变着客观世界，而且也改变着人类的主观世界以及人类自我认识的方式，知

---

① Hans Kellner, "Language and Historical Representation", in Keith Jenkins ed., *The Postmodern History Reader*, London, Routledge, pp. 127-137.

识经济和信息网络化把世界变成了一系列可以复制的符号，人则成为某种数据或参数，这样，作为历史主体的人也就消失了，而历史主体的消失实际上也就标志着历史的终结。凡此种种都表明，如果后现代史学被接受的话，那么，历史学就根本无法存在。即使能存在的话，其研究的对象、研究的目的和内容、研究著作的表述方式以及研究者的研究方法和手段等都得重新考虑。

然而，在对后现代史学的主要作品和观点进行认真研读后，我们也能发现，后现代史学也有其明显的局限性，存在着严重的缺陷，这种缺陷主要表现在以下三点。第一，过分夸大了语言的作用，实际上已经走上了"语言决定论"的道路。第二，强调文本的独立性、个体性，从而忽略了文本与其他相关文本之间的关系，使原来统一的历史变成头绪混杂、散乱不堪的历史，使原来可以认识的东西失去了被认识的可能。第三，根本否认或割断语言与事实之间的关系，使语言变成了与事实毫无关系的独立物。后现代主义者研究的历史显然就是指这种独立物。后现代主义者强调的史学没有真相，有的只是关于真相的看法，史学家建构的过去并非历史的真实，而只是用语言组成的自以为是真相的东西。这些史学虚无主义化的观点显然是建立在对语言或文本这种独立物的认识的基础上的。而从实践上说，这种认识肯定是错误的。这是因为建立这种认识的基础不是事实与事实的表现形式——语言之间的统一，而是它们之间的分离。大家都知道，历史首先是历史事实，随后是历史认识，最后才是历史语言。语言之所以能与历史联系在一起，完全是因为语言有助于人们认识历史事实。后现代史学把历史仅仅看成是话语，否认话语的基础是历史事实和对历史事实的认识这一事实，这显然是不对的。如果没有作为认识对象的客观事实，没有对客观事实有所认识，那么也就根本不可能出现历史话语。总之，人们不能因为历史事件已经过去，就否认它的存在，更不能因为历史事实无法再现，而否认历史学的认识功能，从而走上历史虚无主义的道路。

后现代史学不但有其不合理的地方，而且在许多方面还具有很大的危害性。首先，从政治上讲，这种理论由于否定历史真相的存在，否定人们能够具有认识历史真相的能力，所以，它在客观上为世界上形形色色的政治野心家或军国主义者否认甚至篡改自己的历史提供了极大的方便。其次，对于史学界而言，由于后现代主义者强调一切都是相对的，史学根本不可能达到求真的目的，所以历史学家为求真而付出的所有劳动都是徒劳的，没有任何价值。既然历史学不能揭示真相，历史作品的评判标准也就失去了作用，历史著作之间的好坏高低自然也不复存在，所有的历史学训练也就成了多余的事。其结果必然是走向历史相对主义，从而造成史学界的极大混乱。当然，这些理论确实也为急功近利者或非职业历史学家提供了一条"超越"前人的捷径。而从现有的情况看，真正对史学研究进行严厉批判的后现代主义者多半也都是不做实际研究工作的史学家。

不过，后现代史学虽然有其明显的缺陷，但不能否认，它确实给人们提出了许多值得深思的问题，而且在某些方面还为人们提供了重新认识世界和真理的新的视角。尤其是在认识论方面，后现代史学首先提出了历史表述中语言的主观性问题，这是一直都被人们所忽略但又十分重要的问题，因为历史不仅涉及过去本身，而且还涉及为了了解过去而被历史学家创造出来的语言。语言主观性的发现和研究对于历史学的求真意义深远，应该说，这是历史认识论史上的一大进步。它有助于促使史学家在研究历史时，更加注意对史料的鉴别和判断；更加注意自身的局限，努力避免史学家本身可能出现的政治和文化偏见；更加注意语言文字的局限性和不确定性，尽量在审视历史文献和表述历史内容方面做得更加准确，使历史认识更加接近于历史事实。

当然，从后现代主义、后现代史学挑战的对象和内容看，它确实是西方学者在他们自己的思想理论传统内提出的一个问题。詹明信把它界定为"当下资本主义的文化逻辑"（Postmodernism, or Cultural Logic of Late Capitalism）。然而，在信息技术高度发达的今天，它又不仅仅是西方思想理论传统内的问题，它的传播必然会给我们的思想意识带来一定的影响。因此，我们在介绍和研究这种理论时，必须去其糟粕，吸其养分，使其能更好地为我国的历史学建设服务。

史苑练艺(上)

从部落到国家

我国是人类文明的发祥地之一，早在 170 万年以前，远古的人类就已经生活在我们祖国这块辽阔的土地上。这可从云南元谋、陕西蓝田、北京周口店等地发现的他们的遗骸和遗物中得到充分的证明。这些远古人类就是中华民族最早的祖先。他们经过长期的进化和发展，在进入文明时代以前，已经形成了华夏、苗、羌等集团。各集团的社会发展不平衡，居住于中原地区的部落集团最先进入了文明时代。

一、黄河流域的部落集团

部落是原始社会的一种社会组织，由两个或两个以上血缘相近的氏族构成。据文献记载，在我国黄河流域，早在 5000 多年前就居住着众多的部落集团，其中最著名的有炎帝、黄帝和蚩尤三大部落集团。

炎帝部落集团是传说中最远古的一个部落集团。这个部落的发祥地可能在今陕西省的东南部。

《国语·晋语》说："黄帝以姬水成，炎帝以姜水成。成而异德，故黄帝为姬，炎帝为姜。"《史记·五帝本纪·正义》也引用《帝国世纪》说："神农氏，姜姓也。母曰任姒，有蟜氏女，登为少典妃，游华阳，有神龙首，感生炎帝。人身牛首，长于姜水。"姜水是渭河的一条支流，位于今陕西省岐山县东。之后，这个部落又不断向四周（尤其是向东）发展。关中、晋南、豫西、鄂北等广大地区都成了他们的活动区域。

相传黄帝部落的形成比炎帝部落稍后。他们最早生活在陕西北部，过着游牧生活，后来逐渐向东迁徙。他们顺北洛水南下到达今陕西省的大荔、朝邑，然后东渡黄河，沿着中条山和太行山向东北迁移到今天山西省南部的黄河沿岸，最后在今河北省的涿鹿一带定居下来。

最初，黄帝部落的势力并不很大，只有以熊、罴、貔、貅、貙、虎六种野兽命名的六个氏族。有熊氏族在这个部落中居于首要地位。到达黄河流域以后，由于经济生活的改善以及对外战争的胜利，这一部落的实力有了明显的增强。《国语·晋语》说："黄帝之子二十五宗，其得姓者十四人，为十二姓：姬、酉、祁、己、滕、葳、任、荀、僖、姞、儇、依是也，唯青阳与苍林氏同于黄帝，故皆为姬姓。"这二十五宗显然是指黄帝部落进入黄河流域以后所扩大了的氏族数。

蚩尤是九黎族部落的首领。这一部落集团最初大概是由聚居在淮河流域的太皞族发展起来的，据《逸周书·尝麦》载，蚩尤曾"宇（宅）于少昊，以临四方"。后来，他们又不断向山东和河南发展。

蚩尤部落的规模相当庞大，相传蚩尤有"兄弟81人"，大概是指这个部落集团一共有81个氏族。他们是最早进入中原地区的部落之一。

上述三大部落自从形成以后，都不约而同地向中原发展，在共同开发中原的斗争中，时而联合，时而相争，为华夏民族的形成奠定了基础。

二、黄河流域部落联盟的产生

炎帝、黄帝和蚩尤部落最初都是相互孤立的集团，彼此间相隔甚远。后来随着社会生产的发展和人口的增加，各氏族和部落的活动区域日渐扩大，彼此间的交往也日益增多，而战争则是部落交往中最常见的一种方式。

从古代文献留下的材料来看，大约在5000年前，炎帝、黄帝和蚩尤三大部落就为争夺地盘展开了数次激烈的战争。

据说，最早的一次大规模冲突发生在炎帝部落和蚩尤部落之间。战争的双方，一方是炎帝部落的共工氏，另一方是蚩尤部落。这次战争显然是与蚩尤部落从东向西发展，夺取共工氏的土地有关。战争从一开始就打得十分艰苦，据说共工氏"怒而触不周之山，天柱折，地维绝。天倾西北，故日月星辰移焉；地不满东南，故水潦尘埃归焉"（《淮南子·天文训》），但结果还是抵挡不住蚩尤部落的进攻。共工氏在极为不利的情况下，"乃说于黄帝"（《逸周书》），向黄帝求援，这样，黄帝部落便与炎帝部落结成了联盟，共同对付蚩尤。他们"与蚩尤战于涿鹿之野"（《史记·五帝本纪》），这就是历史上有名的涿鹿之战。

战争开始，黄帝派应龙蓄水，布起水阵抵挡蚩尤；蚩尤乃请来风神雨伯，一时风雨骤起，冲垮了应龙的水阵，在这危急关头，黄帝又请来了旱神女魃，制服了风神雨伯，并最后打垮了蚩尤部落。据说这场战争打得十分残酷。《庄子·盗跖篇》上说，黄帝"与蚩尤战于涿鹿，流血百里"。

蚩尤被杀以后，其他的九黎部族便纷纷起事，向黄帝讨还血债。黄帝遂画蚩尤像以威慑天下，"天下咸谓蚩尤不死，八方万邦，皆为殟服"。此后，他一方面"命少皞清正司马鸟师"，即让少皞统领夷人各部；另一方面又去蚩尤之凶，"迁其民善者以邹鲁之地，迁恶者于有北之乡"（《拾遗记》）。这样，黄帝集团又与蚩尤集团结成了联盟。《韩非子·十过篇》中说的"昔者黄帝合鬼神于泰山之上"的传说，实际上就是黄帝召集联盟大会的写照。

在黄帝部落与蚩尤部落结成联盟的同时，炎帝部落又开始同黄帝部落发生争执。争执的原因是"炎帝欲侵陵诸侯"，于是黄帝便"修德治兵"，"以与炎帝战于坂泉之野。三战，然后得其志"（《史记·五帝本纪》）。这样，黄帝便扫清了进入中原地区定居的各种障碍。此后，黄帝部落就和蚩尤、炎帝等部落一起共同承担了开发黄河中、下游两岸广阔而又肥沃的土地的重任。

三、尧舜禹时代的部落联盟

尧、舜、禹是原始社会末期在黄河流域相继出现的三个部落联盟首领。尧舜禹时代大约相当于古罗马的"王政时代"，是氏族制度向国家的过渡时期。这一时期的特点是：既保存着氏族制的大量因素，但同时也有了向国家过渡的迹象。尤其是从舜以后，这种迹象表现得更为明显。

从文献中可知，这时的部落联盟主要有两种管理机构：一是部落联盟首领，二是部落联盟议事会。至于是否有人民大会还不得而知。

部落联盟首领主要来自成绩卓著、为民除害的英雄。而这种地位的取得，又显然是《礼记·礼运》所说的"天下为公，选贤与能"的结果。这可从尧和禹的当选中看得十分清楚。据说，尧时社会极不安定，猰貐、凿齿、九婴、大风、封豨、修蛇等氏族部落首领为非作歹，皆为民害。于是"尧乃使羿诛凿齿于畴华之野，杀九婴于凶水之上，缴大风于青丘之泽，上射十日而下杀猰貐，断修蛇于洞庭，禽（擒）封豨于桑林，万民皆喜，置尧以为天子"（《淮南子·东经训》）。禹的当选也是如此，据《史记·夏本纪》记载，禹在治水期间，"劳身焦思，居外十三年，过家门不敢入"，终于取得了治水的胜利。大禹治水的成功，大大减少了洪水对群众的威胁，提高了他在群众中的威信，取得了舜的信任。舜先赐给禹玄珪，后又"荐禹于天，为嗣"（《史记·夏本纪》），让他继承部落联盟首领的职位。

部落联盟首领也像古希腊的巴赛勒斯和古罗马的勒克斯一样，是军事首长和某些法庭的审判长。但他不掌握民政方面的权力，也绝没有处理公民的生命、自由和财产的权力。他的一切重要活动都要得到部落联盟议事会的批准。部落联盟议事会是联盟的重要管理机构，它由参加联盟的各氏族部落首领组成。联盟的重要事务都由部落联盟议事会讨论决定。传说尧时，洪水泛滥成灾。《孟子·滕文公上》说："当尧之时，天下犹未平，洪水横流，泛滥于天下，草木畅茂，禽兽繁殖，五谷不登，禽兽逼人，兽蹄鸟迹之道交于中国。尧独忧之。"于是尧便召集部落联盟议事会，让大家讨论提出治水人选。四方首领一致推举鲧，说"鲧可"。尧开始不赞同，说"鲧负命毁族，不可"（《史记·五帝本纪》）。后来在各部落首领的坚持下，尧还是顺从了大家的意见。舜时所任命的各种管理人员，也是在经过部落联盟议事会的商讨以后才决定的。此外，部落联盟的首领也都由议事会推举产生。相传尧年迈时，就曾在部落联盟议事会上讨论过继任人问题。当时有人提议让尧的儿子丹朱接任尧的职位，尧不同意，认为丹朱心既顽嚣，又好争讼，不可用之。尧又问各部落首领，他们中是否有人能顺事天命，接替他的职位。部落首领们都认为他们没有这个德望接任部落联盟首领的职位。后来,大家一致推举舜。尧接受了大家的意见,在生前就把部落联盟首领的职位交给了舜。于是便出现了"舜南面而立,尧帅诸侯北面而朝之"的局面。有人认为,这是舜夺取权力的一种标志。实际上这是一种误解,因为在"天下为公,选贤与能"的时代,人们(包括部落首领)选择首领的目的是把本部落联盟治理好,而根本没有"以天下之病而利一人"的思想。所以无论是舜担任部落联盟首领,还是尧任部落联盟首领,他们都是部民的公仆,没有尊卑和君臣之分。他们的任期长短也同样由部落联盟议事会商量决定。

相传,舜到年老时也效法尧的做法,召集部落联盟议事会讨论他的继承人问题。因禹治水有功,深得舜的信任,所以他推荐禹为他的继承人,结果得到了部落联盟议事会的同意。禹便成了继舜之后的部落联盟首领。

战争是尧舜禹时代部落联盟的经常性事业。战争的目的显然是掠夺邻人的财富。在这一时代,中原地区部落联盟的最大敌人是南方的苗蛮。苗蛮又叫三苗,大约由三个氏族或部落组成,最初活动于鄱阳湖和洞庭湖之间的广大地区,到尧舜禹时已发展到河南境内,与正向这一地区发展的中原部落相遇,并发生冲突。

传说最早与南方苗蛮集团发生冲突的是尧。《吕氏春秋・召类》说:"尧战于丹之水之浦,以服南蛮。"丹水即今丹江。战争的结果是苗蛮集团被征服了。但尧并没有对苗蛮进行奴役,相反,而是让他们加入了中原地区的部落联盟。

继尧之后,舜又对南方三苗部落集团进行了一次更大规模的征伐。史书中就有"舜窜三苗","舜却苗民,更易其俗"之说,但规模最大、影响最深的还要数禹对三苗的征伐。这次战争的起因据说有两条,一是苗民不敬鬼神,二是苗民用刑罚,杀戮无辜百姓。《尚书・周书・吕刑》上说,"苗民弗用灵,制以刑,惟作五虐之刑曰法。杀戮无辜,爰始淫为劓、刵、椓、黥……皇帝哀矜庶戮之不辜,报虐以威,遏绝苗民,无世在下",于是就挑起了对三苗的战争。很显然,这只是一种借口,因为在原始社会,部落始终是人们的界限,每一部落和部落联盟都自成一个小天地。他们有自己的信仰，有自己的道德标准。禹使用上述理由显然是为了掩盖其对外扩张的本质。

据说，禹在向三苗大举进攻以前，曾举行了誓师大会。"禹曰：'济济有众，咸听朕言！非惟小子，敢行称乱。蠢兹有苗，用天之罚。若予既率尔群封诸君，以征有苗。"(《墨子·兼爱下》引《禹誓》)战争延续了很长时间，最后禹用箭射中了三苗的首领，致使苗师大乱，才取得了这次战争的胜利。

战争的频繁进行和不断胜利，对中原地区的部落联盟产生了极其重大的影响。

首先，战争的胜利扩大了中原地区部落联盟的疆域范围，促进了不同氏族部落之间的融合，加速了血缘联盟部落的解体。原先只有炎、黄两血缘部落组成的联盟，到尧舜禹时代，已经变成了一个庞大的地域联盟。它不但包括以黄帝为始祖的部落，而且还包括了分别奉颛顼、帝喾、伯益、皋陶为始祖的夷人部落，和以四岳为宗神的羌人部落。随着联盟人数的增加和联盟疆域的扩大，联盟内部的事务也变得越来越多，越来越复杂。所以到舜时，便出现了许多新的管理机构和管理人员，其中有管农事的后稷，管百工的司空，管教化的司徒，管刑狱的士，管郊庙祭祀的秩宗，管承上宣下的纳言，管十二州的州牧以及管礼、典、乐等职事的官员 22 人。虽然这种机构还是出于维护部落联盟的共同利益而设，但它已经包含了发育成为国家权力的胚胎。

其次，战争的胜利和疆域的扩大有利于治水工程的顺利进行。众所周知，治水是黄河流域各部落的一件大事，它关系到这些部落的生存和发展；同时，它又是一项极其艰难的综合性工程，既需要动用大量的人力物力，又需要打破"民至老死不相往来"的隔绝局面，对整条河或整个水系进行全面治理。这在部落联盟较小的时候，显然是做不到的。因为在那时，人们最多只能对本部落联盟范围内的那段河流进行治理，所以根本无法达到治理水患的目的。共工和鲧的治水方法本身就是这一时代的产物。然而到大禹时代，情况却有了变化。中原地区的部落联盟经过长期的奋战，实力已经有了明显的发展。它的势力不但发展到黄河下流，而且还向南发展到江汉平原，这就为大禹全面治理水患创造了条件。

再次，对外战争的胜利以及治水的成功，又为中原地区农、牧业生产的发展创造了前所未有的条件，以至到大禹时代，这一地区竟达到了能够提供一定数量的生产剩余额的水平。于是奴隶制和私有财产便出现了。在战争中俘获的战俘，再也不像以前那样被处死，而是被变为奴隶，即"亡其氏姓，踣毙不振，绝后无主，湮替隶圉"。后人在追述奴隶制度时，常常追溯到"黎苗之王"，说是"人夷其宗庙而火焚其彝器，子孙为隶，下夷于民"(《国语·周语下》)。奴隶制的出现对以氏族和部落为基础的原始社会是一个致命的打击。它表明氏族制社会已经走到了尽头。

最后，战争的胜利也加强了部落联盟首领的权力。原先的部落联盟议事会已形同虚设，日益成了为联盟首领服务的工具；联盟首领也不断向专制、集权转化。他不但可以任意向各部落首领索取贡物，而且还可以随意杀死部落首领。例如，禹曾"致群神于会稽之山，防风氏后至，禹杀而戮之"(《国语·鲁语下》)。大禹的这一举动本身就说明：到大禹晚期，中原地区的部落联盟已经步入了文明社会的门槛，大禹自己也完成了从部落联盟首领向国王的转变。

传说禹年老时，曾推举皋陶为继任人，后来皋陶先禹而卒，大家又推举伯益，但禹却在暗地里培植他自己的儿子启。到禹死后，启即夺取了禹的职位。这样，长期流行的民主推选制度已经不复存在，代之而起的便是王权的世袭制度。至此，代表统治者利益的国家终于在黄河流域出现了。

罗马是一座城

　　罗马是一座城，是一座由山村发展而来的城。高卢人经常把它作为劫掠的对象，迦太基人也把它视作挑战及阻拦其发展的障碍。而罗马人自己却始终视它为神圣之城、永恒之城。他们尽心保卫它，精心雕琢它，使它成为最辉煌的地中海之都，最雄伟的大理石之城。

　　罗马是一座城，是一座信念之城。罗马人秉守先祖的教诲，以"统治万国"、"号令天下"为己任，"对高傲者严惩不贷，对卑微者宽容有加"，以胜利的战争回答世上的挑战，让胜利的战争说出帝国的威严。凯旋式是罗马独具的仪式，更是罗马价值的体现。五百余次的凯旋式把公民的信念牢牢地深埋于罗马的民族大义之中。

　　罗马是一座城，是一座把地中海世界变成同一座城的城。罗马治下的整个世界"都好像是在欢度假期一样，脱下了古代的战袍，穿上了自由欢乐的锦袍。所有的城市都已经放弃了它们旧有的争端，希望在一件单纯的事情上取胜，那就是每个城市都希望使它自己变得更快乐、更美丽。到处都是游乐场、林园、神庙、工场和学校。……所有城市都充满着光明和美丽，整个大地都好似元首的花园一样。友好的烽火从平原升起，而战争的硝烟随风飘至山海以外，代替它们的是说不尽的美景和欢快。……今天，希腊人和外国人都可以空着手，或是满载着金钱，随意旅行，犹如生活在自己家中一样。……只要做了罗马人，或者是陛下（指安东尼——作者注）的臣民，就有了安全的保障。荷马曾经说过大地是属于大家的，而您却使这句话变成了现实，因为您已经测量了整个世界，架桥梁于河川之上，开驿道于山地之间，建基地于沙漠之中，使万物都有了文明,使万物都有了纪律和生命。"①

　　罗马是一座城,是一座给世界带来光明的城。它的恩赐如阳光广布帝国,灼热的沙漠、冰封的北国,均不能将其阻挡。它为众多民族建起了一个祖国,给他们带来福祉。它用自己的律法拥抱整个世界,使众多民族结成一个共同的联盟,共处共生,以罗马的理念规范帝国,以罗马的标准设定正义。

　　罗马是一座城,是一座包容之城。在西方的文明史上,罗马是后起的,向先进文化学习是罗马文明发展的必由之路。但同时,罗马又是地中海其他文明的征服者。征服者向被征服者求教,这又需要放下面子上的尊严,拥有宽容、博大的胸怀。罗马人非常成功地处理好了罗马文化与地中海地区其他文化共存的关系。交融中不失特色,主体内滋养共性。

　　以罗马为主体的文明是灿烂的。它不仅为地中海地区带来了两千年的恩泽,更为西方未来的发展规定了路径,确定了方向。正如恩格斯所言:"没有希腊文化和罗马帝国所奠定的基础,也就没有现代的欧洲。"②当然,奠基于罗马的欧洲文明也没有墨守成规,消极待亡。相反,它以自身的反省,挑战权威,复兴传统,使罗马的精神有了新的升华。

　　罗马是一座城,是一座为文明输送不竭动力的不朽之城。

① Aristides,*Roman Oration*,26.
② 《马克思恩格斯选集》第 3 卷,524 页,北京,人民出版社,1995。

罗马环地中海帝国的形成

有一位西方著名的学者曾说过："如何说明罗马帝国的兴起与如何说明罗马帝国的衰落，是历史上两个最重要的问题。"[①]从古到今，人们都对这两个问题有着浓厚的兴趣。大家总是在思考：罗马原本是一个位于意大利中部的非常不起眼的村落，后来竟然发展成了一个囊括地中海，地跨欧、亚、非三洲的大帝国，而这样的帝国自从罗马帝国解体后就再也没有出现过。虽然也有一些统治者非常希望恢复古代罗马的荣光，但都没有成功。这确实是世界历史上值得关注的问题。那么，罗马是怎样从一个小村落发展成为一个大帝国的呢？也就是说，它是怎样走完这一既辉煌而又悲壮的过程的呢？这正是我在本文中想要阐述并加以探讨的。

一

根据传统的说法，罗马创建于公元前753年，经历过罗慕路斯等7位国王的统治。公元前510年，罗马结束王政统治而进入共和国时期。不过，即使到这一时期，罗马的力量也很小。它只不过是意大利中部第伯河畔的一个小国，处境十分艰难，随时有被邻国消灭的危险。当时，在它的北边有实力强大的埃特鲁里亚人，在它的南边和东边则有强悍好战的厄魁人和伏尔西人。此外，拉丁人内部的矛盾和斗争也很复杂、激烈。共和国的最初一百年，罗马人就是在不断地与近邻的战斗中度过的。

到公元前5世纪后半期，罗马人在与近邻的斗争中逐渐转入优势。

---

① *The Cambridge Medieval History*，Vol. 1，New York，The Macmillan Company，1924，p. 54.

图 1　钱币上的罗马母狼

公元前 431 年，他们战胜了厄魁人，接着又多次打败伏尔西人，夺回被伏尔西人占领的拉丁姆沿海土地。这一时期影响较大的还有罗马人和北部的维爱伊人之间进行的一场战争。这场战争一共进行了三次，历史上把它称为"维爱伊战争"。

维爱伊城位于罗马城东北，第伯河北岸，是埃特鲁里亚人的一个大城。自从罗马王政时代的最后一位国王小塔克文被驱逐，埃特鲁里亚联军在阿利西亚败于以罗马为首的诸拉丁联盟以后，埃特鲁里亚人退守第伯河右岸。维爱伊人在第伯河右岸的菲丹那保留了一个营地作为其南端的据点。公元前 5 世纪初，维爱伊经常以此为据点出来骚扰罗马城郊各部落的农牧区。公元前 479 年，元老院派费边家族出征维爱伊，结果是先胜后败，全军覆灭。公元前 430 年，罗马人在战胜厄魁人后，再次发动了对维爱伊人的战争。这一次，罗马军队吸取了前次失败的教训，在主将执政官柯苏斯的指挥下取得了胜利。罗马人杀死维爱伊国王，并将其甲胄奉献于罗马神庙。公元前 405 年，罗马人又一次对维爱伊人大举兴兵，企图一举消灭和吞并维爱伊。经过十年的艰苦作战，公元前 396 年，罗马人终于用围城的方法攻克维爱伊城。罗马人第一次获得了围城

61

作战的经验。三次维爱伊战争不仅使罗马的领土扩大了一倍，使罗马的财富有了明显的增加，而且更重要的是罗马的埃特鲁里亚之患亦从此消除。因此，从这个意义上说，维爱伊战争是罗马开始实现其征服世界的宏伟大业的一个重要的标志性事件。

公元前4世纪，意大利北部又来了一支新的入侵者凯尔特人，即高卢人。公元前391年，有部分高卢人在其首领布伦图斯的率领下闯入埃特鲁里亚，直达克鲁西城。克鲁西向罗马求救。罗马元老院决定派使者去跟高卢人交涉，要求他们马上退兵。这是罗马人第一次与高卢人打交道，但很显然没有取得成功。公元前390年，高卢人进攻罗马，在距离罗马城10千米的阿里亚小河边与罗马大军交战。罗马军队虽有拉丁同盟军的援助，但最后还是抵挡不住高卢人长剑的进攻，全线溃败。高卢人于是长驱直入，直攻罗马城。当时整个罗马城除了卡皮托尔卫城外全部被高卢人控制。罗马人在卡皮托尔坚持了七个月，最后与高卢人达成了一个协议。协议规定"以一千磅黄金作为不征服那注定不久就要统治世界的罗马民族的赎金"。李维认为："对罗马人来说，这种交易本身就是一种耻辱，而这种耻辱则更因高卢人的卑鄙手段而加深。他们使用了不公正的秤砣，当军政官为此提出抗议时，傲慢的高卢人却索性把剑放在秤盘上，并发出罗马人难以忍受的狂吼：'被征服者就应该倒霉。'"①在罗马人交了一大笔赎城金后，高卢人最后撤走。这是一场由游牧民族发起的入侵农业民族的典型战争。

罗马人在恢复了元气之后，又开始了其对外征服的进程。其矛头直指意大利中部的萨莫奈人。公元前343—前341年，罗马人与萨莫奈人之间爆发了第一次战争，结果萨莫奈人战败，罗马人占领了加普亚和坎佩尼亚的大部分地区。但萨莫奈人并没有屈服。

公元前327年，罗马人再次挑起与萨莫奈人的战争。这是一次残酷而持久的战争。公元前321年的卡狄乌姆峡谷一战，罗马军大败。但罗马并未因此而终止战争，相反更加加大对战争的投入。公元前316年，

---

① Livy, *The History of Rome*, 5, 48.

罗马人在经过周密的准备之后，重新发动战争，并经过数年的苦战，终于赢得了胜利。罗马的军团经受住了山地战的考验。

公元前298年，第三次萨莫奈战争爆发。公元前296年双方在翁布里亚境内的森提努展开激战，萨莫奈人和高卢人的联军遭到失败。随后，萨莫奈人及其同盟者相继屈服，罗马取得了征服意大利中部的决定性胜利。与萨莫奈人的三次战争不但使罗马人得到了大量的实惠，而且也使罗马人积累了进行山地作战的经验，锻炼了罗马士兵的作战能力。

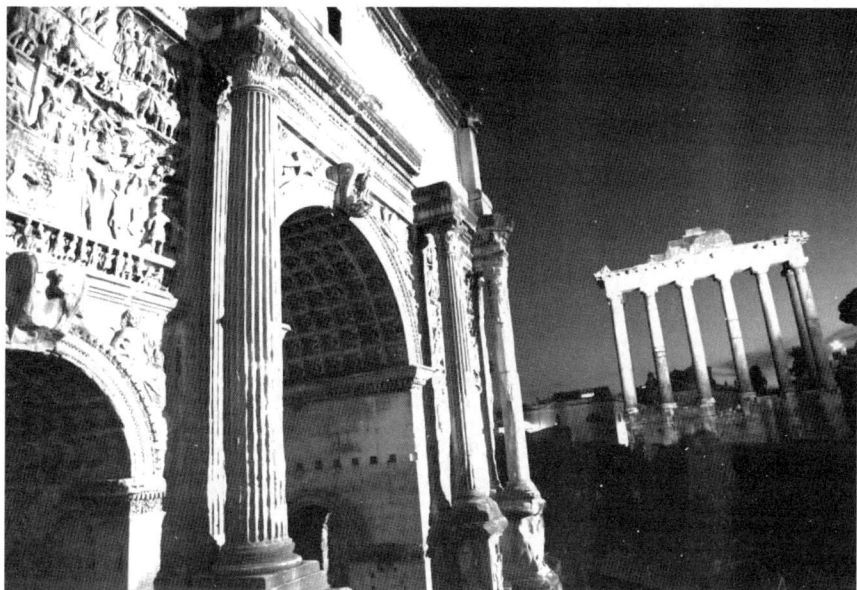

图2　罗马凯旋门

罗马人在控制了意大利北部和中部后，就开始向意大利南部发起进攻。当时的意大利南部，小国林立，内耗不断。公元前280年，罗马舰队开进他林敦，遭到他林敦人的袭击，一部分船员被杀，一部分被卖为奴隶，罗马与他林敦之间的战争终于爆发。

他林敦是斯巴达人在意大利南部建立的一个殖民地，与希腊本土有较多的联系。为抵抗罗马，他林敦向希腊的伊庇鲁斯国王皮鲁士求援。皮鲁士是希腊化时期最杰出的军事将领之一。他既是一位实战家，又是一位理论家。他曾经写过有关军事方面的著作。汉尼拔对他非常崇拜，常常把自己称作皮鲁士的学生。他林敦的请求正中皮鲁士的下怀。因为他认为这是实现其自身梦想、成为亚历山大第二的大好时机，于是便欣然同意出兵帮助他林敦人。公元前 280 年，皮鲁士率领 22000 名步兵和射手，3000 名骑兵及 20 头战象在他林敦登陆。不久，他便率军来到他林敦以南的赫拉克里亚附近，与罗马人发生激战。在这次战斗中，皮鲁士使初次见到大象的罗马人惊慌失措，损失惨重。次年，他又在奥斯库伦附近取得了胜利。但是这些胜利也使他自己付出了惨重的代价，其中有 7500 名战士惨死疆场。后来，人们把这种得不偿失的战争称作"皮鲁士式战争"。公元前 275 年，皮鲁士在贝尼温敦附近同罗马人打了最后一仗，皮鲁士军被誉为"九头妖蛇"的罗马军击败，被迫退回希腊。公元前 272 年，罗马包围了他林敦，他林敦被迫投降。到公元前 3 世纪中叶，除波河流域仍为高卢人所占据外，意大利的其余部分都落入了罗马人的手中。

经过一百多年的对外战争，罗马终于征服了意大利。但罗马并没有将它组成一个统一的国家，没有像中国的西周那样实行"分封而治"，也没有像雅典那样对其治下的属国实施高税政策，而是根据被征服地区的各种不同情况，采取"分而治之"的政策，依靠各部落和各地区社会上层对意大利进行治理。对于被征服的意大利地区，罗马人只征兵，不征税。这种"分而治之"的政策，在相当长的时间内，确实保证了罗马后方的稳定。同时，罗马又以建立殖民地的形式来巩固其对被征服地区居民的统治，维护社会的安定。殖民地居民有些由拉丁同盟所遣，有些由罗马直接派出。通过这种方式，罗马人在用"剑"征服意大利后不久，很快又用"犁"完成了对它的征服。

二

罗马在征服意大利以后，继续向地中海西部发展，这就与活跃于这一地区的海上强国迦太基发生了直接的冲突。从公元前 264 年到公元前 146 年，罗马与迦太基曾进行三次战争。因为迦太基是腓尼基人的殖民地，而罗马人又称腓尼基人为布匿人（Poeni），因此人们常常将这场战争称为"布匿战争"。

迦太基位于北非今突尼斯地区，古典传说谓此城的创建人为推罗国王之女埃莉萨（Elissa）或狄多（Dido），她所建的殖民地称为 Karthadasht，意为"新城"，以区别于腓尼基人在乌提卡（在今突尼斯城东北 21 千米处）建立的旧殖民地，希腊人改称为 Karchedon，罗马人又改称为 Carthage。到公元前 3 世纪前叶，迦太基的实力有了明显的增强，它拥有一支庞大的海军，是地中海西部的一大强国，占有地中海西部的若干岛屿和西班牙南部、西西里西部等广大地区。

布匿战争最先起因于"麦山那事件"。公元前 269 年，叙拉古雇佣兵中的意大利人，突然抢占了西西里岛东北端的麦山那城。公元前 265 年，叙拉古派兵包围了麦山那城。麦山那城的雇佣兵分成两派，分别求助于迦太基和罗马。当迦太基和罗马的军队开到西西里后，第一次布匿战争（公元前 264—前 241 年）爆发。战争开始后，罗马军队首先挫败迦太基人，然后占领叙拉古，随之又打下西西里岛西南沿海城市阿格里根特。罗马的陆军优势在当时得到了充分的展现，但罗马的海军却远不如迦太基。为了弥补海上力量的不足，罗马迅速建造了 100 艘五列桨船和 20 艘三列桨船。公元前 260 年，刚刚成立不久的罗马海军在米雷海角与迦太基人遭遇，并以压倒一切的气势，击败熟悉海战的迦太基人，取得了罗马海战史上的首次胜利。领导这次海战的执政官杜伊利乌斯也因此获得了凯旋式。"因为这一原因，他被授予一项永久性的荣誉——即在他前面应持一个用蜡制成的火炬，当他外出用餐回来，笛手应吹笛迎接。"①罗马的海军也在与迦太基人的战争中不断成熟，不断发展。公元前 241 年，罗马舰队在西西里西海岸打败了迦太基舰队，迦太基无力再战，被迫求和。和约规定：迦太基将西西里岛与意大利之间的所有岛屿让给罗马；迦太基赔款 3200 他连特，十年之内付清。第一次布匿战争至此结束。对于罗马人来说，这次战争中遇到的新问题比以前任何一次战争的问题都

---

① Livy，*The History of Rome*，Vol. 17，Introduction.

要多，主要有海战的问题、长期海外作战问题、海军与陆军如何配合作战的问题、军队的后勤供应问题，等等。不过，在战争中，罗马人虽然历尽艰辛，但还是一一克服了困难，找到了许多解决问题的方法，这些都为其以后的大规模成功的海外扩张打下了很好的基础。

在第一次布匿战争以后，罗马和迦太基都积极备战，准备迎接双方间更大规模的战争。罗马人在这期间的主要任务是把科西嘉、撒丁尼亚和波河流域控制在自己手里，以巩固自己后方的稳定。战后的迦太基则把主要势力伸向西班牙，在那里经营反击罗马的阵地。经过 20 多年的艰苦努力，迦太基的军事力量日益强大，军事准备日趋成熟，对罗马进行报复的时机已经到来。公元前 219 年，主将汉尼拔不理罗马的警告，率军攻毁罗马在西班牙的同盟者萨贡托，第二次布匿战争(公元前 218—前 201 年)由此爆发。

汉尼拔为哈密尔卡·巴卡之子。"据说，当汉尼拔只有 9 岁的时候，曾孩子气十足地请求他的父亲哈密尔卡带他到西班牙去。他的这位刚刚结束了阿非利加战争的父亲，当时正在带领他的那些即将出发的士兵向神献祭。于是他便把汉尼拔带到祭坛前，让汉尼拔的手摸住贡物并发誓保证：只要他一有可能，便要公开宣称他是罗马人的死敌。"①此后，汉尼拔一直在西班牙从事军事活动，并迅速成为一位优秀的迦太基将领。

公元前 218 年春天，汉尼拔率领迦太基雇佣军从西班牙基地出发，越过阿尔卑斯山，突入意大利本土。用一支远离后方的军队来挑战一个国家，这在人类的历史上还是不多见的。为了用事实说明汉尼拔准备去进攻的是一个多么强大的国家，我们有必要了解一下罗马的资源和他们当时兵力的具体数字。

　　两执政官指挥的有 4 个完全由罗马公民组成的军团，每一军团有 5200 名步兵、300 名骑兵。另外，每一执政官军中还编入同盟军步兵 3 万人、骑兵 2000 人。临时调来协助罗马人作战的萨宾和埃特

---

① Livy，*The History of Rome*，Vol. 21.

鲁里亚部队有骑兵4000人、步兵5万人有余，罗马人将他们集中在埃特鲁里亚边境沿线，由一名大法官级行政长官指挥。从居住在亚平宁山区的翁布里亚人和萨西纳提人中征集的兵力达2万人，同他们一起作战的还有2万威尼提人和塞诺马尼人。罗马把这些人部署在高卢边境，命他们进入波伊人境内以牵制入侵者的兵力。以上是保卫罗马领土的现役兵力。此外，罗马自己还留有一支随时可以参加战斗的后备军，其中有罗马公民组成的步兵2万人、骑兵1500人，各同盟国提供的步兵3万人、骑兵2000人。

据报道，此外还有在册可征用的士兵，人数如下：计拉丁诸城步兵8万人、骑兵5000人；萨姆尼特步兵7万人、骑兵7000人；亚皮吉和美萨比步兵7万人、骑兵16000人；卢卡尼亚步兵3万人、骑兵3000人；马尔喜人、马卢西尼人、弗兰塔尼人和维斯提尼人共有步兵2万人、骑兵4000人；在西西里和他林敦还有两个后备军团，每团步兵4200人、骑兵200人。罗马人和坎佩尼亚人在册的步兵有25万，骑兵约23000人。

据此，罗马和盟军能拿起武器战斗的总人数为步兵70余万人、骑兵7万多人，而汉尼拔侵入意大利时兵力充其量不到2万人。①

汉尼拔这支人数不多的军队确实给罗马带来了巨大的灾难。公元前217年，罗马军队在特拉西美诺湖附近遭到汉尼拔军的伏击，几乎全军覆灭。于是罗马元老院宣布罗马进入紧急状态，贵族出身的费边被任命为独裁官。费边在分析了双方的实力以后，决定不与汉尼拔正面交锋，而是以坚壁清野的办法与汉尼拔周旋，断绝汉尼拔的粮草，消耗敌人的力量。费边的"迁延"战术自然有其合理的一面，但也确实包含着战争在意大利境内长期拖延的风险。而这正是罗马人所经受不起的。公元前216年，罗马指挥官在罗马人民迫切要求罗马军与迦太基军作战的压力下，匆忙与汉尼拔在坎尼激战。当时罗马方面约有8万名步兵和6000名骑兵，

---

① Polybius, *The Histories*, 2, 24.

迦太基方面约有 4 万名步兵和 1 万名骑兵，就双方兵力而言，罗马居绝对优势。但汉尼拔这位绝顶聪明的天才指挥家并没有因为人数上的劣势而怯战，却充分利用地理上的优势，采取两翼包抄的战术，击溃了罗马军队。罗马军遭到了空前的失败，54000 人被歼，18000 人被俘，而迦太基只损失了 6000 人。坎尼之战是欧洲历史上以少胜多的极好战例，为后来的军事家提供了极其重要的研究素材。

坎尼之战部分地动摇了罗马对意大利的统治。意大利南部、中部和北部的一些地区纷纷脱离罗马而投向迦太基，其中著名的有坎佩尼亚的加普亚和西西里的叙拉古等。汉尼拔虽连战皆胜，但毕竟是外线作战，兵源和粮源都得不到及时的补充。而罗马则正好相反，虽一再失利，但可随时补充新兵。公元前 207 年，迦太基由西班牙派去的援军被罗马人中途消灭，使汉尼拔的处境更趋困难。公元前 204 年，罗马遣军直趋北非，在北非开辟第二战场，这是迦太基人所不曾想到的。迦太基政府急调汉尼拔回迦太基救援。公元前 202 年，在扎马附近与罗马人的决战中，汉尼拔第一次也是最后一次遭到了失败。第二战场的开辟，确实起到了四两拨千斤的作用。阿庇安指出，罗马人起初对于第二战场的开辟"漠不关心"，但是不久，他们发现，第二战场的开辟对于罗马非常重要，是极其"伟大"和"光荣"的事。① 次年，双方订立和约：迦太基放弃阿非利加以外的全部领土；除了保留 10 艘舰船外，其余舰船一律交给罗马；五十年内向罗马赔款 1 万他连特；未经罗马许可不得与任何国家交战。从此以后，迦太基沦为罗马的附属国，罗马取得了在地中海西部的霸权地位。至此，罗马的实力如日中天，在地中海世界再也没有一个国家可以不重视罗马的声音了。不过，在这次战争中，罗马付出的代价也是巨大的。尤其是汉尼拔在意大利的十六年，破坏了四百个城镇，仅在战场上被杀的罗马人就达三十万人。汉尼拔还不止一次地进军罗马，使罗马处于极端危险之中。② 但第二次布匿战争告诉我们，任何一支精良的部队都无法

---

① 参见 Appian，*Punica*，7.
② 参见 Appian，*Punica*，134.

与一个民族抗衡！！！

在与迦太基人激战正酣的同时，罗马人又在地中海东部开辟了战场，开始其对地中海东部的征服。当时地中海东部主要有希腊马其顿王国、埃及托勒密王国和叙利亚塞琉古王国等，这些国家的创立者皆是亚历山大的部下，但到公元前 2 世纪以后都趋于衰落。

罗马对东方的征服使用了先近后远的方针。马其顿是罗马首选的打击目标。罗马与马其顿的战争一共进行了三次，最后以马其顿王国的消亡而告结束。罗马接着选择的攻击目标是叙利亚的塞琉古王国。公元前 2 世纪初，叙利亚的实力有所增长，并开始向西方发展。在第二次马其顿战争期间，叙利亚国王安提奥库斯三世越过赫勒斯滂海峡夺取了马其顿的色雷斯地区，罗马与叙利亚之间的战争爆发（公元前 192—前 188 年）。公元前 190 年，罗马军队和叙利亚军队在小亚细亚的马格尼西亚发生会战。马格尼西亚会战实际上就是罗马军团与马其顿方阵的对决。据阿庇安记载，安提奥库斯三世将马其顿方阵列成紧密的长方形，侧面有骑兵保护，但是当两边没有骑兵的保护的时候，这个方阵会分开，以让那些在前面小战的轻装部队通过，此后再恢复方阵原形。这样马其顿方阵"拥挤在一个长方形之内，多密提阿斯(罗马将军)很容易地用他很多的骑兵和轻装部队把他们包围起来。他们没有机会冲锋，也没有机会疏散他们的密集队形，所以他们开始遭受很重的损失；他们非常愤怒，因为他们自己不能采用所惯用的战术而四面八方都受到敌人武器的攻击。但是他们在向所有的方面都伸出他们的密集长矛，他们向罗马人挑战，进行肉搏，总是保持着将要冲锋的样子。但是他们没有前进，因为他们是步兵，披着很重的武装，看到敌人都是骑在马上。最重要的，他们怕他们的密集队形分散开，他们也来不及改变这个队形。罗马人并不进行肉搏战，也不跑近来，因为罗马人害怕这些精兵队伍的纪律、坚强和斗志；只包围着他们，用标枪和箭向他们袭击。在这个密集队伍中，标枪和箭总是百发百中的，因为他们既不能把投射器挡开，也不能分开队伍以躲避投射器。这样在受到严重的损失之后，他们为势所迫，一面威吓，一面逐步很有秩序地退却。就是在这个时候，罗马人还是害怕，不敢跑近他们，只是继续把他们包围起来，伤害他们。直到最后，马其顿方阵内部的战象被激动起来，不可驾驭了，于是方阵溃散，狼狈而逃"①。叙利亚军遭到惨败。罗马人对此"兴高采烈，认为现在没有什么事情他们难于作到，谢谢神明的保佑和他们自己的勇敢；因为人数这样少的一支军队，在异地作战，在第一次战役和第一次袭击时，仅仅一天之内，就打垮了有一切王室资源，由这样多的民族组织的一支人数多得多的军队，包括勇敢的雇佣军、负盛名的马其顿方阵和统治那个广大帝国、被尊称为大王的国王本人在内，这使他们对于他们自己的幸运有很大的信心了"②。在罗马人之间甚至流行了这样一句话，说"过去曾经有过一个国王——安提阿大王"③。不久，双方签订协议，其草案内容如下：

"安提奥库斯国王和罗马人民应在这些条款和条件下建立永久性友谊。

"国王不能允许旨在与罗马人及其联盟作战的军队通过其王国或从属于他的那些王国的土地；不得向他们提供任何必需品或别的援助。罗马人和他们的联盟也将向安提奥库斯及其属国提供同样的保证。安提奥库斯无权对居住在岛上的居民发动战争或渡海进入欧洲。他将把军队从陶鲁斯山这边至哈里斯河一线的所有城市、村庄和堡垒中撤走；同时，他也将撤走驻扎于陶鲁斯峡谷至里加奥尼亚山脊之间的所有军队。在撤离这些城镇、土地和堡垒时，他除了可以带走他的战士随带的武器外，其余的一概留下。如果他已经带走了某些东西，那么他应该及时将其归还给它所属的地区。他不应从优美纳斯王国中征召士兵或其他任何所需之人；如果在安提奥库斯的军队里或在他的统辖区域内有这些城市——即业已脱离其统治的城市——的公民，他们可以在指定的时间内返回阿帕美亚；如果安提

---

① ［古罗马］阿庇安：《罗马史》上卷，谢德风译，377 页，北京，商务印书馆，1979。
② ［古罗马］阿庇安：《罗马史》上卷，谢德风译，379 页，北京，商务印书馆，1979。
③ ［古罗马］阿庇安：《罗马史》上卷，谢德风译，379～380 页，北京，商务印书馆，1979。

奥库斯的臣民中有支持罗马及其联盟的人，那么他们可以自由选择：或者是脱离安提奥库斯的统治；或者是保存他的统治。他将把罗马籍及其联盟籍奴隶(不管是逃亡所致还是战俘所致)送还罗马；同时，他也得把逃亡或开小差的罗马公民及其联盟公民送还给罗马及其联盟。他将把现在驻扎在阿帕美亚的所有战象交给罗马人并保证不再获得其他战象。他必须交出他的战船及其船具，只能占有 10 艘装甲船和 10 艘商船。这些船的任何 1 艘都不得用三十条以上的桨划行。他不得占有任何较小的船参与他所希望的战争。除了提供贡品、使者或人质的船以外，其余的船都不能驶过加利加努姆海角和萨尔帕督尼乌姆海角以西；安提奥库斯国王无权从从属于罗马统治的民族那里召募雇佣军，甚至也不能从这些地区接受志愿军。

"罗德斯人及其联盟在安提奥库斯王国境内占有的房子和任何建筑均属于罗德斯人及其联盟，他们应该拥有在国王发动对他们的战争以前所享有的权力；凡是欠他们的钱，他们有权强迫索取；凡从他们那里拿走的东西，他们也都有权追寻、鉴定，甚至有权索要；驶往罗德斯岛的商船将像战前一样免除关税。如果将要交出的城市属私人占有，那么安提奥库斯就应将这些城市交还给这些私人占有者，并撤出其驻扎在那里的所有驻防军。归还务必及时。如果以后该城市占有者想投靠他，他应立即拒绝。他应向罗马支付 1 万 2 千阿提卡他连特纯银——他连特的重量不得轻于 80 罗马磅，以分期平均付款的方法，12 年付清。他还应向罗马提供 5 万 4 千摩底小麦。此外，他应向优美纳斯国王交付 350 他连特白银，每年支付 70 他连特，分 5 年付清。这笔钱的支付时间与他向罗马人支付的时间相同。另外，他还要向优美纳斯国王提供一定数量的粮食，折合钱币(按安提奥库斯自己估算)是 127 他连特又 1,208 德拉克玛。优美纳斯非常满意以钱代粮，并同意接受上述折算数额。如果安提奥库斯所支付的钱额与上述规定不相一致，其不足部分将于来年补足。

"安提奥库斯将给罗马人提供 20 名 18 岁至 45 岁之间的人质，每隔 3 年他们就得变换一次。条约禁止安提奥库斯向罗马人民的同盟国发起战争。如果罗马人民的同盟国在没有宣战的情况下，向安提奥库斯发动战争，那么他有权用武力阻止他们的进攻，但唯一的条件是他不得用战争的方法占有其它城市、接收其它国家并与之缔结联盟。争端应该在法律范围内解决，如果双方都有战争要求，那么也可以动用武力解决争端。"

条约中也有要求交出迦太基人汉尼拔、埃托里亚的陶阿斯、阿卡马尼亚的蒙西劳库斯、卡尔息斯的优勃利达斯和费罗的条文。此外，还明文规定，允许在不改变条约有效性的前提下，根据将来的需要增加、删除或改变条文的某些内容。[①]

公元前188年，双方在上述草案的基础上，正式订立条约。叙利亚王国在地中海东部地区的地位一落千丈。公元前63年，罗马又将小亚细亚东部囊括到自己的版图中。为此，在小亚细亚，罗马建立了本都与比提尼亚行省，作为罗马对这一地区进行统治的行政机构。不久，罗马大

图3 罗马钱币上的恺撒像

----

① 杨共乐选译：《罗马共和国时期》（上），105～107页，北京，商务印书馆，1997。

将庞培(公元前 106—前 48 年)征服了叙利亚和巴勒斯坦，并在新占领区建立了叙利亚行省。罗马的另一位大将恺撒(公元前 100—前 44 年)征服了山外高卢，将罗马的疆域扩大至不列颠地区。

公元前 30 年，屋大维(公元前 63—公元 14 年)击败政敌安东尼(公元前 82—前 30 年)和埃及女王克里奥帕特拉七世的联军，灭亡了埃及的托勒密王朝，结束了埃及独立发展的历史，使埃及成了罗马帝国的一部分。罗马环地中海帝国更加稳固。

在罗马帝国的鼎盛时期，它的疆域面积十分庞大，版图西起英格兰北部，东至亚美尼亚山区、叙利亚沙漠和幼发拉底河上游，南达撒哈拉沙漠，北到莱茵河、多瑙河及北苏格兰高地；东西约 3000 英里①，南北约 1000 英里，包括今葡萄牙、西班牙、法国、比利时、荷兰(西)、英国、苏格兰、德国、瑞士、意大利、奥地利、匈牙利(西)、罗马尼亚(部分)、希腊、马其顿、保加利亚、小亚细亚、叙利亚、巴勒斯坦、埃及、

图 4　罗马城遗址

---

①　1 英里＝1609.344 米。

突尼斯、阿尔及利亚、摩洛哥等西欧、南欧、中欧、北非、西亚的许多国家和地区。其所辖人口约有 5400 万，庞大的地中海完全成了"罗马的内湖"。它与我国的汉朝遥相对应，一东一西，是当时世界上最强大的国家。

综上所述，罗马的建成并非一日之功，它经历了无数次的战争，经受了无数次的考验；它把握了时机，充分显示了其超乎寻常的组织能力。能耕能战、兵农结合、藏兵于农是罗马人的特点，勇于开拓、务实进取是罗马人的美德。在战争时期，罗马的政府是高效的，罗马的公民是勇敢的，罗马的民族是团结的。虽然公民内部有这样那样的分歧，但一旦形成共识，就会不惜代价为之奋斗。这或许就是罗马人成功的关键。

罗马城与元大都之比较

美国《生活科学》曾评出"世界十大古都"，它们是罗马、雅典、君士坦丁堡、巴比伦、库斯科、特诺奇蒂特兰、底比斯、大津巴布韦、西安、卡霍基亚。其中，欧洲有3个，非洲有2个，亚洲有2个，美洲有3个。我就在这10个古都中选出罗马城来与元大都进行比较。因为这两个古都都具有世界性，而且人口规模也在百万或百万以上。今天我主要讲三个问题。

一、建设特点

拿破仑曾认为，罗马不适合成为意大利的首都。因为罗马的四周没有很好的天然屏障。然而历史的发展恰恰与拿破仑的观点不一致。罗马不但成了意大利的首都，而且作为首都的持续时间很长。

罗马城的建设特点可以用西方的一句谚语来概括，这就是："罗马不是一天建成的。"从历史的角度看，罗马城确实不是一天建成的。它不是由一个工程而是由许多个工程完成的；它没有一次性的整体设计，而只有开放性的规划补充。罗马城的许多标志性建筑都是后来逐渐建设起来的，例如，恺撒广场、奥古斯都广场、韦斯帕芗广场、弗拉维竞技场、图拉真广场等皆为后来逐步建立的成果。

元大都城则完全不同。据《元史·世祖本纪》记载，大都城从至元四年(1267)开始兴建，八年(1271)二月筑宫城，九年(1272)五月建东西华门、左右掖门，十年(1273)十月筑正殿寝殿周庑等，十一年(1274)正月宫阙告成，二十二年(1289)六月修完大都城。元大都城是一次性工程，由刘秉忠整体设计，历时18年，中轴线明显，与传统中国的都城建设有明显的传承关系。

图 5　强盛时期的罗马城模型

比较罗马城与元大都的建设特点，我们能够发现：罗马城是多人设计，多代建设；而元大都则是一人设计，一代完成。

二、城市中心

城市中心是都市的心脏，与相关国家的文化有密切的关系。罗马城的中心是开放式的罗马广场。罗马的最高权力来自公民，而广场则是公民开会议政、行使最高权力的地方，是罗马重要政策和决定的产生地。广场所体现的是罗马公民至上的理念。对于罗马人而言，共和国时期的执政官一年一选，无官邸，其居住地就是自己的家。到帝国时期，大部分元首也无固定的公共居住点。他们的房子是自己的，大多集中在帕拉丁山上。例如，罗马著名的元首奥古斯都，他居住的房子就是自己于公元前 23 年从霍腾西乌斯那里买来的。这些住处都不是罗马城的中心。

皇宫是元大都的中心，是元朝行政决策的核心枢纽。对人民开放的广场在元大都的中心建筑群内是不可能出现的。

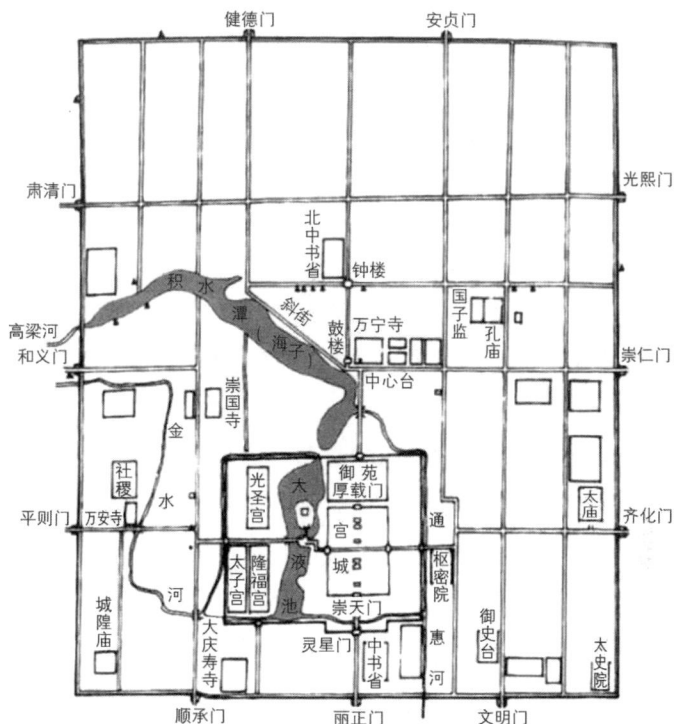

图6　元大都平面图

就城市的信仰中心而言，罗马城的信仰中心是神庙。朱庇特神是罗马的主神。按照罗马人的传统，朱庇特神庙被建于罗马城最高的卡比托尔山上。罗马人每次取得重大胜利都要向朱庇特神谢祭感恩。元首在总结自己的成就时，也会把建修庙宇作为自己的主要政绩。而元大都的最高信仰中心是太庙。《元史·刘秉忠传》载，至元四年，"命秉忠筑中都城，始建宗庙宫室"。"左祖右社，面朝后市"一直是皇城设计的重点，元大都也不例外。

三、支撑力量

建都是一个国家的大事，需要思考建都点的昨天、今天和明天，需要思考建点昨天、今天和明天可持续的力量。在世界古都发展史上，

罗马城和元大都都是人口一度达到或超过百万的城市。在公元前 2 世纪
以后的相当长的一段时间里，罗马城的居民人数达到 100 万至 150 万。元
大都的居民也有 50 万至 100 万之多。要养活人口达百万左右的城市，光
靠罗马城或元大都附近的土地是远远不够的。于是就需要通过别的途径
来解决首都的粮食供应问题。元朝靠的是漕运和海运。而罗马则借的是
地中海之力，借的是地中海这一天然的运输线。据记载，在奥古斯都时
代，埃及每年有 2000 万摩底小麦运往罗马城。北非运往罗马城的粮食数
量是 6000 万摩底，可以满足罗马人一年中 8 个月的粮食需要。[①] 这些都
需要通过运输才能到达罗马城。西方有一句很有名的话，叫作"条条道路
通罗马"。实际上，罗马行省发达的陆路，如果不依靠地中海，是通不到
罗马城的。因为意大利的四周三面是海，北部则是高屹的阿尔卑斯山。
只有通过地中海这条天然的运输线，帝国的条条道路才能通向罗马城。

四、比较后的启示

从历史学的角度来看，比较是一种很好的方法。它能给我们提供一
种新的视角，一种新的思考点。通过罗马城与元大都两个古都的比较，
我们能够得到下面几点启示。第一，政治中心与经济中心不一定同步。
罗马城和元大都这两个古都都具备政治中心、文化中心、交通中心、消
费中心等特征，但它们都不是经济中心。第二，皇帝或朝代的变化都有
可能使中国古代的首都发生变化。在古代中国，朝代可变，首都也可变。
而这一规则与罗马似乎没有太大的关系。无论是罗马村，还是罗马城，
无论是地中海之都，还是永恒之城，罗马城始终是罗马帝国的首都。可
以说是，朝代可变，首都始终没变。第三，首都的建设与所属国的文化
与传统有密切的关系。它是政治文化的一种反映，是政治文化的一种重
要表现形式。这一点非常值得我们关注。

---

① 参见杨共乐：《罗马社会经济研究》，53 页，北京，北京师范大学出版社，2010。

罗马：创造奇迹的国土

当希腊化国家正在东方相互厮杀、无暇西顾的时候，在它们的背后却悄然出现了一个新兴的国家，它不仅将改变意大利的命运，而且也将改变整个地中海世界的命运。它所创造的魅力就是相隔万里的中国人也神往不已，这个国家就是赫赫有名的罗马。

有一位西方著名的学者曾经说过："如何说明罗马帝国的兴起和如何说明罗马帝国的衰落，是历史上两个最重要的问题。"[1]从古到今，人们对此都有着浓厚的兴趣，进行过艰辛的探索。大家总是在思考：究竟是什么力量使原来并不起眼的罗马小村，变成了一个囊括地中海，地跨欧、亚、非的大国？而这样庞大的帝国自从罗马帝国解体以后就再也没有出现过。这确实是世界史上的一个奇迹。

创造这个奇迹的罗马人，或许根本没有想过这一辉煌的结果。但它确实出现了。北边实力强大的埃特鲁里亚人不见了，南边和东边强悍好战的厄魁人和伏尔西人消失了，意大利中部的萨莫奈人也被征服了。富庶而又分散的"大希腊"虽然邀请了亚历山大的远房亲戚皮鲁士带兵参战，但除了留下一点"皮鲁士式的胜利"之外，根本无法挽回其最终失败的命运。

罗马的战车终于走出了意大利，开始驶向更加广阔的地中海战场。首先向罗马人挑战的是迦太基人。迦太基是腓尼基人的殖民地，传说这一城市的创立者是推罗国王的女儿埃莉萨或狄多。经过几个世纪的发展，当时的迦太基已经成了地中海西部最强大的国家，占有地中海西部的众

---

① *The Cambridge Medieval History*，Vol. 1，New York，The Macmillan Company，1924，p. 54.

图 7　罗马母狼像

多岛屿以及西班牙南部、西西里西部等广大地区，其富裕程度着实令罗马人汗颜。他们拥有一支相当强大的海军以及装备精良的陆军、一批智勇双全的军事家，如号称"闪电"的哈米尔卡以及聪明绝顶的汉尼拔，但最后他们还是抵挡不住罗马战车前进的步伐。公元前 146 年，迦太基军队被罗马战将小西庇阿击溃，迦太基城被夷为平地，剩下的迦太基人全被卖为奴隶。昔日强盛的海上帝国永远失去了生存的空间。

在与迦太基人激战正酣的同时，罗马人又在地中海东部开辟了新的战场，开始了其对地中海东部地区的征服。当时活跃在这一地区的国家主要有希腊马其顿王国、埃及托勒密王国和叙利亚塞琉古王国等，这些希腊化国家虽然在当地还有一定的实力，但由于墨守成规、不思进取，再加上内耗不断，根本无法与日益强大的罗马抗衡争斗。希腊马其顿王国成了罗马的行省，叙利亚的塞琉古王国也随着罗马大将庞培的到来而失去了独立的地位。公元前30年，屋大维挺进埃及，埃及女王克里奥帕特拉自杀身亡，托勒密王国也随即在地中海的舞台上消失。罗马终于成了地中海地区的主人。

鼎盛时期的罗马，疆域辽阔，人口众多。其版图西起英格兰北部，东至亚美尼亚山区、叙利亚沙漠和幼发拉底河上游，南达撒哈拉沙漠，北到莱茵河、多瑙河及北苏格兰高地，东西长而南北短。帝国境内包括今葡萄牙、西班牙、法国、比利时、荷兰（西）、英国、苏格兰、德国、瑞士、意大利、奥地利、匈牙利（西）、罗马尼亚（部分）、希腊、马其顿、保加利亚、小亚细亚、叙利亚、巴勒斯坦、埃及、突尼斯、阿尔及利亚、摩洛哥等西欧、南欧、中欧、北非、西亚的许多国家和地区。罗马所辖人口约有5400万，约占当时世界人口的五分之一。庞大的地中海完全成了"罗马的内湖"。它与我国的汉朝遥相对应，光彩夺目，为当时世界上最强大的两个国家。

罗马地域帝国的建立不仅对罗马公民、罗马意大利社会产生了很大的影响，而且也为罗马文明的扩展创造了条件，为地中海地区的经济、社会和文化的进一步发展提供了可能。

罗马广阔的帝国首先为农业和手工业之间、城市和乡村之间的进一步分工创造了前提，而这种分工又是整个生产进一步发展的基础。在这段时间里，铁器等金属劳动工具被广泛应用于生产之中，大片的荒地得到了有效的开垦，耕地面积迅速扩大，农田灌溉和土地改良技术也有了迅速的发展。新的农业经营形式开始出现，农业产量有了明显的提高。

与此同时，帝国境内的手工业发展惊人，尤其是建筑业发展最为突出。雄伟的罗马城是当时建筑水平高度发展的标志和象征。其中许多建筑物还一直完好地保存至今，足见其水平之精，质量之高。其他的手工业部门如造船业、金属开采和加工业、织布业和制陶业等也有了很大的发展。手工业的发展和进步又反过来对武器的改进和军事技术的发展产

图 8　奥古斯都像

生了重大的影响。

　　社会生产力的发展和提高，为城市的兴起和繁荣创造了条件。在罗马境内，城市星罗棋布，其中仅西班牙就有 690 多座，高卢有将近 1200 座，意大利也有近 1200 座，阿非利加有 650 座，希腊有 950 座，东部亚洲行省则有人口众多的城市 5000 多座。① 城市的发展既反映了罗马经济的发达，更体现了罗马政局的稳定。

---

　　① 参见[英]爱德华·吉本：《罗马帝国衰亡史》上册，黄宜思、黄雨石译，48～51 页，北京，商务印书馆，1997。

　　罗马城是帝国的首都，地中海地区文明的中心，也是当时地中海世界最壮观、最美丽的城市。在奥古斯都时代，罗马已经建成了许多雄伟的建筑。新的元老院会议厅、纪念恺撒的庙宇、纪念奥古斯都的和平祭坛以及广场，等等，都先后兴建起来。为此，奥古斯都不无自豪地说，是他把一座由砖头砌成的罗马城变成了一座由大理石装饰的罗马城。据统计，奥古斯都时期的罗马城有人口100多万，其规模之大可想而知。它是当时罗马社会经济繁荣、国力强大的一个象征，也是罗马行政当局管理水平高超的一种表现。这样规模的城市此后在西方一直要到18世纪以后才陆续出现。

　　人们常说，"光荣属于希腊，伟大属于罗马"。伟大的罗马不但创建了伟大的帝国，而且也创造了伟大的文明。在这个时代涌现出了许多杰出的哲学家、科学家、文学家和史学家，他们中著名的有卢克莱修、老迦图、西塞罗、恺撒、瓦罗、维吉尔、贺拉斯、奥维德、波里比乌斯、

图9　奥古斯都像

李维，等等。他们无不享受罗马帝国给他们带来的恩泽。当然，他们也用自己的智慧和辛劳为罗马的文明增添光彩，写出了无数千古流芳的名著，为西方乃至世界文明的发展做出了重大的贡献。他们的许多作品在文艺复兴以及后来的启蒙运动中得到了新生，焕发了活力，产生了巨大的影响。有的思想即使到现在还在散发它特有的魅力，给人以启迪，给人以智慧。

罗马地域帝国的建立确实也告诉我们一个道理："罗马城的建成绝非一日之功。"它是几代人甚至几十代人奋斗的结果，是几代人甚至几十代人智慧的结晶。

罗马的历史虽然早已成为过去，但它给我们留下了许多经验，留下了许多思考。它是先驱，告诫人们要成功，就得付出；它是宝库，给人以取之不尽的精神财富；它更是一位巨人，多次驱散笼罩文明的阴霾，使其重新焕发出灿烂的光辉。

古老的罗马可以不在，
但罗马的精神永存。

西塞罗和维吉尔：罗马文坛的两座丰碑

罗马，不仅仅是一座闻名遐迩的世界古都，也不只是西方历史上的一段辉煌，它更是一种文化的象征，一种文明的标志，一种传统的渊源。在创造这种文化传统的过程中，西塞罗和维吉尔无疑起到了旗手的作用。他们以自己特有的智慧，在吸收希腊文明优秀成果的基础上，高扬自己民族的精神和时代的风貌，用自己的文字写下了拉丁民族的伟大诗篇，铸就了拉丁文学史上很难逾越的两座丰碑。

西塞罗（公元前106—前43年）是一位文学巨匠，罗马最著名的文学大师，他自觉地学习希腊文，从希腊的优秀作品中汲取营养。西塞罗活了63岁，功勋卓著，成就斐然。他为我们留下了16部政治和哲学作品，58篇演说辞，800多封书信。他的文章文笔优雅，激情四射，有如燎原之火，喷薄腾跃于整个田野，从不衰竭。同时代的恺撒曾赞美他："是您给罗马带来了恩惠，罗马也因您而变得荣耀。您的功绩比那些最伟大的将军们合起来的功绩还要伟大、还要辉煌。因为增长人类的见识要比开拓罗马的疆域更显崇高、更有价值。"在他的身上，集聚着希腊前辈大师的众多优点，既有德谟斯提尼的力量、苏格拉底的智慧，又有柏拉图的博学和伊索克拉底的完美，当然，更有其出自自身的超人天赋。西塞罗不但才思敏捷，才华横溢，而且在发展拉丁文方面贡献卓著，他增加了拉丁语字汇，丰富了拉丁语的表述空间，凝练了许多富有弹性的哲学用语，使它一直成为西欧学术界广泛使用的标准的学术和文学术语。所以，罗马学者维勒伊乌斯·帕特尔库鲁斯说，只要"人类在大地上生息一日，光荣的西塞罗就一天也不会从他们的记忆中消逝"。

演说是西塞罗主要的成就之一。它起源于希腊，是年轻人实现自己理想抱负的重要手段。希腊人一向以善于演说为荣，但在西塞罗等人的

图 10　西塞罗像

努力下，罗马人的演说技巧远远超过了希腊人，达到了炉火纯青的地步，演讲的艺术性和感召力都发挥到了极致。与西塞罗同时代的希腊演说家阿波罗尼亚斯对此感慨万分，盛赞不已。他说："西塞罗，我敬佩你，赞美你，但是我怜悯希腊。因为演说术和口才是希腊仅存的光荣，可现在这些光荣却由你转到了罗马。"在西塞罗的身上，我们既能看到罗马人心胸的博大，又能体会到罗马人对知识的渴求。

　　诗歌是人类高尚精神的升华。在罗马，由于奥古斯都等人的提倡，诗歌一直得到了学者们的重视。人们一般把学习和欣赏诗歌当作必要的人生修养，当作获取知识的方式，当作人的完善和发展的重要途径。维吉尔就是罗马诗坛上最耀眼的明星。

　　维吉尔（公元前 70—前 19 年）是时代的大师，是罗马最负盛名的诗人。他歌唱田野，赞美牧场，颂扬领袖，以一部长达数十万字的民族和宗教史诗——《伊尼阿德》而名扬千秋。据载，《伊尼阿德》刚一传诵就获得巨大成功，被预言"比《伊利亚特》"更伟大的作品正在诞生。奥古斯都曾写信给维吉尔，恳求维吉尔"把初稿或其中任何部分"送给他看。他还亲自听了维吉尔给他的朗诵。维吉尔为整个时代树立了一座丰碑，一座可以和荷马比肩的丰碑。英国作家丁尼生曾写过《致维吉尔》一诗，其中有这样的诗句：

> 你是逝去世纪之光，
> 像明星至今辉映幻渺幽晦的此岸；
> 你就是金枝，
> 在消失无踪的帝王、王国和黑影之间灿灿；
>
> 如今古罗马的广场已经沉寂，
> 君主的宫殿都已荡然无存，
> 唯有你诗律的滚滚涛声，
> 永远发出罗马帝国的回音。

因为维吉尔唱出了古往今来人的嘴唇所能创造的最庄严的韵律，所以后人们都尊重他，都感谢他。中世纪的伟大诗人但丁曾这样写道："你是我的导师，我的作品中给我赢得荣誉的美丽文风也来自你，你是唯一的源泉。"

岁月悠悠，光阴飞逝。两位大师虽然早已故去，但他们的英名却因其思想的不朽而永存。他们代表了他们所生活的那个时代，代表了他们所生活的那个世界，但他们又远远地超出了那个时代，超出了那个世界。这就是他们的价值，比泰山还重的价值。那些追求永生的人们或许能从他们的身上得到一些新的启示。

歌唱新时代的诗坛巨人：贺拉斯

在罗马诗坛有三位杰出的诗人。一位是维吉尔，时代的大师，另一位是奥维德，自称是爱的导师，而贺拉斯则完全称得上是歌唱新时代的诗坛巨人。他们都为罗马文化事业的发展做出了贡献。

贺拉斯（公元前65—前8年）出生于意大利南部的韦努西亚城，父亲是被释奴隶。不过，低微的出身并没有使贺拉斯失去接受教育的权利。他到罗马学习修辞学，去雅典攻读哲学与文学，其待遇显然不低于当时的贵族子弟。公元前44年，恺撒被刺，贺拉斯投笔从戎，加入共和派的军队。费力比一战，贺拉斯丢盾逃跑，其财产惨遭没收。"可耻的贫穷迫使我写作诗歌"，贺拉斯的人生轨迹开始转变。公元前38年，贺拉斯结识维吉尔，并被维吉尔推荐给奥古斯都的亲信马凯纳斯，成为马凯纳斯手下的核心成员。马凯纳斯向其馈赠了一座庄园，给他提供了极为优雅的创作条件。贺拉斯这位原先的敌人，终于在马凯纳斯的呵护下成了歌唱新制度和新时代的主将。贺拉斯的人生轨迹再次发生转变。

公元前35年—前29年，贺拉斯出版了其早期的讽刺诗和长短句。公元前23年，贺拉斯又发表了他的代表作《颂诗》，诗人对屋大维结束内战感激之至，对国家的统一安定和奥古斯都的政绩赞扬有加。贺拉斯的诗质朴热忱，不时流露出真诚的爱国情怀。诗虽不长，但常在微言中蕴含着大义或哲理。

贺拉斯是一位抒情诗的大师，他把丰富多彩的希腊诗体移植到罗马诗坛，既保持其优美韵律的基础，又把抒情诗的狭小题材拓宽至几乎无所不包的地步。在贺拉斯的抒情诗中有丰富的个人情感，有睿智的政治思考，也有复杂多变的社会生活。他使罗马抒情诗更多了几分个性，更多了几分责任。时代性和民族性的完美结合使贺拉斯赢得了罗马民众的爱戴，同时也赢得了奥古斯都的信任。贺拉斯也就成了罗马美德和传统的代言者，罗马新世纪的歌颂者。

贺拉斯的诗气势磅礴，浩气冲天，公元前 17 年的《世纪颂》把贺拉斯推向了诗坛的巅峰，同时也把罗马的伟大和奥古斯都的伟绩永远地留在了历史上。《世纪颂》这样写道：

> 福玻斯以及森林之王后，天空中璀璨的光耀戴安娜，喔，世代受崇拜和景仰的神，我们遵循圣比利圣谕，在神圣的时光，向诸神祷告，祈求保佑，精选的少女、虔诚的男儿为宠爱七丘的诸神献唱颂歌。啊，滋养众生的太阳，你驾着光亮的马车带来白昼，随之又将其藏匿，再生再隐亘古不变，你可能从未见过比罗马城更伟大的事物。
>
> 按时管辖平安生育的伊利蒂娅，保护我们的母亲——无论你是喜欢称路西纳，还是喜欢叫吉尼达利斯，养育我们的青少年，护佑父亲制定的有关婚姻和结婚的法典。我们祈祷新的子孙繁荣，每一轮 110 年的世纪节持久，音乐和比赛三天三夜爆满。
>
> 喔，预言真实的命运之神，像已经被注定的那样，保留罗马权力的稳固，把美好的命运与过去的成就紧密相连。
>
> 五谷丰登、六畜兴旺的大地用麦穗冠奉献给塞勒斯，愿朱庇特有益的雨和风日益带来丰收。
>
> 宽大和仁慈的阿波罗请放下你的武器，倾听少儿们的祈求；众星之冠的月亮女神请细听少女们歌唱。
>
> 啊，诸神，如果罗马是你们的作品，生息于埃特鲁利亚海岸的战士出自特洛伊。他们受命去创建一个新家和新城；虔诚的埃涅阿斯，国家的承继者，在烈火熊熊的特洛伊城毫发无损地出逃得救，为他们开辟了一条自由之路，注定获取更多的成就。如是，啊，诸神，请赐我们的青年敏学于正义之道，赐年长者以平静和安宁，赐罗慕路斯的后裔富裕充足，子嗣昌盛，荣耀无限。
>
> 安奇塞斯和维纳斯的荣耀后代，用乳白的牛仔贡献，祈求你们，

让他取得在战争中的明显优势，对被打败的敌人善待有加！帕提亚人已经害怕陆上和海上的强大主人，害怕阿尔班的斧头，近来傲慢的印度人和斯基太人也正寻求我们的答复，久遭轻蔑的忠信、和平、光荣、旧日的谦恭及美德，已聚起勇气回归；人人可见这里有装满财富的丰饶角。带着银装琴弓，能预言未来的福玻斯，罗马九位缪斯之良友，以其益于健康的医道，赐颓枝以新生。福玻斯成竹在胸地以公正崇敬的目光，注视帕拉丁的祭坛，将罗马之伟大和拉丁姆的繁荣推向新阶段，推向无比美好的新时代。

主持阿汶丁和阿尔吉图斯的戴安娜注意15人的恳求，倾听并赞扬男儿们的祈祷！这就是朱庇特和众神的意志，我们怀着美好而坚定的希望回家，训练有素的乐队为福玻斯和戴安娜称赞。

贺拉斯不仅用文字讴歌罗马的伟业，而且还用《诗艺》为罗马帝国的诗人建构路标，为罗马文学指明发展的道路。《诗艺》是贺拉斯的经验之谈，同时也是诗人对诗学理论的一种探索，是罗马诗学的主要经典。《诗艺》中倡导的诗教功能与愉悦功能的结合，局部结构服从整体完美的思想，一直对西方文坛产生重要的影响。

贺拉斯的诗凝练细腻，典雅优美，真正达到了在超越平庸中追求卓越，在满怀自信中实现超越。马凯纳斯视贺拉斯为罗马诗坛的巨人，奥古斯都也曾公开断言贺拉斯将因其作品而名扬千古。而贺拉斯本人则更自豪地声称，他的诗歌将永存，他的生命会永生。他曾在其《颂诗》中这样写道：

> 我为自己建立了一座纪念碑。
> 它比青铜耐久，
> 比国王的金字塔巍峨。
> 无论是倾盆的暴雨、肆虐的北风，
> 还是岁月的更替、光阴的流逝都无法将其摧毁。
> 我不会完全死去，我的大部分将避过死神：

我会因人们的赞誉永生于后世。

只要祭司和沉默寡言的贞女仍上卡比托尔献祭，

出身低微的我，

无论在汹涌的奥菲都斯河喧闹之地，

还是在道努斯统治过的缺水的村民之中，

都会被赞颂不止。

因为是我首先把爱奥尼亚的格律融入了意大利的节拍。

Melpomene（诗歌的女神）啊，

请接受由你帮助而赢得的崇高荣誉，

乐意地给我戴上德尔斐的桂冠。

　　贺拉斯的纪念碑用勤奋奠基，靠诗歌铸造，用文字传承，靠声音远播，材料独特，别具匠心。它并不华丽却胜似华丽。它使贺拉斯不朽，更使诗神永恒。这就是贺拉斯的价值，贺拉斯的威力。

罗马法：罗马治国之灵魂^①

罗马法是古代世界各国法律中内容最丰富，体系最完善，而且对后来世界影响最广泛的法律。罗马法是罗马人民天才的最高体现，是罗马人留给人类文明的一份最宝贵的遗产。德国法学家耶林曾经形象地说过："罗马曾三次征服世界：第一次以武力，第二次以宗教，第三次则以法律。而这第三次也许是其中最为平和，最为持久的一次征服。"

罗马法通常是指通行于整个古代罗马世界的法律。上至罗马建国，下迄查士丁尼法典的完成，前后跨越一千多年，在这中间所颁布的所有罗马的法律都叫作"罗马法"。从时间上说，罗马法的发展可以分成三个时代，即公民法、万民法和统一法时代。

和其他早期国家一样，罗马建国初期，不存在成文法，更没有成文法典，唯一具有法律权威和功用的便是当时人的习惯。由于习惯法没有固定的成文形式，因此它便具有很大的随意性。而这种法律制度上的缺陷又往往会导致法律规范的不精确，这样，无形中就为法官以感情断案创造了条件。为克服这个弊端，罗马的成文法应运而生。

罗马的成文法最初为公民法，诞生于公元前450—前449年，是罗马国家"为了本国公民颁行的法律"。其渊源主要是早期罗马社会的习惯，内容包括有关罗马共和国的行政管理、国家机关及一部分诉讼程序等问题。公民法的适用范围为罗马公民，居住在罗马的异邦人或罗马臣民则不享受此法的保护。

继公民法之后，罗马又出现了协调罗马公民与异邦人之间以及异邦人与异邦人之间民事法律关系的罗马法律，即万民法。在罗马私法体系

---

① 与陈凤姑合写。

中，万民法是比较成熟和发达的部分，也是后期罗马法的基本内容。

统一法是罗马法发展的最高也是最后的阶段，这一阶段的主要任务是对罗马的众多法律进行汇编、整理和提炼。罗马君主查士丁尼为此做出了巨大的贡献。

查士丁尼原系斯拉夫血统，出身于伊利里亚的一个农民家庭。他早年去君士坦丁堡，投靠其担任高级将领的伯父查士丁。查士丁做君主后，查士丁尼以其养子的身份执掌要职。公元527年，他与其伯父共同摄政，同年即位正式称帝。查士丁尼认为："君主的威严光荣不但需以兵器而获得，而且需用法律来巩固。这样，无论在战时，还是在平时，总是可以将国家治理得很好；君主不但能在战场上取得胜利，而且能采取法律的手段排除违法分子的非法活动。君主既是虔诚的法纪伸张者，又是征服敌人的胜利者。"所以，他即位后所做的最重要的两件事便是：在西方发动大规模的战争，在国内积极从事法制建设。

从528年开始，查士丁尼组织人力，用了5年时间编成《查士丁尼法律汇编》、《法学汇编》和《法学阶梯》。查士丁尼死后，后人又将其在位时颁布的168条敕令编成《新敕令》，与前述三部统称《查士丁尼民法大全》。《查士丁尼民法大全》是欧洲历史上第一部系统完整的法典。恩格斯称它为"以私有制为基础的法律的最完备的形式"，是"商品生产者社会的第一个世界性法律"。它的问世标志着罗马法本身已经发展到最发达、最完备的阶段。

罗马法虽然迄今已逾千年，但其基本精神却逾千古而犹存，对后世文明尤其是近代文明产生了重大的影响。

早在1804年，法国就制定了一部以罗马法（主要根据《法学阶梯》）为蓝本、反映资产阶级革命胜利成果的法典——《民法典》，即《拿破仑法典》。这部被恩格斯称为"典型资产阶级社会的法典"的《民法典》，从结构、内容、基本原则到法律术语都继承了罗马法，尤其是关于物权和债权的规定几乎是全部抄袭《查士丁尼民法大全》。1900年，德国制定《民法典》，实际上也是以《查士丁尼民法大全》中的《学说汇编》为蓝本的。鸦片战争后，清政府企图整顿律例，变法图存，曾以学习西方国家编纂法典的做法为要策，引进日本法制理论。中华民国建立以后，民国政府也曾以日本明治维新以来的法律为蓝本制定民事立法，所以，那时的中国法系同样也打上了罗马法的印记。

罗马法是罗马人用来治理国家的重要武器和手段，由于它抓住了人类的众多共同属性，所以，罗马法具有跨越时空的功效。它不仅适用于古代的罗马社会，而且对后世影响巨大。它既是罗马人的文化遗产，更是全人类的文化遗产。

罗马大火烧出来的"黄金屋"与大竞技场[①]

公元64年7月，罗马发生大火。据塔西佗的《编年史》记载："火灾开始于大竞技场同帕拉丁山和凯利乌斯山相连接的地区，由那些堆满易燃商品的店铺引起。火势一起就异常猛烈。在烈风的推助下，烈火迅速延烧至大竞技场：因为那里没有被界墙隔离的房屋，没有被石垣围起来的神殿，又没有任何其他障碍物可以阻挡火势的蔓延。大火首先猛烈地吞噬着平坦的地区，继而烧到山上，随后又从山上烧到下面来，任何预防措施都赶不上延烧的速度。旧罗马城狭窄而又曲折的巷子、极不规则的街道皆助长了大火的快速蔓延。"大火在罗马连续燃烧了9天，全城14个区只有4个区幸免于难，3个区被彻底烧毁，其余7个区成了废墟。城市居民损失惨重。这次灾难比罗马过去所发生的任何一次火灾都更具毁灭性！

暴君尼禄利用罗马大火后留下的废墟，为自己修建了一座豪华宫殿，命名为"黄金屋"。这座宫殿的出奇之处，并不在于那些司空见惯的高楼大厦，金雕玉砌，而在于野趣湖光，林木幽邃，回归自然，享受自然之美。塞维鲁斯和凯勒尔是这项工程的设计师和建筑师。他们精心设计，匠心别具，想以艺术之力量，强自然之不能。古代作家苏埃托尼乌斯曾详细地描述了"黄金屋"的壮观场面。他在《尼禄传》中这样写道："殿的前厅是那样高大，里面可容一尊120罗尺高的尼禄巨像。殿的面积是如此之大，仅三排柱廊就有1罗里长。还有一个像海一样的池塘，周围的建筑物宛如一座座城市。旁边是乡村，装点着耕地、葡萄园、牧场和林苑。内有许多各种各样的家畜和野兽。宫殿的其余部分全部涂金，并用宝石、珍珠贝壳装饰。餐厅装有旋转的象牙天花板，以便撒花，并设有孔隙，

[①] 与陈凤姑合写。

95

以便从上部洒香水。正厅呈圆形，像天空，昼夜不停地旋转。在浴池中，他让海水和黄绿色水长流不息。尼禄以这样的方式建成了宫殿，举行落成典礼时赞叹说：'我终于有了像人一样的住所。'"

尼禄的奢侈和霸道不久就引起了民众的不满，罗马人民经常用一些打油诗来发泄他们对尼禄的愤懑，其中有一段这样写道，"整个罗马正在完全被宫殿吞并；赶快迁到维爱伊去，公民们！趁维爱伊还没有被划归宫殿"，由此反映了罗马民众对尼禄化公为私、贪图私利的强烈愤慨。

"黄金屋"的建造豪夺了罗马的大片土地，耗尽了罗马多年储存的国库，加速了尼禄自身的灭亡。68 年，尼禄被推翻，弗拉维掌控政权，建立弗拉维王朝。弗拉维顺应民心，努力恢复罗马的安定与和平。其重要措施之一是把"黄金屋"废弃改造，在其部分建筑物之上建造了一座大竞技场。竞技场呈椭圆形，其环状基础用实心混凝土筑成，底座厚 12 米，宽 50 米，大直径为 188 米，约用了 30 万立方米的混凝土材料。场内可容纳 8 万观众。舞台除可表演角斗、斗兽外，还可灌水表演水战。外部分为三层，环以多利亚式、爱奥尼亚式和科林斯式的列柱。当时人称之为"哥罗赛姆"，意为庞然大物。传统认为，建造这一大竞技场共动用了 4 万奴隶，花了 8 年左右的时间。

大竞技场是罗马强大的象征。"只要古罗马大竞技场依然矗立，罗马就岿然不动。一旦大竞技场倒塌，罗马就不复存在；一旦罗马倒塌，世界也就行将结束。"这是中世纪学者比德（Bede，约 673—735 年）在其《颂书》里记录的一位基督教教徒的话，也是罗马人的普遍看法。大竞技场是罗马人的骄傲，它给罗马平民带来了分享胜利成果的喜悦，同时也给罗马征服者带来了无上的荣光。

> 野蛮的孟斐斯人（埃及人），不要再吹嘘
> 你们金字塔的奇迹；
> 亚述人（巴比伦人），此刻不要再盛赞
> 塞米拉米斯的花园！
> ……

> 往昔的所有奇迹
>
> 皆得让位于恺撒的大竞技场。
>
> 名誉之神将叙说这一杰作而替代其他的所有奇迹。

罗马人的成就感经马尔提阿利斯之诗而跃然纸上。

"黄金屋"和大竞技场同是 1 世纪 60—70 年代罗马的作品，它们建立在同一地区，但反映的立场却截然不同：一是为己造殿，供私人享用，彰显元首威严；一是为民所有，服务公民，展现公民主权。虽同属建筑，但其包含的政治理念也迥然有别。前为亡国之君所行，后为开国之君所为，其效果自不待言。正因如此，后来的罗马人对弗拉维大竞技场皆褒奖有加，而对尼禄的"黄金屋"却很少提及。或许每个民族也像每个人一样，都需要一点自己的面子。

图 11　弗拉维大竞技场

痛苦中渗透出的崇高与伟大：
《拉奥孔》群雕^①

  艺术是人类创造力的象征，用创新的手法去唤起每个人的意识或潜意识中深藏着的业已存在的情感是艺术家们追求的目标。艺术的最高原则是意蕴，艺术的最高成就是给人以无限的美感。《拉奥孔》群雕显然就是这方面的力作。

  《拉奥孔》群雕创作于公元前 1 世纪中叶，是古代艺术最辉煌的成就之一，是一颗闪烁着永恒生命力的明珠。罗马学者老普林尼在其《自然史》中告诉我们："这件作品藏在（罗马元首）提图斯的宫殿里，在一切绘画和雕刻之中是最杰出的。罗德斯岛的阿格桑德罗斯、派里多罗斯和阿塔诺多罗斯三位卓越的艺术家按照一个总的计划，用一整块石头，把拉奥孔和他的两个儿子以及巨蛇的神奇的缠绕雕刻出来了。"

  现存的《拉奥孔》群雕发现于 1506 年 1 月。其题材取自神话故事特洛伊之战。由雅典娜诸神庇护的希腊联军与特洛伊人进行了长达十年的战争，但希腊人仍然攻不下特洛伊城。最后他们想出了一个木马计。拉奥孔是特洛伊城的祭司，他出来警告特洛伊人，把希腊人留下来的木马搬进特洛伊城是危险的。庇护希腊人的雅典娜女神于是就派两条大蛇去缠死拉奥孔和他的两个儿子。"它们爬上岸，两眼闪闪，血红似火，闪动的舌头舐着馋吻，嘶嘶作响"；"它们一直奔向拉奥孔；首先把他两个孩子的弱小身体缠住，一条蛇缠住一个，而且一口一口地撕吃他们的四肢，当拉奥孔自己拿着兵器跑来营救，它们又缠住他，拦腰缠了两道，又用鳞背把他的颈项捆了两道，它们的头和颈在空中昂然高举。拉奥孔想用

---

  ① 与陈凤姑合写。

双手拉开它们的束缚，但他的头巾已浸透毒液和瘀血，这时他向着天发出可怕的哀号，正像一头公牛受了伤，要逃离祭坛，挣脱颈上的利斧，放声狂叫"。群雕刻画的正是这一惊心动魄的场面：大蛇用它们致人死命的绞缠来扼杀拉奥孔和他的儿子们，一条蛇抓住小儿子的胸部，另一条蛇咬住父亲的大腿；拉奥孔的头朝后仰，脸部由于痛苦而变形。比起希腊全盛时期的作品，《拉奥孔》虽在心理刻画上显得不足，但就其技法而言，已具有很高的成就。因痛苦而隆起的肌肉被描绘得非常逼真，显示出雕刻家对雕刻艺术的精通。金字塔式的构图以及人物随蛇的缠绕而产生的扭动，给人们以一种多变的整体感。正是雕刻家对人体的深入理解，以及他们对自然的准确观察与成熟的表现，才使这一作品被公认为古代世界杰出的群像雕刻名作。18世纪德国启蒙运动领袖温克尔曼曾在叙述希腊雕刻杰作的优异特征时，对《拉奥孔》群雕给予了高度的评价，他在其《论希腊绘画和雕刻作品的模仿》一书中这样写道：

> 正如大海深处经常是静止的，不管海面上波涛多么汹涌，希腊人所造的形体在表情上也都显示出在一切激情之下他们仍有着一种伟大而沉静的心灵。
>
> 这种心灵在拉奥孔的面容上，而且不仅是在面容上被描绘出来了，尽管他在忍受最激烈的痛苦。全身上下每一条筋肉都体现出痛感，人们用不着看他的面孔或其他部分，只消看一看那痛得抽搐的腹部，就会感觉到自己也在亲身感受这种痛感。但是这种痛感并没有在面容和全身姿势上表现成痛得要发狂的样子。他并不像在维吉尔的诗里那样发出惨痛的哀号，张开大口来哀号在这里是在所不许的。他所发出的毋宁是一种节制住的焦急的叹息。

这种伟大的心灵深深地打动了我们的灵魂，其表情远远超出了优美自然所产生的形状。塑造这雕像的艺术家必定首先亲自感受到这种精神力量，然后才能把它铭刻在大理石上。他们常常用艺术家和哲学家的两重本领刻画人物，用哲学之智慧武装艺术，灌注给艺术以不朽的灵魂。

99

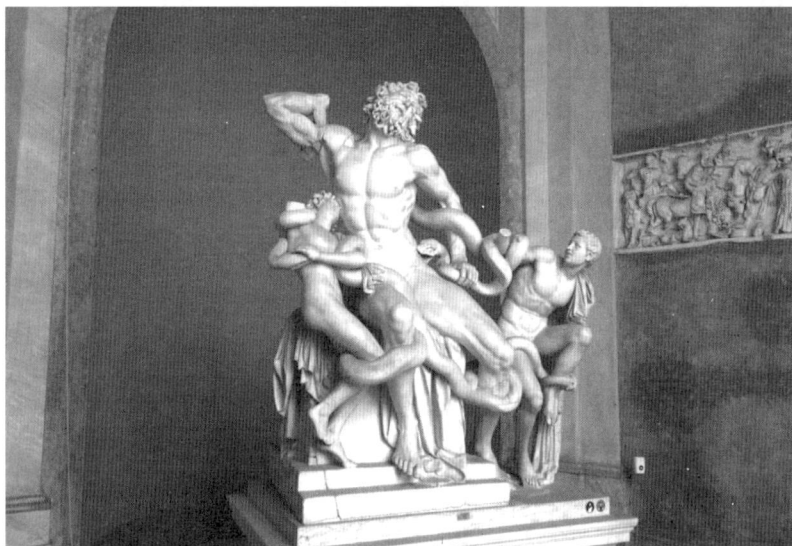

图 12 《拉奥孔》群雕

　　《拉奥孔群雕》是艺术的奇迹，是"匀称与变化、静止与动态、对比与层次的典范"。"尽管它表现出极端的痛苦，高度的真实，身体的抽搐，全身筋肉的跳动，它却仍保持着美的高贵品质，而丝毫没有流于现丑相，关节脱臼和扭曲。"无论在人物的姿势上，还是在艺术的表情上，《拉奥孔》群雕都显示出了强烈的古典艺术的特点，即高贵的单纯，静默的伟大。

图拉真广场的神威^①

广场是罗马人民聚会议政的中心，也是罗马人民休暇消遣的地方，更是罗马人炫耀成就、歌功颂德的重要场所。建广场赢得民心，建广场振奋精神，一直是罗马元首们追求的目标。成功的元首都会修建以自己的名字命名的广场，并以此扬威罗马、留名后世。图拉真就是这方面的杰出代表。

图拉真(Trajan，98—117年在位)出生于西班牙，被马克思誉为登上罗马元首宝座的第一位外省人。^② 他才华出众、胆略惊人。在位期间，他鉴于前朝之失，采取有效措施，缓和各方矛盾。他维护元老院的政治地位，注意吸纳东方各行省的政治精英加入元老院，扩大罗马的执政基础；他改革地方行政，改善中央与行省之间的关系，任命一批忠于职守的亲信爱将到行省总督事务；他懂得爱惜民力，尽力减轻民众负担，并用政府贷款，帮助小农维持生计，被元老院授予"最佳元首"（Optimus Princeps)称号。

同时，图拉真也是一位战功显赫的统帅。101—106年，图拉真曾两次兴兵攻打多瑙河下游的达西亚人，并将其征服，使其地成为罗马帝国的行省，派士兵、贫民屯垦开发。现今的罗马尼亚就是由这些罗马人的殖民地发展而来的。随后，图拉真又把扩张的矛头指向亚洲，与帕提亚交兵。114年，图拉真以亚美尼亚王国的宗主权问题为借口，向帕提亚大举进攻。他亲率大军占领亚美尼亚，随即挥师南下，占领两河流域，攻

---

① 与陈凤姑合写。

② 参见马克思：《卡·马克思历史学笔记》，中共中央马克思、恩格斯、列宁、斯大林著作编译局译，1页，北京，红旗出版社，1992。

陷帕提亚的首都特西丰，直抵波斯湾口。罗马帝国的版图也因此扩大至最大范围：东起两河流域，西及西班牙、不列颠，南括埃及、北非，北抵莱茵河和位于多瑙河以北的达西亚。

对外战争的成功以及战利品的大量流入大大地充实了罗马国库，从而为图拉真市政建设的全面开展打下了雄厚的财政基础。图拉真广场实际上就是罗马达西亚战争的重要成果。它兴建于107年，设计者是一位名叫阿波罗多鲁斯的大马士革人。广场属封闭型建筑。正门是高大雄伟的拱门。进入拱门后首先映入眼帘的是宽阔雪白的大理石路以及屹立于广场中央的图拉真骑马像。旁边是乌皮亚廊柱大厅。大厅两端是半圆形的廊柱后殿。廊柱后殿之后是两个相互呼应的图书馆，分别存放着用拉丁语和希腊语写成的书籍和手稿。两图书馆之间矗立着独具创意的图拉真纪功柱。纪功柱由圆形的大理石石块构成，柱身高38米，直径3.7米。底下有一块方形的基座，柱身缠满了由22个圈组成的螺旋形浮雕带。浮雕带总长为20米左右，浮雕上显现的人物约2500个，从多个层面刻画了图拉真征服达西亚人的曲折过程，向人述说图拉真两次攻取达西亚的光辉篇章，给人以耳目一新的感觉。尽管修建这一纪功柱的灵感动机无人知晓，但将其置于两座图书馆之间却耐人寻味。纪功柱的形式与当时的图书书卷（rotudi）类似，书卷缠卷在两个卷轴之上。不过，其基本的灵感，在于使用"历时性的叙事"技巧，这完全是典型的罗马风格，与希腊的"共时性叙事"技巧不同。希腊人将时间、地点和行动统一为一个整体，如同我们在帕特农神殿里的装饰带上所看到的那种形式。很显然，对罗马帝国建筑的日常生活世界而言，"共时性叙事"这种技巧并不适用。图拉真纪功柱反映出的是罗马人对传记与历史的兴趣；整部作品展示的中心是图拉真，歌颂的是图拉真指挥千军万马的领袖才能。

纪功柱的内部是空的，安置有螺旋式的楼梯，可通柱顶，柱头上安立着图拉真的雕像。柱脚下埋葬着图拉真夫妇的骨灰瓮。到了16世纪，图拉真的雕像才被彼得像替代。紧挨着图拉真广场东侧，建筑师还别出心裁，依照山的坡度修建了一个层次分明的封闭市场，其中有150多个店铺和办公室，从而使图拉真广场的整体感更加明显。

图 13　图拉真纪功柱

　　357 年春，东罗马帝国皇帝君士坦丁乌斯二世到访罗马。阿波罗多鲁斯的作品给这位统治者带来了强烈的震撼："他进入图拉真广场，来到在我们看来是举世无双，甚至受到众神一致赞赏的建筑前，他惊愕了，停下脚步，凝神环顾四周，壮观的建筑群难以用语言形容，人类再造的任何作品皆无法与之匹敌。于是，他放弃了仿建它的所有想法，而仅仅说，仿造耸立于广场中间的图拉真骑着的那匹骏马似有可能。"①

　　当代学者曾这样评论图拉真广场，认为"这个广场是图拉真赐予其城

①　Ammianus Marcellinus，*Res Gestae*，16，10，13.

市的最华美的礼物，很可能也是行人得到的最大的步行场所（至少在当时是如此）。……没有一位君主或独裁者（即使希特勒在其宏伟的柏林规划中也没能做到）曾为其臣民提供过如此富丽堂皇的休闲场地，也没有任何富强的共和政体曾为获取荣誉和公众的愉悦而动用过如此庞大的资金"①。图拉真广场的建设应该是罗马建筑史上的杰作，其成就属于建筑学，但更属于政治学。就形式而言，图拉真广场展示的是艺术的完美，体现的是艺术的创造；但就内容而言，它传播的却是罗马的力量，讴歌的更是罗马的伟大。它是以建筑形式表达政治内涵的典范，更是以视觉语言向世人证明罗马强盛的绝品。

---

① Joseph Rykwert，"Trajan's Mall"，*Los Angeles Times*，1997-05-25.

奴隶出身的君主：戴克里先^①

　　罗马进入 3 世纪以后，爆发了严重的政治危机，罗马元首经常成为士兵手中的工具：需要时，被士兵拥立；不需要时，被士兵残杀。元首成了有巨大诱惑力的高风险职业。这种局面一直要到奴隶出身的君主戴克里先时才有所改变。

　　戴克里先于 245 年出生在达尔马提亚的戴克里亚，原名戴克莱斯，他的父亲是一位被释奴隶。戴克里先早年投身军旅，就是为了图一个好的前途。他经历了从士兵到高级军官的各个阶段，之后又成为罗马元首努迈安努斯身边的宫廷亲卫队队长。

　　284 年 11 月，努迈安努斯被杀，组织这次谋杀活动的是戴克里先的上级近卫军首领阿柏。11 月 20 日，军队召开会议，推举下一任罗马元首，结果完全出乎政变发动者阿柏的意料之外，阿柏落选，其下级戴克里先被军人拥立为元首。阿柏遭当场处决。

　　戴克里先继位后，其管理才能得到充分发挥。他很快镇压了高卢和阿非利加的起义，并击退了伊朗和日耳曼人的入侵，帝国边疆再次获得久违的安宁。戴克里先于是公开仿效波斯君主，以地上之神自居，深居简出，穿戴有珍珠宝石装饰的冠冕服装，要求大臣行跪拜之礼，以神秘化和等级化的模式加强统治。从此以后，"君主"代替了"元首"而成为罗马最高统治者的正式称号。历史上常常把戴克里先所建立的这套制度称作君主制，以区别于奥古斯都创立的元首制。

　　为挽救罗马帝国的危机，戴克里先加大行政改革的力度，实行"四帝共治制"。所谓"四帝共治"就是把帝国划分成四个部分，由四位统治者治

---

　　① 与陈凤姑合写。

理。帝国的东西两大部分各设一名"奥古斯都",分别由戴克里先和他的战友马克西米安充任。戴克里先管辖亚细亚、埃及等地区,马克西米安分掌意大利、阿非利加。他们的助手称"恺撒",加列里乌斯管辖巴尔干和多瑙河地区,君士坦西乌斯掌管西欧各省和毛里塔尼亚。每位"奥古斯都"和"恺撒"都有自己的首府,分别设在尼科米底亚、米兰、西尔米伊和特里尔。罗马仍被认为是帝国的首都,但已经不是奥古斯都们的居住地。"奥古斯都"缺位时,由"恺撒"继任。戴克里先实行"四帝共治制"的目的,一是加强帝国的统治,二是想通过这种方法确立起比较稳定的帝国继承体系。"奥古斯都"和"恺撒"在各自的责任区内行使权力,维护秩序。

为加强对地方的管理,戴克里先又对行省进行了一次全面的改组,增加行省数量,控制行省规模,削弱行省对抗中央的能力,在各行省,军权和民政管理权分离,分别由不同的官吏掌管。

在军事上,戴克里先把军队分成边防军和巡防军两种。巡防军用以维护地方治安;边防军则驻守边疆,以对付日耳曼人和波斯人的入侵。他还把军团的人数增至六十万左右,比奥古斯都时代几乎增加了一倍。到这个时期,由于军队大量征募隶农,吸收蛮族,所以军队的成分已经有了明显的变化。军队士兵成分的变化,对于罗马帝国未来的走向影响巨大。

为抑制物价上涨,戴克里先颁布"物价敕令",具体规定帝国境内市场上的各种物品价格以及劳动者各种工资的标准。"物价敕令"中多处提到对中国出产的丝织品的最高限价。这是历史上第一次以国家的力量来抗衡市场的无序变动。

在305年,55岁的戴克里先宣布退出权力中心,退休至濒临亚得里亚海的索罗那休养、种地。其后,曾有人要求他重登君主之位,被其断然谢绝。戴克里先是罗马历史上唯一一位自愿放弃权力的君主,善终于312年。

戴克里先对罗马的重新治理和组织,结束了罗马帝国的混乱局面,暂时稳定了帝国的统治。但因为这些措施完全是建立在强制执行的基础上的,所以好景不长,不久也就失去了作用。

罗马人的辉煌成就

罗马帝国是罗马人的一份创造，是罗马人送给人类的一份厚礼。它不但征服了整个地中海世界，而且还给地中海带来了大约 200 年的秩序、繁荣及和平，使地中海的每一个角落都感受到了罗马文明的气息，从而将地中海文明大大地推进了一步，使其成为屹立于西部世界的异常耀眼的一颗明星。它既给当时的人们带来光明，又为后来的人们提供路标，使后来者能够从中领悟先人们的成功与失误，从成功中汲取智慧，从失误中接受教训。

罗马帝国的统治艺术十分高超。它成功地糅合了君主政治、贵族政治及民主政治的优点和精华，创立了各权力机关之间的分权制衡学说，并运用自如，从而赢得了众多政治家、史学家和哲学家的喝彩。它的行政与立法分立的政体模式，对 18 世纪美、法二国的制宪者影响至深。它把帝国划分成数十个行省，并在行省中设置自治市，让 500 多个城市实施地方自治，既巩固了罗马对地方的统治，又保证了帝国疆域的相对稳定。它启迪后进，把古典文化传播至荒蛮之地，使荒漠变成了绿荫，和平替代了战乱，给地中海地区带来了 200 年的稳定发展。它建立了一个了不起的法律体系，一直对欧洲各国产生着重大的影响。无论是《拿破仑法典》还是世界上其他国家的法典，都无不从罗马法中获取了其丰厚的营养。19 世纪伟大的罗马史研究专家蒙森曾经说过："自古以来，世界上很少有政府（能像罗马人那样）这么持久地保持秩序井然……在它的世界中（属于当时的人认为这便是全世界），它给了在它治下的许多民族和平与繁荣。这份和平与繁荣，较之其他的任何强国所创造的更持久、更完整。帝国时期的业绩，可以从阿非利加的农业市镇、摩色尔河上葡萄园园丁的住宅、里西亚山脉中繁华的市镇以及叙利亚沙漠边缘的遗迹中看得很清楚。……如果上帝的一位天使想要判定塞维鲁·亚历山大的统治和今日的统治哪一个更有智慧、更富人道精神，或者回答从那时（塞维鲁·亚历山大统治时期）起的文明和国家的繁荣是逐渐地进步了还是退步了，我们很怀疑他会选择今日（比那个时期）好。"①房龙在《宽容》中曾这样写道：

> 罗马人通过精心的工作，创造了一个庞大的统治系统，这个系统以这样或那样的形式，一直延续到今日，这个功劳是很伟大的。那时的臣民只要缴纳必要的赋税，表面上尊重罗马统治者定下的为数不多的行动准则，就可以享受广泛的自由。他们可以随心所欲地相信某事或不相信某事，可以信仰一个上帝，也可以信仰十几个上帝，甚至崇拜任何装满上帝的庙宇，这没有关系。但是，不管人们信仰什么，在这个世界范围的大帝国里，混居着的形形色色的人们必须永远记住，"罗马和平"的实现有赖于公正地实践这样一条原则："待人宽则人亦待己宽。"他们在任何情况下都不得干涉别人或自己大门内的陌生人的事情。即使偶然认为自己信仰的上帝被亵渎了，也不必找官府寻求什么解脱……法庭就可以拒绝处理所有这类案子，并要求人们不要把涉及个人见解的问题带进法庭。……罗马人发展了一种统治艺术：最大限度地减少磨擦，从而获取巨大的实际成果。②

帝国的管理和谐有序，成效显著。整个文明世界宛如一支经过彻底净化之后的奥罗斯管（aulos），演奏出一串完美精确的音符；指挥者所引领的和谐乐章就是如此美妙。

天下万民全都顺应这一主旋律。山地居民的优越感虽不及平原

---

① Colin Wells, *The Roman Empire*, Cambridge, Harvard University Press, 2000, p. 1.
② ［美］亨德里克·房龙：《宽容》，迮卫、靳翠微译，53～55 页，北京，生活·读书·新知三联书店，1985。

低地居民，但免除了(相互间)的争吵；富饶平原的居民，包括那些享有被征服土地的人和拥有你们的殖民土地的人，也全都躬耕务农。岛屿与大陆之间的区别不复存在。所有地区，犹如一个连接紧密的国家和一个单一的民族，安详宁静。

整个文明世界就是一个合唱团，你们只需一句话或一个手势，就可轻而易举地实施指挥；如有所需，只要一声令下，万事皆能成真。你们将行政长官派往各城邦和民族，作为当地的统治者。但就他们自身及与民众之间的关系而言，都是相互平等的臣民。他们与治下民众之间的首要区别在于：他们必须模范地履行臣民的职责。伟大的元首为大众赢得了一切，因而备受民众的尊崇。

民众认为元首比他们自己更了解他们的事务，因而他们对他的景仰之情绝非人们对一个发号施令的主人的尊崇可以比拟。没有人会如此自命不凡，听到元首的名字居然无动于衷；他定会肃然起敬，连声祈祷，一面祈求神灵保佑元首，一面祈求元首保佑自己。如果行政长官对其辖区官民申诉的合理性有任何的疑虑，他便会立刻向

图 14　帕尔米拉遗址

元首请示，然后像合唱团等待指挥的指令一样等候元首的批复。

这样，元首无须事必躬亲而疲于四处奔波，巡游于整个帝国。通过信函，他足不出宫便可轻易治理天下；这些信函几乎朝发夕至，仿佛插上了飞翔的翅膀。

现在，我要说的是同样令人惊奇、同样令人钦佩、让人无法用言行表达谢意的事情。你们不仅掌控着如此辽阔的帝国，以如此牢固的方式和无限的力量对其进行治理，而且还赢得了伟大的胜利，这是一种完全属于你们自己的胜利。①

帝国的稳定和发展给人民带来了众多的福祉，从而赢得了当时人对它的赞誉。阿利斯蒂德的声音或许能够代表当时的状况。他说：

古时候，武器是整个文明世界的负担；而今天，文明世界如过节日一般，放下武器，拿起饰物，提出各种奇思妙想并尽力促其实现。(各城市)摆脱了所有其他的敌对行为，唯有一种竞争被保留下来，那便是如何让每个城市变得最美丽、最诱人。所有定居地都有体育馆、喷泉、纪念碑、神庙、工场以及学校。人们可以说，文明世界在一开始比较病弱，现在因正确的知识而恢复了健康。你们从未停止赐予各城市礼物，要判定他们中谁是最大的受益者实属不易，因为你们一视同仁。

城市到处充满光明和美丽，整个大地都被装设成美丽的花园。友好的烽火从平原升起，而战争的硝烟随风飘至山海以外，代替它们的是各种精湛的表演和丰富多彩的节日赛会。这样，各种节庆就如一处永恒燃烧的圣火，从不停息，不断流传于不同的地区和不同的民族之间，因为它与普遍的繁荣相吻合。因此，如果真的有这么一些人生活在你们的帝国之外的话，那么实在令人愧惜，因为他们无法享有(你们)如此的赐福。

---

① Aristides，*The Roman Oration*，30-34.

又是你们，最好地证明了地球是所有人的母亲和共同的祖国这一公理。确实，现在，无论是希腊人抑或野蛮人，都可以空着手，或是满载着金钱，随意旅行，一如从这一故乡去另一故土。西里西亚山口不再恐怖，阿拉伯国家到埃及的通道不再狭窄而荒芜，没有难以逾越的群山，没有不能渡济的大河，没有充满敌意的蛮族部落给人造成恐惧；只要是罗马公民，或者成为你们治权下的一位民众，就可以享有足够的安全。

荷马说过，"大地是属于大家的"，你们使这句话成为现实。你们已经测量了整个世界，架桥梁于河川之上，开驿道于山地之间，建基地于沙漠之中，使所有地区都过上了稳定和有序的生活。因此我寻思，所谓特里普托勒摩斯（Triptolemus）①之前的生活，应该就是你们的时代之前的生活。这是一种艰难并且粗野的生活，一种还未曾远离荒野山林的生活。虽说雅典公民开启了今天的文明生活，但你们后来居上，令这种生活稳固而成习俗。

写一部关于旅行的书，或者列举各国使用的法律全无必要：因为你们自己就是万民的向导；你们令文明世界所有门户洞开，给所有人目睹的机会；你们为所有人提供了共同的法律，结束了旧制——那旧制听来引人入胜，但若以理性的观点审视则显得难以容忍；你们又使自由通婚成为可能，将整个文明世界融于一家之中。

诗人们曾言，在宙斯统治之前，宇宙充斥着冲突、混乱和无序。但当宙斯开始统治后，一切皆有了秩序，他与支持者将提坦神（Titans）逼退到地球上最低的洞府中。如果有人思索以前的世界和当今的时代，会得出（同样的）结论：在你们的帝国以前，天下混乱，万物无序；但当你们接掌权力以后，混乱和冲突止息，秩序的光芒照耀人类公私事务，法律出现，神的祭坛得到了人们的信任。②

---

① 特里普托勒摩斯是一位传说中的英雄。他是第一个把种植技术教给人类的英雄。
② Aristides，*The Roman Oration*，97-103.

　　道路网络是罗马与其帝国的所有一切区域连成一体的重要保障。唐纳德·希尔说:"从远古一直到 19 世纪,在西亚和欧洲的所有社会中,只有罗马人创立了一种设计精细的道路体系。这种道路铺设讲究,排水功能优异。"①这既是罗马的事实,也是罗马人成功的关键因素。在帝国境内,罗马人建设了一个长达 8 万千米的铺有基石的道路网,形成了"条条道路通罗马"的壮丽美景。这些道路既有利于军事调动,同时也有利于商业贸易的发展,还为徒步旅游的罗马人提供了便利。为保证道路的畅通无阻,罗马人在沿途还设立了公路巡警与服务客站。每 16 千米设置一个马厩,每 48 千米设立一个小客站。以罗马和意大利为中心的地中海道路网络系统的建立,既加速了帝国的罗马化进程,又密切了罗马与行省之间的关系,保证了帝国境内 200 余年的安定和发展。

　　罗马的陆路四通八达,罗马的海路也很繁忙。发达的道路系统在保证罗马政令畅通的同时,也铸就了罗马的繁荣。阿利斯蒂德说:

　　　　帝国周围,各大洲往外无限延伸。它们总是竭力为你们提供一切物产。各个季节的产品,各个国家、河流、湖泊以及希腊和非希腊的艺术品都经陆路海道,源源不绝地运至罗马。因此,如果有人打算一饱眼福,他要么去周游整个文明世界,要么亲临这座城市。因为所有民族生产和制作的产品全都汇聚于此,应有尽有。一年四季,不分春秋,不同地域的物产通过商船运抵此处。罗马城几乎成了世界贸易的中心。

　　　　人们能够看到来自印度乃至幸福的阿拉伯的货物数量如此之多,甚至可以猜测这些领土上的树皮皆将被削光剥露,其居民若有所需,必来罗马,恳求分取曾经属于他们的东西。此外,人们还可以看到来自蛮族国家的巴比伦的服装和装饰,其货物数量比运货人从那克索斯(Naxos)或塞特诺斯(Cythnos)这些地方运入雅典港的还要多得

---

① Donald Hill, *A History of Engineering in Classical and Medieval Times*, London, Croom Helm & La Salle; Illinois, Open Court, 1984, p. 76.

多，运输也更方便。埃及、西西里和阿非利加的开化地区皆变成了你们的农场。

海上运输往来不绝，让人惊奇的是——先不说海港，海洋竟能容纳足够多的商船。

赫西俄德曾说海的尽头有一条河道，是所有水流的源头和归宿之处。[①] 在罗马，同样也有这样的一条河道，一切都在这里汇聚，包括贸易、海运、农业、冶金，所有的技术和工艺以及所有地球上制造或生长的东西。在这里没有见到的东西，一定是世界上不存在的东西。[②]

罗马人的成就不胜枚举，罗马人的遗产丰富多彩。罗马为世界创造了奇迹，即使是现代的中国也在向罗马人学习，从罗马人那里吸收其创造性成果，中国文字拉丁化改革就是最好的例证。它改变了中国语言与文字相脱离的现象，为中国语言文字在世界范围内的普及和推广打下了坚实的基础。

---

① Hesiod，*Theogony*，736-741，807-810.
② Aristides，*The Roman Oration*，11-13.

丝绸之路：人类携手合作的创举

　　"丝绸之路"一词出现于 19 世纪 70 年代，但这一概念确实来源于历史事实，来源于学者们对客观历史的真实提炼和高度概括。从历史上说，这条大道的建成也并非一人之力，而是东西方众多先驱共同开拓的结果。这里的东西方先驱既有国王、使者，也不乏商人和航海探险家。

　　就陆道而言，西段的建设者应该上溯至亚历山大。公元前 334 年，马其顿国王亚历山大亲率三万余精兵东征波斯。波斯国王大流士三世仓促应战，最终为亚历山大所败。公元前 327 年，亚历山大率军来到中亚，灭波斯的地方政权巴克特里亚，并于锡尔河上游筑亚历山大里亚城，派兵加强其对这一地区的统治。欧洲势力开始进驻亚洲腹部邻近中国的地区。此后百余年间，中亚巴克特里亚地区的政权一直掌控在马其顿人和希腊人手里。中国与西方之间在当时虽还没有建立起直接的联系，但西方已经知道了一些中国的消息。希腊人克泰夏斯在其作品中首次提到了东方远国"赛里斯"（Seres）。"赛里斯"也从此成了希腊对包括中国在内的东方远国的重要称呼。

　　东段的开拓者显然要数汉武帝的使者张骞。他于公元前 138 年至公元前 126 年和公元前 119 年至公元前 115 年两次出使西域，史称张骞"凿空"。张骞"凿空"不但打通了东西方交往的连接点，而且大大开阔了中国人的世界视野，开创了中西交流的新纪元。此后，东西方陆上交通大开。从中国西去求"奇物"者"相望于道"，"一岁中使多者十余，少者五六辈，远者八九岁，近者数岁而反"，"一辈大者数百，少者百余人"。① 中国的丝绸随使者不断输出国外。中亚、西亚与罗马都因此留下了中国丝绸的

---

　　① 《史记·大宛列传》。

痕迹。罗马的文献中还出现了罗马元老院通过决议反对男子穿丝绸衣服的禁令。①

东汉时，班超为西域都护，曾经营西域 31 年，政绩卓著，成效明显。西域"五十余国悉纳质内属。其条支、安息诸国至于海濒四万里外，皆重译贡献"。97 年，班超派部下甘英出使大秦（罗马），抵条支，欲渡，为安息船人所阻，只得"穷临西海而还"。② 甘英走南道赴大秦，虽中途而归，但其西行的路程远比张骞要长，其实际影响也远比张骞要大。就在甘英出使大秦后不久，也就是 100 年，西域"远国蒙奇兜勒皆来归服，遣使贡献"。东汉朝廷对蒙奇兜勒遣使之事高度重视，还特意"赐其王金印紫绶"。"蒙奇兜勒"不是别的，而正是"Macedones"（马其顿，时属罗马帝国）之音译。西域远国马其顿遣使内附打通了中西间的直接交往，在中西交往史上占有十分重要的地位。而这件事本身也印证了中国和罗马间陆上交通的存在。

就海道而言，中国至印度一线，为中国人所开拓。海船一般沿着印度半岛与中南半岛海岸航行。公元前 111 年，汉朝用兵南越并在当地置南海、苍梧与合浦等郡。合浦以南至印度的线路皆保存于《汉书·地理志》中。据《汉书·地理志》记载："自合浦徐闻（海康）南入海，得大州，东西南北方千里，武帝元封元年略以为儋耳、珠崖郡……自日南障塞、徐闻、合浦船行可五月，有都元国；又船行可四月，有邑卢没国；又船行可二十余日，有谌离国；步行可十余日，有夫甘都卢国。自夫甘都卢国船行可二月余，有黄支国……平帝元始中，王莽辅政，欲耀威德，厚遗黄支王，令遣使献生犀牛。自黄支船行可八月，至皮宗；船行可二月，至日南、象林界云。"据考证，黄支就是印度东岸之 Kanchipura，即后来玄奘《大唐西域记》第十卷中所记的达罗毗荼国的建志补罗城。

至于印度至罗马的海路，则多为罗马人所开创。船队最初皆绕着阿拉伯南部海岸航行。据罗马地理学家斯特拉波的《地理学》记载，在奥古

---

① 参见 Tacitus, *Annals*, 2, 33.
② 《后汉书·西域传》。

斯都时期，每年都有多达 120 艘船只从埃及的红海港口起航，远航至曼德海峡之外各地，有的甚至远达恒河。[①] 大约在提比略执政时期，有一位名叫希帕鲁斯的罗马商人在长期实践的基础上发现了印度洋季风的规律。罗马人利用季风不但能够直接跨越印度洋，而且还能大大缩短罗马至印度的航行距离。按英国学者赫德逊测算，从意大利到印度的一次旅程，只要花费 16 个星期。[②] 约在 2 世纪中叶稍前，有一位名叫亚历山大的罗马人越过孟加拉湾，到达日南北部的卡提加拉(Cattigara)。[③]"至桓帝延熹九年(166 年)，大秦王安敦(指罗马元首马尔库斯·奥理略)遣使自日南徼外，献象牙、犀角、瑇瑁"来到中国，中西海道"始乃一通"。当时世界上最强大的两个国家——中国与罗马间开始通过海道直接发生联系。印度和西方古典文献中出现的"秦尼"(Sinae，Thinae)实际上就是西方人对中国南部的尊称。这一消息应来源于南部海道。

在中西陆、海两道开通之时，有许多中国的商品随使者输往西方。据中国的正史记载，从陆道西去的使者常"赍金币帛直数千巨万"，从海道西航的译使也携"黄金、杂缯而往"。[④] 由此可见，丝织品和黄金一样，是出访人员必备的物品。

丝织品之所以成为使者出访时首选的重要物品，最根本的原因就在于：中国是桑蚕的故乡；在相当长的时间内，中国又是唯一掌握养蚕(Bombyx mori)技术的国家。根据传说，我国"养蚕取丝"的发明者为黄帝元妃嫘祖。她教民育蚕，治丝蚕以制衣服。考古发掘也表明，在距今约 6000—5600 年的仰韶文化时期，我们的祖先就懂得了"养蚕取丝"的技术。著名学者夏鼐先生曾指出，至迟在殷商时代，我国已能"充分利用蚕丝的优点，并且改进了织机，发明了提花装置，能够用蚕丝织成精美的丝绸"。此后，此项丝织技术不但没有失传，而且随着时代和社会的变化，

---

① 参见 Strabo，*Geography*，2，118；15，686；17，708.

② 参见[英]赫德逊：《欧洲与中国》，王遵仲、李申、张毅译，47 页，北京，中华书局，1995。

③ 参见 Claudius Ptolemy，*Geography*，1，16.

④ 参见《史记·大宛列传》、《汉书·地理志》。

又有新的改进和发展。

《史记·大宛列传》有言："自大宛以西至安息国……其地皆无丝漆。"这显然是客观事实的真实反映。实际上，不但当时的安息国无丝，就是安息国以西的罗马也不产丝，所以中国的丝绸一直是罗马贵族身份的象征。为获取丝绸衣料，罗马人不惜远赴赛里斯，正是"靠着如此长距离的谋求，罗马的贵妇们才能够穿上透明的衣衫，耀眼于公众场合"①。老普林尼坦言："据最低估算，每年从我们帝国流入印度、赛里斯和阿拉伯半岛的金钱，不下 1 亿塞斯退斯。"②在罗马，不但有销售中国丝绸的丝绸市场、丝绸商人，而且还有具体负责丝绸产品再创造的丝绸加工地。丝绸交易的价格曾一度与黄金相等。

随着丝绸西向输出，我国的养蚕织绸技术也不断西传。5 世纪时，中原的种桑、养蚕、缫丝织绸法已传至和阗，到 6 世纪的查士丁尼时代更跨越国界传到了罗马的东部世界。从此以后，"在罗马的土地上也能生产蚕丝了"，西方对中国丝绸的依赖逐渐消失。

历史表明，在中国的汉代，也即西方的罗马共和国晚期及帝国时期，世界上确实存在着以丝绸为重要交易物的陆、海大道。19 世纪以后，这两条大道被分别冠以"陆上丝绸之路"和"海上丝绸之路"之称，总称为"丝绸之路"。丝绸之路的起点是中国，丝绸之路的终点在罗马。中亚、南亚、西亚是陆上丝绸之路的必经之地，南海、红海、地中海是海上丝绸之路的必过之海，而印度洋则是海上丝绸之路的必跨之洋。丝绸之路的筑铸既拉近了亚欧各国与各地区间的距离，密切了沿途各国人民之间的关系，又加强了沿途各民族之间的交往，大大地推进了人类文明的进步。丝绸之路使世界变得更小，使世界变得更有生气、更显活力。

丝绸之路是世界的奇迹，更是人类携手合作的创举。

---

① Pliny the Elder, *Natural History*, 6，20，54.
② Pliny the Elder, *Natural History*, 12，41，84.

史苑练艺（下）

史料学研究的经典杰作①

——读《史料五讲》

史料是历史研究的基础。收集丰富的史料是揭示历史真相的第一前提。著名历史学家齐世荣教授撰写的《史料五讲》是近年来我国学术界出版的具有标志性的史学著作，我读后感触良多，启发极大。此书的出版无疑会对中国的历史学研究和历史学教学工作产生重大的影响。

一

齐世荣教授的《史料五讲》以讲稿的形式出现，以学生感兴趣的问题为切入点，层次清晰，分析精到，举例论证恰当充分。正文由五部分组成：第一部分综论官府文书和私家记载这两类文字史料，内容主要包括看待官书和私记的史料价值的三种观点，以及史学大师陈垣、陈寅恪对史料的认识与运用；第二部分至第五部分主要讲述日记、私人信函、回忆录类私人文件和小说的史料价值，并对文字类主要史料的优长、级别分类都有极其深刻的评述。附录部分虽是单写的两篇文章，但内容都与史料有关。该书的鲜明特点就是：正文和附录的各个部分分可独立为文，合则成系统严密的整体。

《史料五讲》以一流学者对史料的认识与看法作为论述的起点，对各位学者从自身的经验中得出的结论进行具体的点评，话虽不多，但语语中的，发人深省。例如，齐先生对万斯同、邓之诚重视实录、正史的史料价值给予了充分的肯定，因为"官府的载籍一直是历史文献的主体，比

---

① 与陈凤姑合写。

较系统地汇集了大量的史料"①，但对其所坚持的实录"直载其事与言，而无可增饰"的观点提出了不同的看法。他以朱棣三次重修《明实录》、"清列朝《实录》，直至光绪间犹修改不已"等事例来证明自己的观点②，言之有据，论之有理，很有说服力。又如，他对梁启超重视账簿、小说之类的材料评价很高，说其"很有见解"，但针对其把"半通不通之笔记"与《史记》、《汉书》等同看待，则斥之为过于偏激。③ 因为在齐先生看来，野史、别史、杂史虽有"不太摆史官的架子，所记较正史为真切，敢于暴露史实的真相"等优点，但也有许多短处。这些短处主要包括：第一，所记有些来自道听途说，而非亲自闻见，不免失实，即使是作者亲历的事，后来回忆时也常有错误；第二，私家记载零散，不如官府文书之有系统；第三，私家记载挟恩怨，流于诬妄；第四，私记同官书一样有吹捧帝王将相的内容，因为作者大都是封建士大夫，他们不可能只揭露而无颂扬。④把正史、野史、别史、杂史的特点分析得越具体、越透彻，那么，其书的价值就越大，对读者的教育和指导意义也越明显。

二

史料是史学研究的根本，也是学者关注的重点。就"史料"自身的概念而言，一般仅从理论层面来加以阐述，因此，很容易让人读而无味，无法起到加深影响、传播知识的作用。《史料五讲》的作者显然对一些乏味的理论型作品研究得很透，所以在书写这部著作时以典型的中外名人日记、回忆录、书信所提供的生动、形象的案例来说明史料的优劣短长，让读者不知不觉地把握史料的内涵。应该说，这种书写方式很有新意，也很有效，非常值得大家学习。

齐世荣先生显然是辩证思考问题的大家。他对第一手史料、第二手

---

① 齐世荣：《史料五讲》，3页，北京，首都师范大学出版社，2014。
② 参见齐世荣：《史料五讲》，5~6页，北京，首都师范大学出版社，2014。
③ 参见齐世荣：《史料五讲》，9页，北京，首都师范大学出版社，2014。
④ 参见齐世荣：《史料五讲》，10页，北京，首都师范大学出版社，2014。

史料以及考据与历史总体目标之间的关系方面的论述，可谓是辩证思维的经典。

我们先来看第一手史料与第二手史料之间的关系。齐世荣先生认为，一手史料与二手史料的区别是有弹性的。第一手史料与第二手史料之间并无绝对的界限。① 官书中有第一手史料，也有第二手史料；私记亦如此。被认为属于第一手史料性质的，有时内中也有第二手史料的成分；被认为属于第二手史料性质的，有时内中也有第一手史料的内容。他以档案、正史、日记、回忆录为例，说档案历来被认为属于第一手史料，实不尽然。有些文件看似是第一手史料，实为第二手史料。正史是著作，一般被看作第二手史料，但正史是根据大量第一手史料(档案、起居注、实录等)写成的，而且这些第一手史料后来大部分业已遗失，故历史研究者就只能在相当大的程度上把它们看作第一手史料。私记中的日记、回忆录讲作者自己的事是第一手史料，讲别人的事，则是第二手史料。还有一种情况，某一材料从一种角度看属于第二手史料，但换一种角度看则变成了第一手史料。

我们再来看考据与历史总体目标之间的关系。齐先生将考据放入整个历史研究中进行考察，认为"考据在史学研究中所起的作用是提供可靠的资料，它在整个研究中占有重要的辅助地位。考据与整个研究的关系，从过程看，是开始阶段(打基础阶段)与终结阶段(完成阶段)的关系；从范围看，是局部与全体的关系；从性质看，是原料(初步成果)与成品的关系"②。书中这些辩证的思考不时把读者带入更高的学术境界。

就是书中设定的许多问题，也同样带有辩证的性质。例如，当齐先生在探讨今天的生活经验与认识古代事物的关系时，他提出："我们既不可能脱离今天的生活经验和思想观念去了解古代，又不应当完全按照今天的生活经验和思想观念去解释古代，那么，介于二者之间的分寸是什

---

① 参见齐世荣：《史料五讲》，20~21页，北京，首都师范大学出版社，2014。
② 齐世荣：《史料五讲》，213页，北京，首都师范大学出版社，2014。

么呢？如何能做到对古人的'真了解'呢？"①又如，他提出，我们不可能一开始就想古人之所想，更不可能有古人的生活经验。但古与今不是绝对割裂而是相通的。在我们今天的物质生活和精神生活中，或多或少积淀着过去时代的东西。正由于此，我们才有可能了解古代。② 对于了解古代的途径，学界历来存在不同的看法，没有标准的答案，但上述问题的提出本身就是辩证思维的结果，这显然是没有问题的。

对于人物的评价，齐先生更是慧眼别具，新论迭出，可谓字字闪耀着辩证法的光辉。例如，他认为，评价人物，有"盖棺论定"一说，意思是在一个人生命结束以前，我们对他无法做出整体评估，只有到了"盖棺"之时，才能最后定论。这有一定的道理。"但是，对那些大人物，还要在他们'盖棺'以后，再过一段时间，史学家才能做出比较恰当、公允的评价。这是因为，对历史人物，既要看他和前人相比有什么新的贡献（或相反开了历史倒车），还要看他在当代所起的作用，以及他对后世产生的影响，这当然不是在'盖棺'之时就可以立刻'论定'的。"③这一观点显然是和历史辩证法相一致的。它的提出对于人们更为全面和科学地使用史料帮助很大。

三

齐世荣先生对陈垣、陈寅恪先生的学术成就怀有特别的敬意，对他们的学术风格也了如指掌。在《史料五讲》中处处可以看到齐先生对"南北两陈"史学思想的由衷赞赏。

陈垣先生是学术大师，被毛泽东称为"我们国家的国宝"。在史料问题上，陈垣先生提倡"搜集材料应力求完备，竭泽而渔"，而且身体力行，把史学研究尽量做到极致。齐先生认为："陈垣对于他所研究的问题，在

---

① 齐世荣：《史料五讲》，195 页，北京，首都师范大学出版社，2014。
② 参见齐世荣：《史料五讲》，193 页，北京，首都师范大学出版社，2014。
③ 齐世荣：《史料五讲》，190 页，北京，首都师范大学出版社，2014。

史料搜寻上确实是'竭泽而渔',掌握材料的丰富,少有人能与之相比。"①他举例说,陈垣的名著《元西域人华化考》引证各类文献多达二百一二十种,《明季滇黔佛教考》的征引书目也多达一百七十余种,其崇敬之情无以言表。

陈寅恪先生是清华国学院的四大导师之一,也是学术大师。在史料运用方面,陈寅恪先生的原则,一是尽可能扩充领域,二是取材详备,宁详勿略。陈寅恪的著作史料宏富。"以诗证史"和"以小说证史"方法的成功实践,更使其成就斐然。齐先生认为,"以诗证史"的方法不自陈氏始。其前人可追溯到黄宗羲,同时代人有刘师培和邓之诚。但陈寅恪的贡献则在于把这种方法系统化、完善化。②据齐先生统计,陈寅恪晚年耗尽心血完成的巨著《柳如是别传》,共引用了约六百种材料,包括正史、野史、年谱、志书、笔记小说和诗词戏曲文集。③齐先生认为,《柳如是别传》一书把诗文证史的方法发挥到了淋漓尽致的地步。④

齐世荣先生多处提及陈垣、陈寅恪先生,固然与他敬重两位先生有关,但更重要的是他确实从两位先生的学术中找到了合理使用史料、合理解释史料的原则和办法。这种原则和办法经过齐先生的总结、解释和说明,都变成了极其生动的案例,从而使《史料五讲》的内容更显丰满,更具活力。

众所周知,史料是人类社会发展过程中遗留下来的痕迹。它既是历史认识的基础,也是解决问题的关键。详尽而又透彻地把握史料固然很难,但通过合理的方法解读史料更是一件不易的事。齐先生的《史料五讲》确实给我们提供了解读史料的重要途径,可谓是一部不可多得的经典教科书。

---

① 齐世荣:《史料五讲》,25 页,北京,首都师范大学出版社,2014。
② 参见齐世荣:《史料五讲》,27 页,北京,首都师范大学出版社,2014。
③ 参见齐世荣:《史料五讲》,28 页,北京,首都师范大学出版社,2014。
④ 参见齐世荣:《史料五讲》,28 页,北京,首都师范大学出版社,2014。

中西交通史的开拓之作：
张星烺的《中西交通史料汇编》

　　张星烺（1888—1951），字亮尘，江苏泗阳人。近代著名史学家。张星烺秉承丰厚家学，深通国故；早年又赴美、德留学，精通数国语言，史学根底深厚；曾任厦门大学、燕京大学、辅仁大学教授，辅仁大学历史系主任。张星烺才华横溢，学贯中西，研究领域广泛，成绩斐然，曾讲授过"中西交通史"、"秦以前史"、"隋唐史"、"宋辽金元史"、"中国古代史"和"南洋史地"、"历史地理"等课程，尤以中西交通史研究最深，是我国近代中西交通史研究的开拓者和中西交通史学科的主要奠基人。张星烺一生勤奋好学，成就卓著。他先后在《辅仁学志》、《燕京学报》、《华裔学志》、《清华周刊》、《禹贡》、《中德学志》等刊物上发表论文数十篇，还有专著《马可波罗》、《欧化东渐史》，译著拜内戴托（Benedetto）的普及版《马可波罗游记》、《历史的地理基础》等，皆由商务印书馆出版。其中《欧化东渐史》初版于 1934 年，后多次再版。2000 年 9 月商务印书馆又在 1948 年版本的基础上略做修订、校正，予以重新排印出版，并将张星烺的另两篇论文增补于附录。

　　张星烺的代表作为《中西交通史料汇编》。全书共 6 册，约 120 万字。张星烺写作此书有其明确的爱国目的和学术目的。中国自进入近代以来，内忧外患不断，政治腐败，经济和军事明显落后，甚至连学术也常常不及西方。以中外史地研究为例，清代虽然不乏张穆、何秋涛、李文田、丁谦等名家，但因为多偏重书籍，辗转抄录，旧时谬误，能加改正者，非常之少。纵有改正确者，亦仅偶然。而西方人重实验，功夫少，而所得结果精。例如，对蒙古早期都城和林的考证，我国众多学者皆引古证今，议论纷纷，考其究竟，终无结果。1890 年，芬兰、俄国探险家专往蒙古鄂尔坤河沿岸进行实地考察，最后确定了和林的具体位置。张星烺希望改变"中国地理，西洋人且来代吾清理"的被动情况，于是，"十余年来，不揣简陋，专心搜求中外史料，关于古代中西交通事迹。上起邃古，下迄明季，凡朝廷通聘，商贾游客，僧侣教士之记载，东鳞西爪，可以互证，无不爬罗剔抉，分门别类，汇次为书。颜其名曰《中西交通史料汇编》"。①

《中西交通史料汇编》是我国最早出现的一部集中西古代交通史史料收集与研究于一体的综合性巨著。此书的内容主要包括两个方面：一是史料摘录，二是注释考证。史料摘录主要以文献材料为主，以地区和国家分类，按时间顺序先后排列，以远而近，由少而多。全书整理并收录了17世纪中叶(明末)以前我国与欧洲、非洲、亚洲西部、中亚、印度半岛等国家和地区往来关系的众多资料，内容丰富，出处真实。注释考证则是作者自己思考和研究的成果，是作者自身智慧的结晶。作者充分利用已经辑录的大量资料，对其中的地名和史事进行考释和研究，并提出自己的观点，其中不乏许多真知灼见。有些问题在书中已经得到了解决，有些问题虽未彻底解决，但也为后人提供了解决问题的方法和思路，大大地推进了中西交通史研究的深度，对于我们今天研究古代中外关系史，用处极大。

《中西交通史料汇编》规模宏伟，取材广泛。其内容主要有以下几方面。第一，"上古时代中外交通"，实际上也就是讲汉以前的中外交通。第二，"中国与欧洲之交通"。内容包括两汉时代、六朝时代、隋唐时代、宋代、元代、明代几个部分，附有名号考。第三，"古代中国与非洲之交通"。其中包括"汉及六朝时代中国与非洲之交通"、"唐时中国与非洲之通使"、"宋时中国与非洲之交通"、"元时中国与非洲之交通"、"摩洛哥大游历家依宾拔都他"、"明时中国与非洲之交通"等。第四，"古代中国与阿拉伯之交通"。内容有"条支名称时代"、"大食名称时代"、"唐时中

---

① 张星烺：《中西交通史料汇编》("辅仁大学丛书"第一种)第1册，5页，北京，京城印书局，1930。

国与阿拉伯之交通"、"唐与大食在葱岭西之交涉"、"唐人所记大食国矿石及动植物"、"往大食道途"、"阿拉伯人关于中国之记载"、"中国史书证实阿拉伯人各种记载"、"唐宋时代外国人在中国享有一部分治外法权"、"唐宋时代蕃汉通婚"、"阿拉伯人之受华化及入仕中国者"、"宋时中国与阿拉伯之交通"、"宋时阿拉伯人经商中国状况"、"宋人关于阿拉伯之记载"、"天房或天堂或天方名称时代"、"元时中国与阿拉伯之交通"、"元时阿拉伯人入仕中国"、"明时中国与阿拉伯之交通"等。第五，古代中国与"亚美尼亚"及"犹太"之交通。内容有"元以前之交通"、"元代交通"、"犹太教之传入中国"。第六，"古代中国与伊兰之交通"。内容包括"伊兰高原状况"、"安息名称时代"、"安息人传布佛教于中国"、"波斯名称时代"、"波斯人入仕于唐"、"波斯人中国文学家"、"波斯人传布西方各种宗教于中国"（景教、祆教、摩尼教）、"唐人所记波斯国矿石及动植物"、"波斯人所知中国矿石及植物文字"、"宋时中国与波斯之交通"、"中国史书记蒙古人征服波斯"、"藩国交通"、"波斯军队驻中国"、"波斯人记中国事情"、"波斯历法之传入中国"、"明时中国与波斯各地之交通"。第七，"古代中国与西北土耳其斯坦之交通"。主要包括"西部土耳其斯坦状况"、"汉武帝通西域"、"汉与康居之交涉"、"汉与月氏国之通使"、"月氏康居人传布佛教于中国"、"六朝时代西部土耳其斯坦与中国之交通"、"隋唐时代西部土耳其斯坦状况"（西突厥、昭武诸国、拔汗那、勃律、吐火罗、帕米尔）、"唐人所记中央亚细亚动植物"、"隋唐时代中央亚细亚人入仕中国"、"隋唐时代土耳其斯坦人传布佛教于中国"、"宋时西部土耳其斯坦状况"（"西突厥国灭后其民族之历史"、"西部土耳其斯坦之回纥王国"、"西辽之建国"、"金之遣使西域"）、"中国史书记蒙古人之征服西部土耳其斯坦"、"藩国交通"、"元时中国西游诸家之记载"、"元时中央亚细亚人入仕中国"、"明时中国与西部土耳其斯坦政治上之往来"。第八，"古代中国与印度之交通"，包括"印度概况"、"中印交通之起始"、"两汉时代中印交通情形"、"六朝时代中印交通情形"、"唐时中印交通"、"唐时印度人入仕中国"、"印度佛教之输入中国"、"印度东来中国传灯高僧传"、"中国西往印度求法高僧传"、"唐人所记印度矿石及动植物"、"宋时中印交通"、"元时中印交通"、"明时中国与印度陆上交通"、"明时中国与印度海上交通"。后中华书局朱杰勤校订本删掉或调整了部分内容，将其分成八个部分：第一部分为"古代中国与欧洲之交通"，第二部分为"古代中国与非洲之交通"，第三部分为"古代中国与阿拉伯之交通"，第四部分为"古代中国与亚美尼亚之交通"，第五部分为"古代中国与犹太之交通"，第六部分为"古代中国与伊兰之交通"，第七部分为"古代中国与中亚之交通"，第八部分为"古代中国与印度之交通"，但大部分内容未做变动。

从写作形式上讲，张星烺还是继承了我国古代传统的注书方式。他先辑录一段原文，然后再注释一段，短者寥寥数字，长者累万余言，使读者看后一目了然。因作者国学底子深厚，又通晓数国文字，所以能将"中国记载，证以外国事实，或外国记载，证以中国事实"。而且外国文者"皆为前世汉土士人所未见"①，使读者耳目一新。此外，他还以当时考古学的成就来印证古代的文献。例如，希腊罗马著作家所记中国古事，有云"丝为贸易大宗，远贩至罗马"，他就用"近代西人在山西掘地，得罗马古钱"一事印证古史，不事穿凿，着实令人叹服。

该书在写作过程中曾参考了 274 种中文书籍，42 种外文书籍。资料涉及领域广泛，既有地理学，又有历史学，既涉及社会科学，又涉及自然科学。若没有广博的知识，精深的学问，根本无法完成这一工作。

该书于 1930 年出版后，在社会上反响强烈。杨家骆把这部著作编入"中国学术名著"第五辑，于 1962 年 5 月由世界书局在台湾重新出版，此后，又多次再版。1977 年 7 月至 1979 年 5 月，中华书局再次出版了由董必武署检的《中西交通史料汇编》。1996 年此书被上海书店收入"民国丛书"第五编，由此可见此书在学界的地位。所以冯承钧认为："此书搜集

---

① 张星烺：《中西交通史料汇编》第 1 册，5～6 页，北京，京城印书局，1930。

关系中西交际材料之多，从前此类出版物莫能与之伦比。"①英国学者李约瑟博士在他的名著《中国科技史》中，也多次引用了《中西交通史料汇编》中的材料。1985 年他还亲自给作者家属写信，希望他的研究所能得到这部原著。② 可以毫不夸张地说，后来治中西交通史的学者无不从张星烺的这部著作中汲取营养。《中西交通史料汇编》不但是一部专业性很强的学术名著，是从事这一学科研究的学者们不可或缺的参考书，而且也是一部非常成功的集交叉性和比较性于一体的综合性巨著，在中国的学术史上占有相当重要的地位。

---

① 张星烺编注：《中西交通史料汇编》第 6 册，447 页，北京，中华书局，1979。
② 参见张至善：《记张星烺先生》，载《史学史研究》，1992(3)，8 页。

永恒的丰碑

——商务印书馆创立 120 周年有感

2017 年是商务印书馆创立 120 周年。几乎所有读书人都会真诚地向商务印书馆献上最热烈的祝贺，奉上最诚挚的感谢，送上最美好的祝福！因为我们从这里起步，我们从这里领略人类一流政治家和思想家的智慧与风采，品尝人类思想的进步，自觉接受一次又一次思想的洗礼。

商务印书馆是我国出版界的一面旗帜。自 1897 年创立之日起，商务印书馆就以"昌明教育、开启民智"为使命，始终秉承求真务实、严谨扎实的优良传统和理性开放、精益求精的工作态度，不忘本来，吸纳外来，面向未来，编字典，出名著，打造业界优质品牌，以超前的行为引领中国文化的发展，以踏实的工作推进人类文明的进步。

商务印书馆是出版家的圣地。从张元济到王云五，从陈原到陈翰伯，都视商务印书馆为生命，以出版为神圣之事业。他们集大战略家、大学问家于一身，无不以大视野、大格局谋篇决断，无不以培养、提携年轻人为天职，经营出版，但又不囿于出版。他们以强烈的责任挑起民族文化建设的重任，以满腔的热忱书写出版的繁荣。他们是时代的精英，出版界的楷模。他们是当之无愧的杰出出版家。他们的业绩将永载史册。

商务印书馆是一所无墙的"大学"。如果说剑桥大学出版社依托的是剑桥大学，牛津大学出版社依托的是牛津大学，哈佛大学出版社依托的是哈佛大学，那么商务印书馆本身就是一所没有围墙的"大学"。它所依托的几乎是世界上所有的知名学府。这里有剑桥大学、牛津大学、哈佛大学学者的杰作，也有出自柏林大学、巴黎大学、东京大学的教授之手的精品力作，更有来自北京大学、清华大学、北京师范大学、中国人民大学的专家们撰写的传世佳作。从这所"大学"里获取知识的"学生"没有年龄上的限制。从白发鬓鬓的老年人到意气风发的中年人，从如饥似渴的青年到刚入学门的儿童，几乎所有的中国人都受惠于商务印书馆，都从商务印书馆出版的作品中汲取养分。商务印书馆名副其实地成了人们精神的营养源与补给地。

应该说，商务印书馆的 120 年是辉煌的 120 年，是值得大书特书的 120 年。120 年的时代担当、120 年的持续发展、120 年的引领潮流确实让人坚信，在商务印书馆发展的背后，一定存在着一种"实质"，一种不变的定力，一种永恒的精神。这种精神就是商务精神。这种精神来源于商务人的实践，来源于商务人成功的经验。历史表明：从丰富的经验中筛选出来的种子，才具有顽强的生命力；从伟大的实践中提炼出来的经验，才能产生普遍的作用，具备示范推广的价值。

商务印书馆是一座永恒的丰碑。它既奠基于 120 年的灿烂成就，更立足于人们对它的美好期许。商务印书馆是一座永恒的丰碑，它生根于民族内心的深处，从救亡图存中走来，从改革发展中走来，民族复兴是它永恒的使命，中华强盛是它不竭的追求。追求不息，奋斗永恒，这就是商务人的品质。

世界古代史：神秘而又迷人的领地

马克思在《〈政治经济学批判〉导言》中说："世界史不是过去一直存在的；作为世界史的历史是结果。"[①]但世界史并不是无中生有，它是分散的各地历史纵向发展与横向发展的必然结果。世界古代各国都为世界史的形成准备了条件。

在我国，世界古代史一般是指人类社会发展的最初两个阶段，即原始社会和奴隶社会，时间为300万年前至公元476年，属人类文明发展巨流中的源头。

原始社会的历史是从人类的出现开始的。自从有了人就有了人类的历史。最初的人类居无定所、食无定粮，使用简单的打制石器和棍棒，过着采集和渔猎的生活。

血缘家族是人类"第一个社会组织形式"，其存在的时间很长，大约相当于旧石器时代的早期和中期。在血缘家族时期，婚姻按照辈数来划分，原先的杂婚逐渐被辈分婚所替代。

氏族公社是血缘家族发展的结果，大约相当于旧石器时代的晚期。婚姻形式为族外婚制，两个互通婚姻的氏族构成早期的部落。氏族公社先后分为母系与父系两个时期。在母系氏族社会，人们只知有母，不知有父，氏族世系只按母系计算，妇女"居于受到高度尊敬的地位"[②]。新石器时代是母系氏族公社的全盛时代，婚姻形式也由群婚转入对偶婚。在新石器时代，产生了原始的农业和畜牧业，人类从此过上了比较永久的定居生活。继母系氏族公社之后发展起来的是父系氏族公社，大约相当

---

① 《马克思恩格斯选集》第2卷，28页，北京，人民出版社，1995。
② 《马克思恩格斯选集》第4卷，45页，北京，人民出版社，1995。

于金石并用和金属器时代。在这一时期，原来不稳固的对偶婚逐步过渡到一夫一妻制，妇女不但失去了在经济和生活上与男子平等的地位，而且也随之失去了崇高的社会地位。恩格斯指出："母权制的被推翻，乃是女性的具有世界历史意义的失败。丈夫在家中也掌握了权柄，而妻子则被贬低，被奴役……变成单纯的生孩子的工具了。"①

到了父系氏族公社的后期，私有制和阶级出现，原始社会逐渐瓦解，国家开始产生。历史也就进入了文明时期。

古代文明的出现，是人类社会的一大进步。最早的文明产生于西亚的两河流域(约公元前 3500 年)和埃及的尼罗河流域(约公元前 3500 年)。此后的千余年间，在南亚的印度河流域(约公元前 2500 年)、中国的黄河流域(约公元前 2100 年)和爱琴海的克里特等地区(约公元前 2000 年)，也出现了各自的文明。这些地区共同构成了世界五大文明的发祥地，产生了世界历史上第一批国家。

最初的国家都是从氏族组织发展而来的，但它又是对氏族制度的重大超越与否定。氏族与国家之间有着明显的不同。这种不同主要体现在：第一，国家不像氏族那样把血缘关系作为联结居民的纽带，而是"按地区来划分它的国民"，"并允许公民在他们居住的地方实现他们的公共权利和义务"；第二，国家内部设立了公共权力，"这种公共权力已经不再直接就是自己组织为武装力量的居民了。这个特殊的公共权力之所以需要，是因为自从社会分裂为阶级以后，居民的自动的武装组织已经成为不可能了"。②

在人类的历史上，国家的形成是一件具有里程碑意义的大事。国家的形成表明：人类的财富积累已经达到了相当的水平，内部的阶级分化也已发展到一定的程度。无论是管理协调，还是保存和发展自己，都需要有一个新的机构。国家是阶级矛盾不可调和的产物，但同时也是人类的第一次重大觉醒，是人类由野蛮走向文明的起点，是人类迅速脱离动

---

① 《马克思恩格斯选集》第 4 卷，54 页，北京，人民出版社，1995。
② 《马克思恩格斯选集》第 4 卷，170~171 页，北京，人民出版社，1995。

物界的重要标志。国家的出现表明人类已经迈入了能够独立行事解决实际问题的时代。通过国家组织起来的人类不但改变了人类自身的命运，而且大大地推进了人类文明的进程。

当然，从整个世界古代史的范围看，国家产生的形式也不是毫无差别、千篇一律的。苏美尔、埃及、中国、印度、克里特岛和美洲最早的国家直至后来的雅典等都是"直接地和主要地从氏族社会本身内部发展起来的阶级对立中产生的"①。在罗马，因为"氏族社会变成了封闭的贵族制，它的四周则是人数众多的、站在这一贵族制之外的、没有权利只有义务的平民；平民的胜利炸毁了旧的血族制度，并在它的废墟上面建立了国家，而氏族贵族和平民不久便完全融化在国家中了"②。居鲁士时期的波斯则完全是在反抗外族统治的过程中发展为国家的。而尚处于氏族社会阶段的斯巴达则是在征服先进的迈锡尼文明的过程中形成国家的。日耳曼诸部落征服罗马虽也属于落后征服先进，但他们却是在综合双方因素的基础上发展成为国家的。阿卡德、亚述、赫梯等都是游牧部落转为定居后受邻近国家先进文明的影响而加速立国并后来居上，征服邻国的。

最初的国家由于都来自氏族公社，受地域和血缘影响明显，因此在不同程度上都带有一些氏族民主制的残余因素。这些小国大都是以一个设防点为中心，结合附近的农村建立起来的。这个中心常常筑有城墙，既是整个国家公民防御外敌的最后堡垒，也是主要神庙的所在地和举行公民集体会议的场所。正是由于这一原因，学界一般都把人类社会最早的国家称作城邦，取"有城之邦"的意思。

城邦是原始国家，是占有数量不等的私有财产的公民的集合体。在这里既没有脱离公民集体的常备军，也没有凌驾于公民集体之上的官僚机构。尽管公民内部有财产多寡之分，门第高低之别，但在对待奴隶和公民集体以外的其他自由民这一点上，它是一个不受奴役和剥削的整体。

---

① 《马克思恩格斯选集》第 4 卷，169 页，北京，人民出版社，1995。
② 《马克思恩格斯选集》第 4 卷，169~170 页，北京，人民出版社，1995。

城邦的使命是保护和促进私有财产制度的发展。①

在古代国家的经济结构中，奴隶制显然是一种普遍存在的现象。起初，其主要形态为家庭奴隶制。后来因为受客观条件和环境的影响，各国发展的速度也不尽一致。在一些国家的一定历史时期，或由于大规模的对外征服，或由于经济利益的驱动，奴隶制得到了充分的发展。奴隶被大量地应用于农业、手工业和矿山开采等生产领域。奴隶制不但在相关国家成为一种占主导地位的生产关系，而且还决定着其他生产关系的方向。但在另一些国家里，奴隶制在生产领域始终没有发展起来，从事手工业和农业的奴隶也非常有限。因此，对于前一类国家，我们大体上可以称之为奴隶制社会；对于后一类国家，其社会性质则还需认真探研。

在古代奴隶占有制社会中，奴隶主要来自不同于奴隶主的部族，处于奴隶主所属部族之外，没有公民权的自由人也处于有公民权的奴隶主所属部族之外。统治者和被统治者、剥削者和被剥削者分别属于不同的部族，这是古代世界尤其是古代早期奴隶占有制社会的根本特色。②

在奴隶制下，奴隶被视为主人的财产，完全没有人身自由。奴隶主不仅有权随意奴役奴隶，而且可以随意把他们卖掉，甚至杀害他们。奴隶大众用勤奋和智慧创造了古代文明，但在文明的丰碑上却没有他们的名字，在文明的世界里更没有他们的地位，他们被当作会说话的工具，遭受凌辱。然而，历史的辩证法便是：哪里有压迫，哪里就有反抗；压迫愈深，反抗愈烈。这也是历史发展的必然规律。

古代国家的政体形式多种多样，有贵族制、民主制、君主制、共和制等，但最后大多还是走上了君主专制的道路，其中著名的有古王国以后的埃及，阿卡德王国时期的两河流域，列国末期的印度，帝国时期的罗马以及横跨欧、亚、非三大洲的波斯帝国和亚历山大帝国等。当然，君主专制最初在各国形成的历史条件各不相同，所起作用也不完全一样，

① 参见廖学盛：《廖学盛文集》，46～47 页，上海，上海辞书出版社，2005。
② 参见廖学盛：《古代世界奴隶占有制社会普遍存在的历史必然性》，载《求是学刊》，2007(3)。

但有一点是共同的，即它们都是社会矛盾激化的结果，是统治者加强其统治的一种强化形式。

古代的中国是古代世界的重要组成部分。古代中国人民的伟大实践给世界古代史增添了丰富的内涵，同时也为人们全面认识世界提供了难得的素材。综观世界古代历史，大家都能发现，青铜时代诞生的文明古国，除中国以外，在进入铁器时代以后都或早或晚地消失了。若没有中国历史的实例，人们完全可以得出这样的结论，即古文明的中断是古代的一种普遍现象。进入铁器时代以后，在世界历史上，又出现了许多跨地区的早期帝国，如埃及帝国、赫梯帝国、亚述帝国、波斯帝国、亚历山大帝国和罗马帝国，等等，但它们最后都分裂为若干地区性的国家，早期的联合并未形成后来统一的基础。古代中国的情况与此不同，原先的地区性的诸侯国经秦汉两朝的统一后，虽然也曾有分分合合的过程，但是每一次的分，在客观上都为下一次的更进一步的合准备了条件。应该说，秦汉的统一为中国的统一趋势开创了历史的传统。若没有中国历史的实例，人们也可以把古代帝国的分裂当作一般的、带有规律性的现象来加以看待，但由于有了中国古代的历史，人们就不可能那样简单地下结论了。[①] 古代的中国为世界创造了奇迹。

代表一个时代的奴隶制，在西方，大体上随着"蛮族"的入侵和西罗马帝国的衰亡而告终。在东方，由于各国国情不同，奴隶的使用和发展状况各异，很难找出一个明显的带有时代意义的标志性界限。但无论是告终还是衰亡，它的残余形态和残余观念还一直留存于世。

古代文化是人类童年时期创造的文化。文字是人类的祖先奉献给世界的重大成就。文字的发明和使用，极大地促进了人类彼此间的交流，使保存记忆和前人创造的经验成为可能，从而使文明的传承有了较好的载体。神话传说和经验总结始终是世界古代文化的两大主题。前者为人类提供了精神食粮，后者则为解决人类的现实问题提供了前车之鉴。大约在公元前8—前3世纪，世界古代文化进入了一个发展的高峰时期，春

---

① 参见刘家和：《展望我国的世界古代史研究》，载《史学理论研究》，1992(1)，26页。

秋战国时代的中国、古典时代的希腊和列国时代的印度是这一时期的代表。在这一时期的这三个古老文明区，出现了许多哲学家。人类开始有了自身的反省，其精神的潜力得以充分地发挥。无论是在哲学、文学、史学，还是在科学、艺术等领域，人类都取得了众多具有突破性的成就。这一时期出现的基本思想即使到现在仍对我们产生作用，发挥影响。这是一个人类精神大觉醒的时代，也是人类思想之花怒放盛开的时代。公元前 3 世纪以后，古代世界又出现了新的格局，秦汉时期的中国和罗马帝国成为当时世界上最强大的国家，它们都以各自的方式发展文化，向外推广自己的价值观，其影响已深深地扎根于世界的文明之中。

众所周知，人类社会的发展是由社会的基本矛盾运动决定的。社会的基本矛盾运动推动着生产方式或社会形态从低级不断地向高级发展。但人类社会的发展又是通过纷纭复杂、变化万千的具体现象表现出来的。世界古代历史上的各个地区、各个国家和民族，并非同步同态向前发展的，它们互有差别，形态各异。可以说，发展的多样性和发展的不平衡性是世界古代历史的一个重要特点。

当然，互有差别的世界古代各国或各地区之间也绝非没有共性或相似性可言，否则，历史发展的总规律也就无从把握。事实上，近代以前的各种文明，在经济、政治和思想文化诸方面都存在着很多不容否认的共性或相似性。对于这种共性或相似性，历史上虽然已有很多的研究和提炼，但还很不完善，尚待年轻的学者去努力、去探索。

世界古代史正由于发展的多样性而色彩斑斓；世界古代史也正由于发展的相似性而引人入胜，给人以无限的遐想。

《史记》补遗

据司马迁《史记·大宛列传》记载，建元三年（公元前 138 年），张骞"以郎①应募，使月氏"，为匈奴所获，逃走后至大宛，经乌孙，到月氏。"骞从月氏至大夏，竟不能得月氏要领。留岁余，还，并南山，欲从羌中归，复为匈奴所得。留岁余，单于死……国内乱，骞与胡妻及堂邑父俱亡归汉。汉拜骞为太中大夫，堂邑父为奉使君。骞为人强力，宽大信人，蛮夷爱之。堂邑父故胡人，善射，穷急射禽兽给食。初，骞行时百余人，去十三岁，唯二人得还。骞身所至者大宛、大月氏、大夏、康居，而传闻其旁大国五六，具为天子言之。"

司马迁在《史记》中对张骞出使大月氏、大夏等都有很多报道，但就是忽略了张骞从大夏带来的当地音乐——"胡乐"。

《古今乐录》云："横吹，胡乐也。张骞入西域，传其法于长安，唯得摩诃兜勒一曲，李延年因之更造新声二十八解，乘舆以为武乐。"

《晋书·乐志》也有载："胡角者，本以应胡笳之声，后渐用之横吹，有双角，即胡乐也。张博望入西域，传其法于西京，惟得《摩诃兜勒》一曲。李延年因胡曲更造新声二十八解，乘舆以为武乐。后汉以给边将，和帝时，万人将军得用之。魏晋以来，二十八解不复具存，用者有《黄鹄》、《陇头》、《出关》、《入关》、《出塞》、《入塞》、《折杨柳》、《黄覃子》、《赤之杨》、《望行人》十曲。"

我们通过追本溯源的方法发现，这些记载最早出现于西晋人崔豹的《古今注》。无论是《古今注》、《古今乐录》，还是《晋书·乐志》都告诉我们，张骞在出使西域时，曾学得摩诃兜勒一曲，李延年又根据这一曲子，

---

① "郎"是皇帝的侍从官，没有固定职务，可随时被选授重任。

更造新曲二十八解，皇上将其定为武乐。魏晋以来，二十八解虽不复具存，但还有十曲流行，由此可见摩诃兜勒音乐对我国民族音乐产生的影响之大。

摩诃兜勒一曲到底指的是什么？

"摩诃兜勒"实为希腊文"μακεδονεσ"的音译。按照中国古史的翻译惯例，"σ"不发音。"摩诃兜勒"和《后汉纪·孝和皇帝纪》、《后汉书·孝和孝殇帝纪》上记载的"西域蒙奇兜勒二国内附"、"西域蒙奇、兜勒遣使内附，赐其王金印紫绶"中的"蒙奇兜勒"(Macedones)是同一民族名；唯一不同的是"摩诃兜勒"是希腊文的音译，"蒙奇兜勒"则译自拉丁文。

而这与客观的历史又完全吻合。因为早在公元前327年，亚历山大曾带领马其顿军队来到中亚，在这里留下了一支马其顿军队来管理刚征服不久的中亚巴克特里亚地区。① 之后的186年间尽管中亚巴克特里亚地区政权变化不断，但掌握当地政权的还是马其顿人，也就是"摩诃兜勒"人。

"摩诃兜勒"一曲进入中国后，李延年又对其更造新声，那么更造新声的对象即"旧曲"是否存在？我经过研究发现，在李延年更造新声以前确实存在《出塞》、《入塞》等曲子。这我们可从东晋葛洪的《西京杂记》中看得很清楚。据《西京杂记》记载：

> 高帝、戚夫人善鼓瑟击筑。帝常拥夫人倚瑟而弦歌，毕，每泣下流涟。夫人善为翘袖折腰之舞，歌《出塞》、《入塞》、《望归》之曲，侍妇数百皆习之。后宫齐首高唱，声入云霄。

戚夫人为汉高祖刘邦的爱妃，而李延年（汉武帝宠妃李夫人的哥哥）与张骞皆是汉武帝时代的人。李延年用张骞传入之曲改造《出塞》、《入塞》等旧声，使汉初业已存在的旧声焕发出新的活力。这是中国文化发展

---

① 据阿里安记载，亚历山大留了3500名骑兵与10000名步兵留守巴克特里亚。参见 Arrian, *Anabasis of Alexander*，4，22.

图 15　翘袖折腰舞(1)

图 16　翘袖折腰舞(2)

史上的一件大事。它不但为新的音乐门类的出现创造了条件，而且也为
中华传统音乐走出宫殿、走向民间开辟了新的路径。由于《史记》中没有
记录这方面的内容，现特将其整理组合，以作补遗。

走特色办刊之路^①

《史学史研究》创刊至今已经 50 年了。我们组织活动、撰写文章，纪念《史学史研究》创刊 50 周年，以科学的态度审视杂志的历史和它的生命力，目的就在于更好地缅怀白寿彝等先生的丰功伟绩，继承前辈们的优良传统，把《史学史研究》办好，办出水平，办出特色。

《史学史研究》创刊于 1961 年 6 月，其前身是《中国史学史参考资料》，后改名为《中国史学史资料》，由陈垣题写刊名，不定期出版。1965 年停刊，共出 11 期，其中两期为教学专号。1979 年 3 月复刊，因所选资料中涉及外国史学方面的内容，故改名《史学史资料》，至 1980 年共出了 13 期。

1981 年，刊物正式更名为《史学史研究》，由楚图南先生题写刊名，为季刊，在国内外公开发行。白寿彝先生亲任主编，直至 2000 年为止。郑师渠教授为第二任主编(2001—2009 年)。现任主编是杨共乐教授，副主编为李帆和易宁教授，易宁教授为执行副主编，汪高鑫教授为编辑部主任。白寿彝先生的办刊理念一直是指导我们努力工作的重要力量。到 2011 年 6 月为止，《史学史研究》已出版了 142 期。

《史学史研究》发展的 50 年可以明显地分为两个阶段。

第一个阶段是刊物的起步阶段。1961 年，教育部召开了文科教材工作会议，周扬把中国史学史和西方史学史作为必须编写的教材的要求提出来，并指定相关学校的学者负责编写。白寿彝先生与吴泽先生分别代表北京师范大学和华东师范大学被教育部委托编写中国史学史的教本。吴泽先生负责近代部分，白寿彝先生负责古代部分。为辅助史学史的教

---

① 本文原发表于《史学史研究》2011 年第 3 期。

学和史学史教材的编写，白寿彝先生在北京师范大学历史系成立了中国史学史编写组，招收研究生，组织讨论会，创办《中国史学史资料》，组织力量收集有关史学史方面的材料，一是看看中国旧有的史学史是怎样的，二是看看外国史学史包括西方史学史，日本、苏联的史学史是怎样写的，摸清已有成果的概况。在这 11 期里，共发表中国史学史方面的作品 15 种、外国史学史方面的作品 6 种，发表了苏联史家顾托诺娃写的《中世纪史学史大纲》、克柳切夫斯基的《论历史》，还刊登了关于史学史问题讨论的系统报道；同时，还有计划地集中力量对"前四史"等史学名著做了重点介绍和评论。虽然这一时期的作品大多带有"史学史本身的文献性质"，但这是"我们的财富"。①

1965 年，《中国史学史资料》停刊，至 1979 年复刊，中间停了 13 年。复刊后的 2 年，刊物内容有了一定的调整，资料性的文章有所减少，理论性、系统性和综合性的史学研究文章大为增加。这是中国历史学研究不断加深的结果，也是中国史学史研究发展的反映。

从 1981 年起，刊物改名为《史学史研究》，公开向社会发行，一直至今。这是《史学史研究》发展的第二阶段。在这 30 年间，从事史学史研究的队伍不断壮大，史学史的研究成果越来越多，出版了许多史学史方面的著作，其中带有标志性意义的成果主要有白寿彝先生主编的六卷本《中国史学史》等。随着史学理论和史学史研究的深入，史学界对史学史学科的重视程度也越来越高。2000 年 11 月，北京师范大学史学理论与史学史研究中心被教育部批准为全国普通高等学校人文社会科学重点研究基地。2007 年，北京师范大学史学理论及史学史学科被评为国家重点学科。《史学史研究》也随着学科的发展有了很大的发展。在这 30 年中，《史学史研究》始终坚持以正确的史观为指导，坚守阵地，把科学性与学术性很好地结合起来，提倡实事求是的科学精神和严谨扎实的治学态度；关注理论热点与学术前沿问题，及时反映理论动态；关注历史与史学之间的关系，重视史学史自身的理论建设，发表了许多有分量的研究论文，对史学史

---

① 白寿彝：《这三十年》，载《史学史研究》，1991(4)。

学科的建设提出了许多很有价值的理论和见解，受到学术界的广泛关注与好评。尤其是 1999 年，《史学史研究》在第 3 期上发表了江泽民对北京师范大学白寿彝教授主编的《中国通史》全部出版的祝贺信，这是教育界、史学界的一件大事。江泽民指出："以史为鉴，可以知兴替。中华民族历来重视治史。世界几大古代文明，只有中华文明没有中断地延续下来，这同我们这个民族始终注重治史有着直接的关系。几千年来，中华文明得以不断传承和光大，一个重要原因就是我们的先人懂得从总结历史中不断开拓前进。我国的历史，浩瀚博大，蕴含着丰富的治国安邦的历史经验，也记载了先人们在追求社会进步中遭遇的种种曲折和苦痛。对这个历史宝库，我们应该运用历史唯物主义的观点不断加以发掘，在前人研究的基础上不断作出新的总结。这对我们推进今天祖国的建设事业，更好地迈向未来，具有重要的意义。"他又说："中华民族的历史，是全民族的共同财富。全党全社会都应该重视对中国历史的学习，特别是要在青少年中普及中国历史的基本知识，以使他们学习掌握中华民族的优秀传统，牢固树立爱国主义精神和正确的人生观、价值观，激励他们为中华民族的伟大复兴而奉献力量。"江泽民号召党和国家的各级领导干部"要注重学习中国历史，高级干部尤其要带头这样做。领导干部应该读一读中国通史。这对于大家弄清楚我国历史的基本脉络和中华民族的发展历程，增强民族自尊心、自信心和奋发图强的精神，增强唯物史观，丰富治国经验，都是很有好处的"；"要学习和借鉴外国历史。历史知识丰富了，能够'寂然凝虑，思接千载'，眼界和胸襟就可以大为开阔，精神境界就可以大为提高"。① 江泽民关于史学工作重要性的上述论述，是对史学工作者的巨大鼓舞，对促进史学研究的繁荣、推动社会主义精神文明建设意义重大，影响深远。祝贺信在《史学史研究》首发后，立即引起了社会各界的强烈反响。

经过 50 年的发展，《史学史研究》业已成为我国重要的学术刊物，在国内外享有很高的声誉。它是历史类中文核心期刊，全国中文（历史类）

---

① 《中共中央总书记江泽民给白寿彝同志的贺信》，载《史学史研究》，1999(3)。

核心期刊、中文社会科学引文索引(CSSCI)期刊源刊物、中国人文社会科学论文与引文数据库(CHSSCD)期刊源刊物，是中华人民共和国新闻出版总署认定的双效期刊。《史学史研究》上发表的论文业已对世界学术界产生影响。据统计，《史学史研究》已发行至澳大利亚、加拿大、德国、法国、英国、意大利、日本、韩国、新西兰、新加坡、朝鲜、瑞典、美国、俄罗斯共十四个国家。北京师范大学图书馆还以此刊与世界上不少国家图书馆建立了学术交流关系。中国香港、台湾地区的许多大学，还把此刊作为研究生必读的刊物之一。《史学史研究》已成为美国《历史文摘》(*Historical Abstracts*)和《美国：历史和生活》(*America：History and Life*)摘要、索引的来源期刊，足见其影响之广、受学界欢迎的程度之高。

二

《史学史研究》一直是国内唯一的史学史研究专门刊物。其开辟栏目有历史理论、中国古代史学、中国近现代史学、历史文献学、历史编纂学、外国史学、人物志、读书会、方志学、史林偶拾、书刊春秋以及史学精粹等。《史学史研究》在 50 年的发展过程中已经形成了自身鲜明的特色。

办刊方向是一个刊物的灵魂和行为指南。它决定着刊物的性质、内容和未来。坚持正确的办刊方向对于刊物的发展至关重要。白寿彝先生对此十分重视，曾多次强调《史学史研究》要"不说没有根据的话，不简单重复别人的论断，不赶浪头，也不墨守成规、苟于立异。在总的方向上，努力在马克思主义指导下进行工作"①。《史学史研究》坚持科学性原则，不迎合时尚，不教条，不跟风，实事求是，始终如一。创刊 50 年来的实践证明，《史学史研究》基本上不存在忽"左"忽"右"的现象。

作为专业期刊，《史学史研究》研究对象明确，刊文特色明显。

第一，关于中国古代和近现代史学。中华民族素有重史之传统，优

---

① 白寿彝：《这三十年》，载《史学史研究》，1991(4)。

秀的史著作品既是中华文明高度发达的浓缩，承载着中华民族数千年的发展历程，同时也是中华民族伟大创造力的具体体现，影响着一代又一代中国人前赴后继、英勇向前。《史学史研究》设有中国古代和近现代史学专栏，旨在科学地解释史学现象，对传统史学进行理论上的探析和学理上的总结，使人们更加清醒地理解作为意识形态的历史学在社会中的地位和作用，为中国史学的发展提供借鉴。尤其值得一提的是，《史学史研究》特别重视中外史学的比较，从异中见同，从同中观异，不断深化对中外史学自身规律的认识。

第二，关于中国少数民族史学。中国自古以来就是统一的多民族国家，中华民族的历史与包括历史学在内的文化自然也是由多民族共同创造的。《史学史研究》开辟了中国少数民族史学史专栏，旨在系统地阐述中国古代以及近现代历史上少数民族区域和少数民族史学家的史学研究成果，从史学史研究的角度审视中国少数民族对于中国史学的贡献，从而揭示出中国史学发展的统一性与多样性。

第三，关于方志学。中国是一个具有志书修纂传统的国家，留存的方志文献十分丰富。自从清代史评家章学诚明确提出方志乃"一方全史"，并提出了志、掌故和文征之"方志分立三书"的修志义例论以来，方志作为史书的性质才逐渐被史家认同。目前全国史学类期刊往往忽视关于方志的研究，刊文寥若晨星。有鉴于此，《史学史研究》开辟方志学专栏，旨在通过对方志学进行系统的探究，以加强学术界对于方志学的了解，从而不断丰富中国史学自身的内涵。

第四，关于人物志。《史学史研究》不但重视对古今中外历史学家的研究，而且专辟人物志栏目，对当代著名学者进行学术访谈，记录他们的生平事迹与史学活动。自20世纪80年代初以来，《史学史研究》访谈了几十位史学家，旨在通过整理和总结老一辈史学家们的治史思想与治史之道，对中青年学者的历史学研究有所补益；同时作为一种重要的口述史，也为后人研究这一时期的中国史学史提供重要的历史材料。

从2007年第1期开始，《史学史研究》内容扩版，添加了历史理论、史学精粹等栏目，加重了西方史学理论和史学史等方面作品的分量，社会反响良好。我们集中地探讨过人类精神的觉醒、中华民族精神的形成和发展、中国古代史学思想的特征、中华民族的历史文化认同、中国现代史学的理论成就；我们也有意识地组织过西方古代史学、俄罗斯史学的发展现状，环境对人类社会的影响以及历史与社会之间的关系等前沿问题的研讨，使史学的时代意识在我们的栏目中得到充分的体现。近年来，《史学史研究》所刊文章在《新华文摘》、《中国人民大学复印报刊资料》、《社会科学文摘》和《高等学校文科学术文摘》等文摘类刊物上一直占有很高的转载率，这都与《史学史研究》内容的适当调整有密切的关系。

大力扶植青年学者、培养学习和研究史学史的后备力量是《史学史研究》的重要职责。白寿彝先生曾多次告诉大家："史学史是个新型学科，文章不多，所以对新作者尽量照顾。这一点，今后应该坚持，不过在质量上要求不断提高。新作者的新见解、新材料，我们是欢迎的。"①1995年，白寿彝先生在与《史学史研究》编辑谈史学史研究时，又说："《史学史研究》杂志可以约一些人写稿，特别是中年的史学工作者，以及青年史学工作者。"②事实证明，《史学史研究》为全国高校和科研机构史学理论与史学史专门人才的脱颖而出提供了重要平台。可以毫不夸张地说，全国从事史学史研究的大批中青年学者都从《史学史研究》中获取过重要的养分，许多学者还是首先在这里发表论文并逐渐进入学术研究领域的。

《史学史研究》是我国研究史学理论与史学史的主要理论阵地，虽然没有专职编辑，但它依托的是我国历史学教育和研究的重镇——北京师范大学历史学院③。团队办刊是《史学史研究》的重要特征。顾诚、郭澎、梁义群、杨燕起和李秋援等人，朱仲玉、瞿林东、陈其泰、吴怀祺、易宁、汪高鑫、许殿才等人以及史学研究所的其他同人都为编辑《史学史研究》做过大量的工作。他们都是学术专家，参与编辑工作既保证了编辑质量，又对学者自身专业水平的提高起了重要的促进作用。

---

① 白寿彝：《这三十年》，载《史学史研究》，1991(4)。

② 《白寿彝教授同本刊编辑谈史学史研究》，载《史学史研究》，1995(2)。

③ 2006年4月以前为北京师范大学历史系和史学研究所。

　　白寿彝先生是《史学史研究》的创始人，从筹资到组织编辑，从确定刊物宗旨到提出研究课题，从亲自撰写文章到逐句修改青年学者的作品，无不倾注着先生的心血与辛劳，展示着先生对史学事业的高度责任感。刊物的文风同样受到白寿彝先生的深刻影响。白先生屡次提醒大家，《史学史研究》的文风应"力求做到剪裁浮辞，言必有物，写给更多人看"①，有意识地提倡一种准确、鲜明、简洁的行文风格，对读者负责，让读者爱读。同时，白寿彝先生也是《史学史研究》的主要撰稿者。从1981年开始，白先生一直把最好的论文放到《史学史研究》上发表。其代表作《谈史学遗产答客问》、《谈历史文献学——谈史学遗产答客问之二》、《谈史书的编撰——谈史学遗产答客问之三》、《谈历史文学——谈史学遗产答客问之四》等在《史学史研究》刊登后，影响巨大，到现在仍是从事史学史研究的学者必须认真研读的经典性作品。从长时段的角度看，白先生为中国史学、史学史研究做出的贡献将远远超出其生命的时限。其言其行始终是鼓励、鞭策我们前进的强大动力。

　　《史学史研究》从创刊到现在已经走过了50年非常不易的历程。缺办刊经费、无固定编制一直是困扰刊物发展的两大难题。我们的前辈用义务的劳动和无偿的奉献支撑起了《史学史研究》50年的成就。我们感谢他们，我们敬重他们，我们更希望用我们的努力和智慧，在改善《史学史研究》外部生存条件的基础上，把《史学史研究》办成学界有影响、可持续发展的优秀刊物。

---

　　① 白寿彝：《这三十年》，载《史学史研究》，1991(4)。

"官本位"简论

官，"治众之意"，"官者，管也"，泛指政府机关或军队中经过任命且在一定等级以上的公职人员。而所谓"官本位"则是指以官为本，把官作为衡量人的价值的标准。它是与"民本位"相对应的一个概念。

官本位是从权力上说的。一个官从生理构成上看，并不比普通老百姓特殊；从学识上讲，他也不一定比普通的学者高明。那么，他的权力到底来自何处？只能来自他的官职。"职者，值也"，一定的官职都有相应的权力，官与权是统一的，有此官则有此权。权又与位有密切的关系，在位则有权，不在位则无权。所以在中国古代的历史上，也就形成了这种特有的官本位权力观。正因为官与权、权与位之间有很大的关系，而位又有一定的数量限制，因此，历史上经常出现"恋位"、"赖位"，甚至"杀人抢位"等现象。

官本位引发的价值观念是官至上。既然官的权力是由其位确定的，他的社会作用，个人的名誉、财富，也都取决于其官位。而且，官场上又有许多礼仪严格地按官位来规定官僚的等级以及他们相互之间的关系。久而久之，不仅在官场，而且在广大民众中，也形成了官至上的观念。一个人的地位和名誉，取决于他的官位。而年轻人也就把争官进位看成是自己的事业。官员们的荣华富贵、作威作福无形中成就了尊官、敬官的价值观。官成了荣耀、权力等的综合体现和代名词。

官本位的特点是长官意志决定一切，在各级官职上都由该长官一人说了算。他们在其管辖的范围内，搞家长制、一言堂，唯我独尊。他们凭自己的意志、知识、素养和好恶来评判是非，衡量曲直，制定政策，左右国计民生。对上，他们察言观色，溜须拍马；对下，他们滥施淫威，仗势欺人。

官不仅掌握着行政权，而且也掌握着司法权。官，等于公，等于正。不仅官自认为这是天经地义，而且民众也往往如此看待。民间纠纷，必须经官，才得评判。任何事情只有有了官的肯定，才能去做；受到官的表扬，就感到无上的光荣。不论何家，都要找出自己祖上曾为某官的记录，用来装门面。而现任官员则不仅自己威风，其家族也大受其益。官成了社会生活的标准，官也成了权威和真理的化身。

以官为本位往往会引起国家机构设计的变化。"因人设位"、"因官设事"的现象经常出现。历朝历代的机构调整，有时是根据需要，有时则纯粹是为了安排某人，从而造成机构臃肿，不问实效，官僚队伍越来越庞杂，以至唐朝皇帝李世民都说出这样的话："为官择人者治，为人择官者乱。"①但能认识到这一点的统治者毕竟很少。官本位也必然造成拉关系，结帮派，上下打点，左右平衡。某官为了保住其品位，在处理政事时，首先考虑的，往往并不是此事的是非曲直，也不是国家和人民的利益，而是上下左右的关系，以及处理此事对个人的影响。

官本位必然造成为官至上。在官僚政治下，士农工商，士为四民之首，而士的唯一出路和地位标准，就是科举、为官。所以，在相当长的时间里，人们只有这么一个价值标准，至于搞科学技术，搞学术研究以及从事商品经济、农业生产，都远远不如为官高尚。"学而优则仕"、"读书为做官"这种观念，即使到现在，还在社会上有很大的影响。既然官位高低是衡量人的地位和价值的唯一标准，因此，做官、升官也就成为人们共同的奋斗目标。不仅读书人要做官，就是那些大地主、大商人不能参加科举考试，也要拿出金钱去买官。

官本位关键的一条就是官与财富的高度统一。"做官发财"、"一任（三年）清知府，十万雪花银"等俗语，很明确地揭示了做官的目的和官本位的实质。官位就是财富，升官就等于发财，而这财不仅来自俸禄，更

---

① 《新唐书·窦诞传》。

多的来自外财，贪污受贿是官员的主要财源。而这恰恰就是变卖权力以至出卖官职的重要原因。

做官除了能获取大量利益以外，官员的人身还受到了特别的保护。"刑不上大夫，礼不下庶民"是事实。而"王子犯法与庶民同罪"则纯粹是老百姓的愿望，在中国的二十四史即正史中不可能出现，而只能在像元杂剧这样的民间言论中才能找到。而这种特别保护本身就是官本位的一种反映。

从政治上讲，官本位又是一种官职崇拜，是一种以官为本，官贵民贱的社会集体心理。在官与民的关系中，它主张突出官权，泯没民权；以官为主，以民为仆。因为平常与百姓打交道和直接统治民众的是一个个官吏，因此作为一种社会习惯和群体心理，民众自然也就以官为本，唯官是尊了。官本位思想引起了一系列恶劣的后果。它颠倒了官与民之间的正常关系，使官僚由社会公共权力中的公仆异化为凌驾于社会普通民众之上的老爷和主人。

中国传统的官本位思想和中国共产党人所追求的"全心全意为人民服务"的宗旨在性质上是完全不同的，其效果也完全不一样。对此，毛泽东在《论联合政府》一文中有过非常深刻的分析。毛泽东说："我们共产党人区别于其他任何政党的又一个显著的标志，就是和最广大的人民群众取得最密切的联系。全心全意地为人民服务，一刻也不脱离群众；一切从人民的利益出发，而不是从个人或小集团的利益出发；向人民负责和向党的领导机关负责的一致性；这些就是我们的出发点。"[1]"共产党人的一切言论行动，必须以合乎最广大人民群众的最大利益，为最广大人民群众所拥护为最高标准。"[2]江泽民对此也有过十分精辟的总结，他说："总结我们党 70 多年的历史，可以得出一个重要的结论，这就是，我们党所以赢得人民的拥护，是因为我们党……在革命、建设、改革的各个历史

---

[1] 《毛泽东选集》第 3 卷，1094～1095 页，北京，人民出版社，1991。

[2] 《毛泽东选集》第 3 卷，1096 页，北京，人民出版社，1991。

时期，总是代表着中国先进社会生产力的发展要求，代表着中国先进文化的前进方向，代表着中国最广大人民的利益，并通过制定正确的路线方针政策，为实现国家和人民的根本利益而不懈奋斗。"①

但不应否认，传统的官本位思想在现实社会中还有一定的影响，我们不应掉以轻心。

---

① 2000 年 2 月江泽民在广东考察时的讲话。

中国历史上王朝兴衰的经验与教训^①

  1945 年 7 月，黄炎培在延安曾对毛泽东说过这样一段意味深长的话："我生六十多年，耳闻的不说，所亲眼看到的，真所谓'其兴也勃焉'、'其亡也忽焉'。一人，一家，一团体，一地方乃至一国，不少不少单位都没有能跳出这个周期率的支配力。……一部历史，'政怠宦成'的也有，'人亡政息'的也有，'求荣取辱'的也有，总之没有能跳出这周期率。"^②那么，为什么会出现这种现象呢，我们又能用什么样的方法来跳出这个周期率的支配呢？这确实是摆在我们共产党人面前的一件大事，值得认真对待。而对中国古代王朝的兴衰做一研究无疑是十分必要的，它对于我们解决上述问题有很好的借鉴作用。

  历代王朝在建立之初，大多都非常重视总结历史（尤其是上一代王朝）的经验和教训，汉高祖刘邦在"马上得天下"后，就命陆贾"著秦所以失天下，吾所以得之者何，及古成败之国"^③，于是便有了陆贾的《新语》。唐朝初年，唐太宗从维护统一和巩固统治的需要出发，曾召集魏徵、房玄龄、封德彝等大臣一起探讨前代的兴亡盛衰。君臣各抒己见，相互切磋，史称"贞观君臣论政"，其目的就是"览前王之得失，为在身之龟镜"^④。这一次政治讨论，确实起到了明辨是非、统一思想的作用，为唐初政治局面的稳定和经济的发展打下了良好的基础。

  一个王朝的兴衰在很大程度上取决于统治者对民的认识。在中国古代常常把"君"和"民"的关系比作"舟"与"水"的关系。"水能载舟，也能覆

---

① 与龚书铎先生合写。

② 尚丁：《黄炎培》，106～107 页，北京，人民出版社，1986。

③ 《史记·郦生陆贾列传》。

④ 《册府元龟》卷五百五十四《国史部·恩奖》。

舟"，高明的统治者一般都能深明其中的内涵。以唐太宗李世民为例，他不但常以此话自勉，而且还经常教育太子，让其了解民众的重要。唐太宗常说，"治天下者以人为本"，"为君之道，必须先存百姓。若损百姓以奉其身，犹割股以啖腹，腹饱而身毙"。① 正是有了"以民为本"的认识，所以才有"与民生息"的政策。汉朝初年，萧何"因民之疾秦法，顺流与民更始"。"顺流与民更始"就是根据当时的现实状况，顺应战乱之后百姓的需要，制定与民休息的政策。汉高祖刘邦采纳了萧何的建议，约法省禁；减轻田赋，定田租每年十五税一，招还流民，让其领回原有的田宅；释放战争中自卖的奴隶，恢复他们的身份。汉惠帝时，曹参代替萧何为相国，他一切遵守萧何所定的法令，实行"清静无为"的政策，鼓励人口增殖与土地开垦，免除力田人的终身徭役。汉文帝则提倡农耕，免收天下农田租税十二年。汉景帝即位，收民田租三十税一。这样的治国之道使汉初凋敝的社会经济得到了快速的恢复和发展，出现了"政不出房户，天下晏然……民务稼穑，衣食滋殖"，"吏安其官，民乐其业，畜积岁增，户口寝息"②，"海内安宁，家给人足，后世鲜能及之"③的繁荣景象，保证了汉朝的勃兴。唐初，魏徵向唐太宗进谏，说："善为水者，引之使平，善化人者，抚之使静。水平则无损于堤防，人静则不犯于宪章。"魏徵认为，对于国家来说，静则安，动则乱，欲求长治久安就要使民安静。汉之所以振兴，在于与民休息；隋之所以速亡，在于反静为动，徭役不休。其时正值大乱之后，百姓亟须一个安静的环境，以便发展生产，繁荣经济。他劝唐太宗薄赋敛，轻租税，不夺农事，少兴土木兵戈，不随意动用民力，让其安心生产。唐太宗接受了魏徵的意见，并取得了很大的成功，出现了历史上有名的"贞观之治"。

相反，历史上也有一些王朝在取得一时的成功后，却忽略了民众的力量，很少考虑人民的疾苦，任意加重农民的负担，结果是加速了自己

---

① 《贞观政要·君道》。
② 《汉书·刑法志》。
③ 《资治通鉴》卷十五。

的灭亡。秦和隋的速亡就是最好的例证。公元前221年，秦王嬴政"奋六世之余烈，振长策而御宇内，吞二周而亡诸侯，履至尊而制六合，执敲扑而鞭笞天下，威振四海"，成就统一大业。然后不到20年，秦王朝就灭亡了。原因固然有很多，但很重要的就是秦王朝的苛政和暴政。繁重的赋税以及没完没了的徭役，终于导致了陈胜、吴广的揭竿而起。无独有偶，曾经甲兵云集、风行万里的隋朝也是如此。对于它的灭亡，魏徵曾有过深刻的分析。他认为隋的速亡关键是在隋炀帝时形成的"淫荒无度，法令滋章，教绝四维，刑参五虐，锄诛骨肉，屠剿忠良，受赏者莫见其功，为戮者不知其罪。骄怒之兵屡动，土木之功不息。频出朔方，三驾辽左，旌旗万里，征税百端，猾吏侵渔，人不堪命。乃急令暴条以扰之，严刑峻法以临之，甲兵威武以董之，自是海内骚然，无聊生矣"①。就经济上而言，则是由于沉重的劳役和兵役，结果整个国家处于"比屋良家之子，多赴于边陲，分离哭泣之声，连响于州县。老弱耕稼，不足以救饥馁，妇工纺绩，不足以赡资装"的悲惨状况，加之地方官吏横征暴敛、层层盘剥，终于激起百姓群起反抗，导致隋王朝的迅速灭亡。

用人历来为人们所重视。《礼记·礼运篇》就提出用人要"选贤与能"。春秋战国时期，墨子强调用人"尚贤"，"尚贤"是"为政之本"，又说"以尚贤使能为政"，也就是主张用人要考虑德才兼备。他认为要用人唯贤，不要用人唯亲，要"不党父兄，不偏富贵，不嬖颜色"，"贤者举而上之，不肖者抑而废之"。只有任用贤能，才能使百姓无饥寒，社会安定，国家富强。如果任用那些不肖者，便会出现百姓饥寒、社会危乱、国家贫弱的局面。② 对于一个王朝来说，用人的好坏、得失直接关系到它的生存和灭亡。从当权者用人的指导思想和具体措施中，我们能够看到这一王朝自身的命运。在现实政治中，大凡杰出的政治家都能坚持任用贤能的用人原则，使人才得到合理的使用，从而使其统治职能得到最大限度的发挥。

在历史上，唐太宗是一位以明于知人、善于用人著称的君主。他认

---

① 《隋书·炀帝纪》。
② 参见《墨子·尚贤》。

为"致安之本，惟在得人"，因而对择官用人很慎重。他曾对魏徵说："古人云，王者须为官择人，不可造次即用。"魏徵回答道："知人之事，自古为难，故考绩黜陟，察其善恶。今欲求人，必须审访其行。若知其善，然后用之。设令此人不能济事，只是才力不及，不为大害。误用恶人，假令强干，为害极多。但乱世惟求其才，不顾其行。太平之时，必须才行兼备，始可任用。"①魏徵的意见很有道理，有启示意义。为官择人须"才行兼备"，才差一点，"不为大害"，如果误用德行坏的人，则"为害极大"。唐太宗就坚持"才行兼备"的用人标准，注重任用贤能，在《贞观政要·任贤》中，其所用贤能大臣就有房玄龄、杜如晦、魏徵、马周等八人。正是因为有这些贤能大臣的辅佐，唐太宗才得以实现"贞观盛世"。唐太宗的用人特点是"拔人物不私于党"，不问亲疏，不论贵贱，任人唯贤，即使是有怨仇的人，他也不计前嫌，以才行而任用。例如，魏徵等大臣原来是太子李建成的人，为其出谋划策，与李世民争夺权位，他们在唐太宗时都得到了提拔和重用。同时，唐太宗还主张"人不求以备，必舍其所短，取其所长"。在《帝范·审官》中，他对此曾有过精辟的阐述："明主之任人，如巧匠之制木，直者以为辕，曲者以为轮，长者以为栋梁，短者以为栱角。无曲直长短，各有所施。明主之任人，亦由是也。智者取其谋，愚者取其力，勇者取其威，怯者取其慎，无智、愚、勇、怯，兼而用之。故良匠无弃材，明王无弃士。不以一恶忘其善，勿以小瑕掩其功。割政分机，尽其所有。"

按照这样的原则用人，当然能使百官各得其所，人尽其才，国泰民安。清朝的雍正帝在这方面也有同样的看法。为了在政治上打开新局面，他不惜打破原有定制，用人"只能才技，从不拘限成例"。正是由于他们奋发有为，用人得当，除旧布新，所以才有政治较为清明、国力较为强盛的局面。

官吏是王朝统治的基础。一个王朝的兴衰，在很大程度上取决于吏治的好坏。据载，周武王就曾经就王朝的"治乱之要"问过姜太公，姜太

---

① 《贞观政要·择官》。

公直言不讳地说:"其本在吏。""武王曰:'吏者治也,所以为治,其乱者何?'太公曰:'故吏重罪有十(如吏贪污等——作者注)'……'夫治者有三罪,则国乱而民愁;尽有之,则民流亡而君失其国。'"武王问,怎样才能绝吏之罪。太公说:"为君守成,为吏守职,为民守事。如此,各居其道则国治。"①良好的吏治不仅是王朝治理的关键,而且也是王朝兴盛的保证。汉武帝时,为加强对官吏的管理,曾专门设置刺史,监督各诸侯王、郡守和地方豪强,其中重要的一条职责是:禁止郡守横征暴敛,滥用刑罚,勾结豪强。唐太宗甚至把都督刺史的姓名写在屏风上,随时记上他们的善恶政绩,以便奖励和惩罚。②

吏治的优劣既表现在保民、安民和富民方面,更表现在官员的廉洁方面。凡若盛世,统治者一般都非常重视对贪官的惩治。朱元璋建明之初,就断然发文"今严法禁,但遇官吏贪污蠹毒吾民者,罪之不恕"③。他明文规定:"凡守令贪酷者,许民赴京陈诉,赃至六十两以上者,枭首示众,仍剥皮实草。府州县卫之左,特立一庙,以祀土地,为剥皮之场,名曰皮场庙。官府公座旁,各悬一剥皮实草之袋,使之触目惊心。"④仅据《大诰三编》与《大诰武臣》提供的资料统计,明初,大小官吏因贪赃等罪遭枭首、凌迟、族诛的有几千例,弃市以下的达一万多例。其中洪武年间,空印舞弊一案就处死官员数百人,罚杖戍边数千人。对于户部侍郎郭桓等勾结浙西等地方府(州)官吏侵吞税粮、贪污受贿一案,朱元璋亲自过问,下令严办,凡涉牵礼部尚书、刑部尚书、兵部侍郎、工部侍郎等要员,皆"举部伏诛,殊累天下官吏,死徙数万人"⑤。洪武年间采取的这种严惩贪官的措施,虽然手段残酷,株连过广,但矛头直指国家的蛀虫贪官污吏,确实起到了杀一儆百的作用,"一时守令畏法,洁己爱民以当上指",贪污腐败之风有了明显的收敛,从而为明初的社会安定和经济

---

① 《后汉书·百官志注》。
② 参见《贞观政要·择官》。
③ 《明太祖实录》卷三十八。
④ 《廿二史札记》卷三十三《严惩贪吏》。
⑤ 《国榷》卷八。

发展奠定了基础。在封建制度之下，王朝初兴时，官场贪污腐败相对不明显，不突出，但在王朝走向衰落时，贪污腐败的风气就像溃烂的脓疮恶性发作。明中叶后官场任情贪污，营私舞弊，吏治败坏，最后导致了王朝的覆灭。

清朝康熙、雍正时，也曾注意严惩贪官污吏，吏治较为清明，有过"康乾盛世"。乾隆晚期以后，贪污之风盛行，吏治废弛。乾隆帝骄奢淫逸，他仿康熙帝之例六度南巡，而"供亿之俊驿骚之繁，将十倍于康熙之时"。王公贵族、官僚们也竞相挥霍奢靡，如河道总督宴客集天下之珍馔，为烧一碗猪肉，要杀五十余头猪，只取其背肉一块，其余皆弃之；一个陕西粮道，在送往迎来时，"每次皆戏两班，上席五桌，中席十四桌。上席必燕窝、烧烤，中席亦鱼翅、海参"①。与官僚们骄奢淫逸的生活相伴随的，是贪污风气的盛行，贿赂公行，政以贿成。乾隆帝的宠臣和珅就是一个大贪官，在嘉庆时被抄家，他的家产总数据有的研究者估算，最低也有几千万两白银，最高可达到一亿两左右。各级官吏层层贪污中饱，当时有人指出：如县官想要得到千金，下面经手人就能乘机得到万金；总督、巡抚想要得到万金，州县官就能乘机得到十万金。所以有人说："大抵为官长者，廉耻都丧，货利是趋。知县厚馈知府，知府善事权要，上下相蒙，曲加庇护，恣行不法之事。"②整个官场弥漫着贪赃枉法、唯利是图、阿谀奉迎的恶劣风气，过着声色犬马、骄奢淫逸的腐朽生活，置国计民生于不顾，清王朝不可能不走向衰亡。

历史上的兴亡盛衰虽然早已成为过去，但它确实能给人以启迪，给人以智慧，我们从中能够悟出许多道理。当然，在封建制度之下，统治者的目的是维护以皇帝为首的统治阶级的利益，所以他们始终都无法克服其自身固有的弊病，因此，它的"繁荣"和"盛世"都带有明显的阶级性和时代的局限性。

---

① （清）张集馨：《道咸宦海闻见录》，"道光二十五年"。
② 吴晗辑：《朝鲜李朝实录中的中国史料》第11册，北京，中华书局，1980。

乡愁：中华民族共有的情感

——《记住乡愁》观后

最近，看了中央电视台推出的《记住乡愁》第一季的部分片子，感触很多，很受教育。感谢中共中央宣传部和中央电视台为大家提供了丰厚的 100 桌精神盛宴。

《记住乡愁》这部片子应该是历史上反映基层农民精神文化生活的规模最大、观察点最多的大型纪录片。中国是一个农业大国，聚族而居的乡村是传承中华文化的广阔天地。这部纪录片以村落为中心，以文化传承为主线，以典型人物、事件、家风习俗、人文地理为内容主体，对中国文化传统的核心内涵做了较为全面的展示，抓住了本源，抓住了根本，抓住了所有华人所共有的念念不忘的情感——乡愁。一句话，这部片子在选题方面是真正抓住了中国最基本的国情。

从历史中传承文明，从传承中创造新的更适合社会发展的文明，应该是《记住乡愁》这部纪录片的重要特征。现今的中国是一个农业大国，更确切地说，是一个变化迅速的农业大国。变化着的乡村、变化着的生活方式、变化着的交往形式都需要有相应的时代精神作为支撑，《记住乡愁》适应时代的需要，为乡村的新文化建设架构了导向鲜明的"红绿灯"，其社会价值不可低估。

由老百姓来讲述自己的故事是《记住乡愁》这部片子的另一特征。让农民登上中央电视台的中心舞台，成为主角，让群众自己来阐述自己家族的历史、戒规以及相关的习俗。演员都是身边的群众，与观众很近。观众与演员之间没有距离感。这样的片子摆脱了刻意的宣传，使作品更有亲和力、亲情感，更能打动人，真正起到"见贤思齐，见不贤而自内省"的教育作用，使后来者能在前辈们的言传身教中不知不觉地承传文明。

《记住乡愁》给我印象最深的是：作品抓住了乡村文化传承的重大力量，这就是乡邻间"责任"的力量，"责任"自觉的力量。这种力量发自内心，不需要外力的督促，对外界的各种诱惑有很强的抵抗力，常常能补制度、纪律、法令之不足。这种力量对于一个家族很重要，对于一个国家更重要。

100集纪录片《记住乡愁》是对全国典型村落的一次大展示。通过这次展示，人们更能看清中华优秀传统文化的特征，看清中华文明连续不中断的文化基因。这就是习近平总书记所说的"讲仁爱、重民本、守诚信、崇正义、尚和合、求大同"。我们这个民族，一个是不侵略，不扩张，我们是防御型的；第二个是我们内敛，包容，把从各方面进来的文化全都交汇融合在一起了。它与以"占有"、"自恃"、"支配"为追求目标的西方思想理念有着明显的不同。因此，从比较的角度看，此片实际上是在回答一个大问题，即什么是中国人，如何去做中国人。

最后，我想提一点建议就是：第一，能不能把100集作品按主题做一下分类，如把讲忠义的、讲崇德的、讲诚信的等大致做一分类，这样能让人看后印象更深刻；第二，能不能加一些"勇敢"、"正义"、"崇尚科学"等方面的案例，让主题更全面，更富有时代气息。

总之，这是一部非常成功的纪录片。

访《北京人在纽约》"大卫"的
扮演者罗伯特[①]

看过电视剧《北京人在纽约》的观众，大概都对剧中说着一口京味儿普通话的美国老板"大卫"印象深刻，而在现实中，这个"大卫"既不是职业演员，也没学过表演，虽然他的确是地地道道的美国人，也的确娶了一位贤惠的中国太太，但他所从事的主要是有关中美文化交流方面的事。从外交官到翻译，从政府顾问到大学教师，从项目主管到时事评论员，他的社会角色比影视舞台上的角色更多彩，更绚丽。这样一个带有传奇色彩的人物，就是马里兰大学美华中心的现任主任罗伯特。

日前，我有幸去马里兰大学访问，结识了罗伯特，并与之进行了一番长谈。现将我的采访内容整理发表，以使更多的国人了解这位中国人的老朋友，同时也算是我送给罗伯特本命年生日的一份礼物。

一、业余出演：最"别无选择"的演员

"大卫那个角色最先是安排陈道明来演的，但是陈道明拍了几个星期，好像是认为剧本不好，结果就离开了摄制组。摄制组当时请我来演，也是没有办法的办法。"在回忆起如何进入《北京人在纽约》剧组的时候，罗伯特耸耸肩对我这样说道。那时，罗伯特正在康奈尔大学教书。

罗伯特曾于20世纪80年代末至90年代初在美国驻华大使馆文化处工作，主要负责中美间的文化交流。在此期间，他结识了姜文等文艺青年。在罗伯特看来，自己能参演《北京人在纽约》纯粹是个美丽的意外，

---

① 本文原发表于《中国工人》2010年第4期。

"那个时候姜文就问我能不能到纽约去帮忙演个戏，我说能，然后就去了，就这么一回事儿"。

"因为摄制组没有选择，他们没有那么多钱，毕竟那是中国的银行第一次用美金给摄制组贷款，他们得赶快拍。"这句话道出了《北京人在纽约》在美国拍摄时的某些困境，在当时，《北京人在纽约》是第一部全程在国外拍摄的国产电视剧，摄制组经费紧张，拍摄条件也不好。据罗伯特说，摄制组"有时候 24 个小时都不睡觉，玩命地拍，就是因为没钱也没时间"。所以即便当时罗伯特不是专业演员，"没有什么演技"，但"他们没有选择，只有我一个人能演大卫，所以就拍下去了"。

在理解《北京人在纽约》会走红的原因时，罗伯特的分析不无道理："当时有姜文、王姬、郑晓龙、冯小刚这么多第一流的艺术家参与拍摄，还有刘欢、那英唱的主题曲，制作水平比较高；而且我觉得他们的时机把握得好，1992 年、1993 年那时候，很多人对这个题材感兴趣。如果你再等三年拍那个，就不再新鲜了；还有就是，当时中国还没有什么有线电视台、卫星台，所以你没有那么多频道可以选择，一部好电视剧收视率肯定很高，要是现在显然是不行了。"

二、淡泊演艺：不做点缀用的符号

在《北京人在纽约》一片上映后，罗伯特虽然一炮走红，但他对自己的演艺活动看得比较淡泊。"《北京人在纽约》上映以后有几个导演都找我，可是很多是政治戏，就比如他们请我演《埃德加·斯诺在延安》里的那个李德；或者是要我演一个跟《北京人在纽约》差不多剧情的，讲一个外国老板爱上一个有理想的中国女性这类故事的电视连续剧。我觉得没意思，就没再演。"

"我觉得他们就是要找一个白皮肤的外国人，做一个点缀用的符号……任何一个白人都可以做这个符号。"罗伯特解释着自己不热衷于拍戏的理由，也同时不经意地指出了中国 20 世纪 90 年代电影、电视剧的某些符号化现象。

而且，"演了一个那么成功的，你还想演那些不成功的吗?"罗伯特笑着说道。

1995 年，罗伯特曾经在上海人民艺术剧院演过一个名为《陪读夫人》的话剧，并连演了 60 场；1998 年，他又在南京拍过一部电视连续剧，名叫《走着瞧》，但据说在播出的时候被更名为《爱你》(罗伯特调侃说有人称之为《害你》)。1999 年的时候，罗伯特还与上海电视台，以及纽约著名的"芝麻街"编剧合作，制作了中文版的《芝麻街》，为更多中国观众，尤其是小朋友服务。这些便是《北京人在纽约》之后，罗伯特所从事的所有的演艺活动。

"我当然很高兴我参与过……但我不是搞这一行的，而且我没有选择去追求这些。""我原来不是演员，拍完了电视剧以后还不是演员……我就是念了一点儿台词而已。"当我问罗伯特，拍摄《北京人在纽约》是否给他带来了某些变化时，他笑着用"一如既往"回答了我。

不过罗伯特也承认，电视剧热播之后，他在中美文化教育的各种交流场合，让许多中国人觉得一见如故，能够博得中国朋友的好感。"他们一见到我，就觉得已经认识我了，没有什么陌生感。虽然电视上的角色跟我本人没有什么太大关系，但拍了这部电视剧对交朋友、进行一些交流活动什么的，可能有点帮助。"

我问罗伯特以后是否还会拍摄电影、电视剧，罗伯特称自己如果觉得剧本好玩，就有可能再考虑，但可能性不大。"如果有机会，我想演一个特傻的，像什么武打片这一类的。编剧和观众不是总喜欢成龙、李连杰拍的那种打架的戏吗? 而且总是希望有一个比较坏的白人挨打，我觉得这个挺好玩的，可以考虑演一下，"罗伯特笑着说道，"不然的话就不演了，我又不是专业演员，不演戏也无所谓的嘛。"

罗伯特还指出，现在好看的电视连续剧和电影都不多了，有时候可能"好几年才有一个值得看的"，而且也没有什么有价值的"外国人的角色"。如此"挑剔"的罗伯特看样子是不太可能再登上荧屏了。

三、多重身份：只缘对中美关系的关注

除了拍过一部家喻户晓的电视连续剧，罗伯特其实还做过许多别的工作。比如，他给很多美国公司做非官方主持人，担任政府部门的顾问，在大学教书，在史密森博物馆做系列主题讲座，等等。这些工作绝大部分与中国有关。

1987年罗伯特来到中国，后在美国大使馆从事中美文化交流工作。

2000—2001年，罗伯特在美国住房与城市发展部任职。期间，中国与美国曾签署过一份中美住房合作的项目，罗伯特是该项目的美方主任。此后，美国商务部与中国建设部、财政部合作了两年，当时中国方面的负责人是俞正声。他曾应邀到美国，其日程活动全部由罗伯特负责安排，并由罗伯特担任翻译，而后罗伯特也随美国的有关部长到过中国。

在2001年到2007年的六年里，罗伯特接受美国约翰·霍普金斯大学指派，到中国的南京工作，当时该大学与南京大学合作建立了中美文化研究中心，罗伯特就在南大做了六年美方主任。这个中心是经两国政府同意，于1986年创办的，是改革开放后中美共同建立的第一个教学科研单位，美国总统乔治·布什赞之为"是美中两国目前正在进行的教育活动中最令人激动和最具开拓性的合作项目"。

2007年至今，罗伯特一直在马里兰州立大学的美华中心做主任。其主要任务就是为中国各级官员提供一个与美国同行进行研讨交流的平台，并为他们选择一些主题讲座，如环保问题、城市规划问题、公共管理问题、高端教育行政问题，等等。"这并不是说要向美国学习，而是说比较能够有利于他们工作的开展。"罗伯特说道。

此外，罗伯特近年还经常为《美国之音》的中文部做有关时事的分析和评论，大概每两个星期讲一次；在史密森博物馆做有关中国历史文化的主题讲座；在另外几个政府部门担任顾问或顾问委员会的委员，等等。

我们不禁会问，为什么罗伯特有这么多种兼职？

"主要就是因为我关心中美关系，所以我参与了政治、教育、文化各

个领域的有关中美关系的活动。"罗伯特解释道。

不难发现，罗伯特的多重职业确实有着共同的特点，那就是都有助于中美文化交流，有助于中美双方各领域人士间的相互沟通和理解，有助于中美关系的积极发展。难怪有媒体称赞罗伯特是"中美文化交流的重要使者"。

四、国际家庭：一位中国妻子，三个混血宝宝，七代爱尔兰世家

"我的祖先都是爱尔兰人，我是第七代。"在谈到罗伯特的家族故事的时候，他谈到了家族七代人的奋斗历程。"当年他们是比较穷的爱尔兰农民，美国南北战争以后迁居到了美国，此后的四代还是农民，直到我爷爷、奶奶那一代上了大学，我们家才靠接受教育离开了农田。"在谈话中，我了解到，罗伯特的父母、两个姐姐、两个弟弟，都是接受过高等教育的知识分子，他们多从事着诸如医生、大学教授、律师等职业。可以说，罗伯特的家族是一个十分传统、和谐的美国家族。

1998年，罗伯特与一位结识多年的北京姑娘结婚，组建了自己的"国际家庭"。后来，他们育有三个孩子，用罗伯特的话说，他的家庭属于美国典型的"中产阶级家庭"。

"其实在我们附近居住着很多国际家庭，每个家庭最起码有两个语种，这在美国东、西海岸的大城市，一点都不罕见。"罗伯特向我解释道。据罗伯特说，他的孩子也会两个"语种"，英文是他们的母语，中文是他们的第二语言，因为孩子们"多半时间在中国度过"，"但在家里主要还是说英语"。

当被问及对"中国姑娘"的看法时，罗伯特爽朗地笑了，他说，"各个地方的姑娘都差不多吧"，"其实中国姑娘跟美国姑娘是一样的，世界各国都一样，都是人嘛，我就是这样看的"。可见，拥有国际家庭的罗伯特对世界各地区各族群间的差异不抱偏见，他希望周围的人也不必对异族文化有所排斥，世界应该相互理解。

五、心直口快：爱中文，
但对孔子学院有自己的看法

"我大学毕业后当外交官，在美国政府培养下开始学习中文，那是1986年的时候。"说起与中国的缘分，罗伯特谈到他最初学习中文时的经历。

"我很喜欢中文，又有审美价值，又有历史文化意义，可是中文太难，首先是汉字不好写，四声也很难学，而且重音字还那么多。"罗伯特感叹中文的难学，但同时也非常高兴地看到世界各国有很多人开始学习中文，认为这是一个"非常好的事儿"。

我问罗伯特他对中国的孔子学院有什么看法，罗伯特很坦率地说："因为许多孔子学院都设在大学里，可这些大学都有中文系，所以中文系往往会敌视孔子学院，认为孔子学院抢了他们的工作。这样一来就导致很多孔子学院只开给学分的课，数量非常有限。"也就是说，孔子学院在某些方面无法与外国大学中文系竞争，所以一开始只能给部分学生开有限的专业课，还需要进一步发展壮大。

罗伯特对孔子学院提出了一些建议。作为各类中美交流事务的参与者、管理者，罗伯特所发现的问题和提出的建议，显然具有重要的参考价值，因为他看到的、听到的，都比一般的美国官员或中国官员多得多。正如罗伯特所指出的，美国许多大学看中的是中国政府的"种子基金"，而不是中国文化的传播。对于孔子学院，他们是不会做额外投资的。

六、中国观感：钦佩、困惑与期待

谈到中国20多年来的发展，罗伯特说了许多，"我1987年第一次到中国，那是二十二年以前，那时候我们都没有意识到今天的中国会这么发达"。

"我很佩服中国人，因为这是他们的心血，他们非常勤快，很能吃苦。这个发展速度主要就是他们的成就。这是人类历史上从来没有过的发展成就，从来没听说哪个国家或地区在那么短的时间内，那么多人的生活水平能够提高那么多。不得了，我非常佩服！"罗伯特毫不掩饰其对中国发展的"吃惊"与"敬佩"，并用动作表示着他的感慨。

"中国的崛起不是偶然发生的，我相信中国会富强起来，不仅是经济方面成功，而且它在国际上的影响力也会提高。"罗伯特十分自信地预测中国的发展。

当然，作为长期与中国打交道的美国人，罗伯特也指出了一些中国目前存在的问题。但他也指出，"中国的变化和中国的改造速度太快了，说不定在今年之内我就不用再提这些问题了"。说到这里，罗伯特似乎又对中国存在的问题感到释然。"就比方说，八十年代末的时候我觉得中国的书店里没有任何我想读的书；但现在我进了中国的书店，就觉得，哎，自己实在太无知了，有太多值得看、应该看却没有时间看的书。所以说，中国的进步实在太快了，许多原先对中国的批评可能都要收回来了。"看来，对于中国未来的发展，罗伯特有着更多积极的期待。

七、体制反思：自由美国的矛与盾

出身外交官和时事评论员的罗伯特对美国的政治体制的优缺点也有自己独到的看法。

"美国的民主制度最大的特点就是比较重视个人和多样化，任何不同的观点、立场、看法，都可以合理、公开地表达出来。而且只要你有说服力，可以代表一群人，你就可以建立一个新的政党。你可以批评政府，甚至批评得非常严厉，但不会有人说你不合法。"不过，他也指出这一特点会导致部分舆论对政党、政治家或者任何有名气的公众人物进行恶意批评，而"你很难在美国的法庭里证明某一个人是污蔑你"。对此，罗伯特称，公众人物必须以"很厚的脸皮"进行法律之外的自我保护。

此外，罗伯特认为美国民主制度的效率太低，是美国人民所面临的"最大的问题"。"美国的民主和多样化非常好，我们很珍惜它，但我们的宪法故意给我们设置了一个比较笨拙的执政体制"，这个执政体系在面对金融危机、全球变暖、医疗改革、甲流危机等问题时，总是显得缺乏灵活性，不善于在"一个比较短的时间内做一个比较重大的改革"，其"漫长的执法过程"连美国人也觉得难以等待。

我问罗伯特他对奥巴马政府的看法，罗伯特称，他是奥巴马的支持者，并认为他们的这位总统"很聪明"、"很能干"，但是对奥巴马政府，他不敢早下定论。他认为奥巴马的改革会遭到反对势力的多方阻挠，这是一种必然。"因为相当一部分人，不管奥巴马做什么，他们都不会支持他，甚至跟他对着干。"所以，在美国政坛，"政客必须运用政治资本，不能害怕得罪一部分人"。

进一步地，罗伯特也承认"民主"是无法代表所有人的利益的，认为绝对的民主"实际上做不到"。看来，两百多年来，美国人一直引以为豪的自由民主体制，也已经出现了自身固有的众多矛盾，而要化解矛盾、解决体制内的现存问题，还需要许多像罗伯特这样的时代精英为之努力。

八、美国不再重要

罗伯特对世界发展的趋势有清晰的认识，他认为，在国际社会中，单个国家的影响都将逐渐减弱，这是时代发展的必然，在这一趋势下，美国将不再是世界上唯一的超级大国，在未来世界，美国将不再重要。

"当然，没有哪一个国家会高兴其自身地位的降低，就像清朝不能接受它大国地位的衰落这个事实一样，美国也面临这么一个心态上的问题"，"可是像中国、印度、巴西、欧洲这些地方的崛起，也是好事情，我们只能祝贺它们，不能限制它们"。罗伯特十分坦诚地指出，美国应该充分发挥它的创造性，"从心里真正地欢迎多样化，不仅欢迎美国国内的多样化，更要欢迎全世界的多样化"。因为在罗伯特看来，真正的多边主义是世界发展的必然趋势，美国如果不想自食其言，就应该欢迎其他国家或地区的崛起，接受"非我独霸"的事实。

同时，罗伯特也注意到美国人物质生活水平过高，能源消耗过多的问题。"如果全世界所有的人都过美国中产阶级的日子，我们需要十个地球的自然资源！"对此，罗伯特除了考虑过新材料、新能源的利用之外，也考虑过可能"节流"的手段："我们不得不问美国人是否得接受一个稍微低一点儿的平均生活水平，因为一个地球经不住以十个地球为消耗量的资源浪费。"的确，美国人的资源浪费对美国自身的发展，乃至美国的国际地位都造成了严重的负面影响。

"未来一段时间将是一个国际组织、跨国公司、个人得以蓬勃发展的历史阶段"，罗伯特认为国家的力量将越来越被弱化，而个人的重要性将越来越被强化，任何个人或跨国公司，以及各类官方的或非官方的国际组织的影响力都将会越来越大。罗伯特对此充满信心。

至于走向这个历史阶段的过程，究竟是和平的、建设性的，还是暴力的、破坏性的，罗伯特也不敢说，他只是觉得，"将来，所有国家可能都没那么重要"。

九、乐观向前：中美关系发展向好

当我问罗伯特"你对中美关系的走向怎么看"时，罗伯特表示自己比较乐观。"我觉得现在我们双方的关系成熟了，不会像过去那样大起大落，不会因为一点小事就很愤怒，发生争执……我们可能在一些方面还会有摩擦，可是在别的方面，还是可以比较顺利地进行交往。"罗伯特实事求是地指出中美之间存在的摩擦，包括价值观差异和地缘政治等方面的问题，也看到中美之间既非盟国也非敌人的关系现状，但他更确定的是，中美双方"共同的利益越来越多"，双方不会变成"战略方面的敌人"，因此，罗伯特认为中美关系的发展，"大方向是好的"。

在得知我是北京师范大学历史学院的负责人时，罗伯特还特别告诉我，他所在的马里兰大学的校长特别喜欢中国，马大与北师大之间的关系非常密切。这种密切的关系主要得益于高层人士的相互信赖，这对于中美友好交流的发展有重要的作用。

可以说，罗伯特 20 多年来所做的主要工作就是推动"中美友好交流"

的发展，出于对这份事业的执着和热爱，罗伯特对中国、对中美关系都有着积极的期待；而他广阔的国际视野，以及他在文化交流中所积累的学识和经验，又使他能够较为客观地认识中国的发展历程以及中美关系发展的不同阶段；他在《北京人在纽约》中的可爱形象，以及乐观的性格和流利的中国话早已深深地定格在许多中国人的记忆里。我们感谢罗伯特为推动中美友好交流所做出的多重贡献，衷心祝福他青春永葆，事业兴旺。

（本文在整理、写作过程中，得到谢辰、林雅雯和曹杰的帮助，特表谢忱！）

科学研究与职业道德

——访罗伯特·J. 杜林教授

2010 年 1 月 12 日，英国《自然》杂志网站在线版头条刊文《中国科研，发表还是灭亡》中称中国买卖论文等造假行为的市场在 2009 年达到近 10 亿元人民币的交易量。文章说，行政官僚干预学术活动以及急功近利的文化是造成科研腐败的重要原因；对造假者缺乏严厉的制裁，也助长了学术欺诈的蔓延。2010 年 1 月 13 日，《光明日报》发表名为《科研腐败更让人心忧》的时评，称 2005 年至 2009 年北京市海淀区检察院反贪局共立案侦查发生在海淀区科研院所的职务犯罪案件多达 12 件。一向被人们看作圣洁无瑕的"象牙塔"已成滋生腐败的新领域，"科学研究"和"职业道德"的关系问题开始受到公众的关注。

近日，美国马里兰大学助理副校长、认知科学研究所的负责人、心理学院教授罗伯特·J. 杜林教授与我们共同探讨了这一问题。这或许对我们的学科建设有所帮助。

一、"科研行为准则"——马里兰大学的一门必修课

"我们为什么要强调科研准则？"

马里兰大学的罗伯特·J. 杜林教授提出了这样一个问题，随后指出，因为科学研究越来越复杂，科研成果与利益之间的关系也越来越密切，这要求科研者能遵守诚信的准则。同时，出资机构也会给研究者施加压力，希望能用有效的措施来遏止腐败的产生。在马里兰大学，"科研与道德"是一门专门讲授科研行为准则的课程。"任何拿到国家基金的人，都要到我们这里来接受教育。"罗伯特·J. 杜林教授说道。

2006 年，韩国"克隆之父"黄禹锡的造假风波闹得满城风雨，其 2004
年在美国《科学》杂志上刊载的论文，捏造了有关干细胞数量、干细胞
DNA 分析结果、畸胎瘤的形成、类胚胎体的形成和适应性免疫结果等数
据，并使用了其他干细胞照片蒙蔽读者；在骗取国民信任后，黄禹锡进
一步夸大其干细胞技术的效率和转向实用的可能性，从不同民间机构骗
取研究经费，并大量挪用新产业战略研究院提供的公款，欺诈、贪污的
款项总数巨大①，最终，韩国首尔地方检察厅发表了黄禹锡干细胞造假事
件的最终调查结果，决定以欺诈罪、挪用公款罪以及违反《生命伦理法》
的罪名起诉黄禹锡。韩国的"人民英雄"黄禹锡自此声名扫地。

在"科研与道德"课上，罗伯特·J.杜林教授常常会把黄禹锡这样的
有关科研腐败的案例教授给学生们，让其引以为戒。他认为，现在公众
对科学腐败越来越关注，连《华盛顿邮报》都在 6 月发表了题为《众多科学
家承认自己有过科研腐败》的文章，深刻剖析美国学术界的腐败问题。所
有这一切都促使人们去思考科学研究的道德要求。如何确定"科研行为不
端"与如何看待"科研行为不端"也就成了知识界必须回答的重要问题。

二、定义"科研行为不端"
——"人的主观意愿"是关键

罗伯特·J.杜林教授指出，"科研不端行为"（research misconduct）包
括编造、提供错误信息、剽窃三个方面，但不包括因诚实而导致的错误。
这是美国科技政策办公室在 2000 年为"科研不端行为"所下的定义。不
过，这一看似简单的定义，在世界各国却有十分不同的解释。

德国马克斯·普朗克学会于 1997 年通过、2000 年修订的《关于处理
涉嫌学术不端行为的规定》中列出了"被视为学术不端行为的内容"，指
出，"如果在重大的科研领域内有意或因大意做出错误的陈述、损害他

---

① 《黄禹锡正式被诉三宗罪 检方 10 韩元都不放过》，载《新京报》，2006-05-13。参见 ht-
tp://tech.sina.com.cn/d/2006-05-13/0855935873.shtml.

人的著作权或者以其他某种方式妨碍他人的研究活动，即可认为是学术不端"。

北欧四国对学术不端行为的定义也各不相同。瑞典的定义是："有意捏造数据来修改研究进程的行为；剽窃其他研究者的原稿、申请书、出版物、数据、正文、猜想假说、方法等行为；用以上方法之外的方法修改研究进程的行为。"丹麦的定义为："修改、捏造科学数据的行为；纵容不端行为的行为。"挪威将学术不端定为："在进行科学研究的申请、实行、报告时，明显违反现行伦理规范的行为。"芬兰则规定："有违科学研究良心，发表捏造、篡改或不正确处理研究结果的论文"，即被视为学术不端行为。①

1989年，美国公共卫生服务处（PHS）对"科研行为不端"的定义中，规定"在设计、完成或报告科研项目时伪造、弄虚作假、剽窃或其他严重背离科学界常规的做法"为科研行为不端，但强调不包括"诚实的错误或者在资料解释或判断上的诚实的分歧"。1995年，美国科研道德建设办公室（ORI）组建的科研道德建设委员会又做出界定，认为"科研不端行为是指盗取他人的知识产权或成果、故意阻碍科研进展或者不顾有损科研记录或危及科研诚信的风险等严重的不轨行为。这种行为在设计、完成或报告科研项目，或评审他人的科研计划和报告时，是不道德的和不能容忍的"。到2000年，白宫科技政策办公室（OSTP）又下了一个"标准的定义"，它保留了美国公共卫生服务处1989年定义中的"伪造"、"弄虚作假"和"剽窃"这三要素②，删除了"其他"的内容。

总之，欧洲各国虽然对学术不端行为表述各异，但在对构成学术不端行为的"伪造"、"剽窃"、"弄虚作假"等要素的认识方面，均已达成基本共识，这也是罗伯特·J.杜林教授提出前述定义的基础。

罗伯特·J.杜林教授特别指出，"如果作者主观上愿这样做，就属于

---

① 参见[日]山崎茂明：《科学家的不端行为——捏造·篡改·剽窃》，杨舰、程远远、严凌纳译，100页，北京，清华大学出版社，2005。

② 伪造（Fabrication）、篡改（Falsification）或剽窃（Plagiarism）行为，简称为FFP。

不端。不过，应掌握大量事实根据后，才能起诉"。也就是说，在立项、实施、评审或报告研究结果等活动中是否存在"伪造、篡改或剽窃"行为，其判断的关键在于行为主体（人）的主观意愿。

三、如何对待"不端"——制度建设是根本

在马里兰大学，科研行为不端，除了"编造"、"篡改"、"剽窃"三种情况外，还包括泄露机密、故意提供错误信息、挪用或乱用研究经费等行为。

对待"不端行为"，我们能做的除了谴责并呼吁重振科研道德规范以外，更应该着力于建立相关的处理学术投诉的制度。

在马里兰大学，学术投诉制度已经相对健全：任何人一旦发现"科研行为不端"，即可首先向教务长（Provost）进行检举；校方会组成由三名教授参加的委员会（调查委员中必须有一名是该领域内著名的教授和一名副教授）进行调查，审核受到检举的"不端行为"；在有必要的情况下，全国性的委员会①也将参与调查。如果最终证实受检者的确有"科研不端行为"，那么该受检者将接受开除或数年内禁止从事科研工作的处分。而且最终的调查结果将由教务长上报国家管理办公室，并在网上公布，接受公众监督。

四、科研伦理的首要原则——尊重实验对象

罗伯特·J. 杜林教授在"科研与道德"课上，曾给学生讲过美国科学界的丑闻——"塔斯基吉事件"。所谓"塔斯基吉事件"，就是 1932—1969 年由美国公众健康服务部的医生和科学家主持进行的"美国黑人梅毒病患者实验"。该实验的性质存在伦理争议，因为在该实验中，399 名梅毒病

---

① 美国高校伦理审查委员会等组织负责对研究者在相关领域申报的基金的使用情况进行审理。

患者在对自身所患疾病并不知情的情况下，受到了长达四十年的病情检测，而且即便 1946 年后梅毒已经可以治愈，实验方也没有对实验对象进行相应的治疗。

其实，早在"塔斯基吉事件"之前，科学家已经充分了解了梅毒所可能造成的破坏性症状，但美国公众健康服务部的医生却认为，梅毒在黑人身上造成的效果可能与白人不同，因为在他们看来，与白人相比，黑人的神经系统是粗制滥造的产物。为了验证这一观点，就需要在黑人身上对梅毒实验进行重复。因此，这一实验本身有明显的种族歧视色彩。

同时，实验对象被剥夺了知情权，尤其是 1942 年后，实验者甚至主动阻止实验对象获取治疗。

作为对"塔斯基吉事件"的反思，人们开始关注"以人为实验对象"的实验调查的伦理准则问题(联合国世界卫生组织就先后出台了各类生命伦理准则)。美国国家健康研究所下属的人类研究保护办公室，也会组织 20 多个成员对每一个相关的实验进行讨论，判断并裁定实验是否合理。

罗伯特·J.杜林教授特别指出：以人体为对象的实验，其第一个原则，就是必须征得研究对象本人的同意。此外，在实验技术的操作上，也应该将被实验群体受到的危害降到最低程度，并确保实验风险能够与收益相挂钩。

据罗伯特·J.杜林教授的描述，目前在马里兰大学，拿动物做实验也要接受委员会的管理，甚至有时候"动物比人还要受到尊重"。

五、权益冲突的平衡应对——马里兰大学的透明、公正、客观与监督

关于科研所获的权益与冲突，主要涉及知识产权和科研成果的所有权问题。当一位大学生从高校毕业的时候，其研究获得的成果、数据的所有权究竟应该属于谁？在马里兰大学，毕业生的数据所有者很可能是大学或美国联邦当局。当然，如果是接受他人资助而进行的相关研究，那么其数据则应该属于作者自己。

我们不禁好奇，为什么要这么做，其原因是什么？

在研究成果的占有问题上，资助者和研究者存在权益上的冲突与平衡，如果研究由美国联邦政府提供资金，那么不仅研究者应占有成果，而且大学也应该拥有研究成果的知识产权。这样研究者或发明者就可与有意利用成果营利的公司法人进行谈判，而大学也可在签订合同时拥有部分收益的分享权。如此一来，便可简化专利制度，消除不必要的成本，减少创新过程中的不确定性，从而推动科研创新。由此可见，美国知识产权政策的最大特点，在于鼓励创新。

在具体落实政策的时候，马里兰大学坚持对权益者权益的尊重和平衡。据罗伯特·J.杜林教授称，在马里兰大学，大学与研究者同时拥有知识产权。但如果研究是政府授权，学校请人进行的，那么产权要归学校、政府拥有；如果研究者没有利用校方经费，没有利用学校资源（只使用通用的手段与资源，如计算机、图书等），那么产权要归研究者。

除了学校与研究者在知识产权方面的权益冲突需要平衡外，研究者往往还要面对许多其他的利益冲突，例如，研究者在研究时间量性规定方面，往往会与管理者发生冲突。在马里兰大学，大学基金要求教师保证日程上有10%的时间从事科学研究。但教授毕竟各不相同，很难具体量化他们的科研时间并进行比较，其绩效考核制度也就因此存在不公平之处。

"利益冲突往往与钱有关，许多大学都发生过教授利用资源、地位为亲属谋利的事件。当然，也有某些冲突与研究者的伦理观念有关，比如，一个研究者如果反对'人流'，那么他就难免会对生物实验室里用卵子进行实验心存不满。"罗伯特·J.杜林教授说。

因此，"如何处理冲突非常重要！"

在罗伯特·J.杜林教授看来，处理冲突至少应该坚持"透明、公正、客观、监督"的态度："如果我在研究第一线，同时占有一家公司的股票，而我的学生、家属在该公司里分享公司利益，那么我的研究就需要监督机制，以免故意为该公司谋利。所以，我们通常会让另一个教授主持研究工作，这是马里兰大学特有的处理方法。"

　　作为美国著名的公立研究型大学之一，马里兰大学有志于建立全美学术研究的中心，并要求所有教师通过学术研究获取国际声誉。其在科学研究和职业道德问题上的思考及其制度成果，在科学研究迅速发展的当下，无疑值得中国科研院所思考、借鉴。

　　（在写作此文的过程中，谢辰同学做了部分基础性的工作，特表谢忱！）

红色庄余霞[①]

一、抗日烽火中的庄余霞

1931 年 9 月 18 日，日军发动九一八事变，侵占中国东北。1937 年 7 月 7 日，日本侵略者为了达到以武力吞并全中国的罪恶目的，又悍然制造了震惊中外的卢沟桥事变。从卢沟桥事变肇始，平津危急，华北危急，中华民族危急，中华民族到了最危险的时候。

习近平总书记说："从那时起，大江南北，长城内外，全体中华儿女冒着敌人的炮火共赴国难，无论是正面战场，还是敌后战场，千千万万爱国将士浴血奋战、视死如归，各界民众万众一心、同仇敌忾，奏响了一曲气壮山河的抗击日本侵略的英雄凯歌，用生命和鲜血谱写了一首感天动地的反抗外来侵略的壮丽史诗。"庄余霞的群众就是中华优秀儿女的重要一员，他们为中华民族的独立和解放做出了应有的贡献。

草塔镇庄余霞村（现为上余村庄余霞自然村）坐落于黄泥尖山下，是一个在地图上都很难找到的小村。但就是这么一个小村，在抗日战争时期却走出了一批选择跟共产党走的英雄，从而使村庄有了"红色"的印记，

图 17 陈毅元帅之子、北京新四军研究会会长陈昊苏题写的"红色庄余霞"

[①] 原文发表于 2015 年 8 月 13 日、8 月 19 日的《诸暨日报》，原题为《纪念抗战胜利 70 周年之红色庄余霞》。

被陈昊苏(陈毅元帅之子、北京新四军研究会会长)等领导誉为"红色庄余霞"、"抗日革命村"、"抗日英雄村"。

1931 年 9 月 18 日,侵华日军发动九一八事变,侵占中国东北,标志着中国局部抗战的开始。

1937 年 7 月 7 日夜晚,日本侵略军向北平卢沟桥发动进攻,中国军队奋起抵抗,抗日战争全面爆发。

1937 年 8 月 13 日,日寇大举进攻上海,中国军队奋力抵抗,史称"八一三"事变。

1937 年 12 月 13 日,日寇占领南京,制造"南京惨案",30 万中国军民遭惨屠杀。

"八一三"事变后,庄余霞村爱国青年杨朝表、杨国良分别从杭州和上海回到庄余霞,参加反对日本侵略者的战斗。1938 年 1 月 29 日,杨朝表在渎溪乡(今草塔镇青山片)逢春加入中国共产党,成为庄余霞村第一个中国共产党党员。其入党介绍人为杨思一(1949 年后曾任浙江省副省长)。庄余霞村党组织在抗击日本侵略者的战斗中不断壮大。同年 6 月,杨国良在草塔政工队党支部入党,后到梅山教书,发展党员。

1942 年 5 月 17 日,是诸暨人民永远不能忘记的日子。这一天诸暨沦陷。6 月 16 日上午,400 余名日本步兵、50 余名日本骑兵侵入草塔梅山(现为南山村梅山自然村),烧毁房子 413.5 间,受灾农户达 139 户。不久,日本军队侵入庄余霞黄泥岭,打死庄余霞村无辜村民杨如昌、杨小弯、霍佳木 3 人,后又烧毁岭上畈村房子 6.5 间,杀死无辜村民 10 人。

1942 年 9 月,路西工委书记叶瑞康到达庄余霞村。此时庄余霞村已有 5 位地下党员,都是杨朝表(1949 年后曾任郑州市总工会副主席)发展的。叶瑞康根据杨朝表的身体情况,指示杨朝表养病休整,由同为庄余霞的青年党员杨光负责与上级党组织的联系。10 月中旬会稽地委副书记马青(1949 年后曾任江西省计委副主任等职)、叶瑞康以及其他中共地下党员来到庄余霞,具体商议建立中国共产党庄余霞支部和发动群众等问题。

11 月,在路西工委的指导下,中国共产党庄余霞支部成立。杨光为村支部书记,杨启江等为支部委员。党支部组织青年成立了"学习会",

在祠堂望青楼学习马克思和恩格斯的《共产党宣言》，毛泽东的《论持久战》、《湖南农民运动考察报告》等著作，宣讲抗日道理，创办《学习周刊》，先后出刊三四十期。杨光先后向杨启江、杨德仁、杨知行、杨高岳、杨克中（杨晓影）、杨水良、杨绍太、杨绍见、杨琪、杨云浩、杨宝琴、杨保大、杨巨焕等 20 余人讲了"火、火、火，东洋鬼子放的火"、"血、血、血，中国人民流的血"等课程。从此，庄余霞的群众基础发生了本质的变化。

1943 年大年三十，在中共庄余霞支部的领导下，庄余霞"弟兄会"成立。大年初四，在祠堂内，举行青年讨论会，讨论的题目是"青年人的出路"。当年春夏之交，为维护"短工"农民兄弟的利益，"弟兄会"组织"罢工斗争"，并取得最后胜利。12 月 21 日，新四军浙东纵队金萧支队正式成立，一批庄余霞村青年加入金萧支队。

图 18 1943 年 12 月 21 日，"新四军浙东纵队金萧支队"正式成立，有一批庄余霞青年参加了金萧支队。图为行进中的浙东纵队

图 19　原金萧支队支队长蒋明达、政治委员张凡当年的照片

1944 年 5 月 27 日，金萧支队第一大队和支队部共 500 余人，在诸北墨城坞遭遇蔡廉伪军 1000 多人的包围，金萧支队抢占苦竹尖，激战一整天，打退伪军的四次冲锋。庄余霞村战士、机枪手杨高定在这次战斗中负伤。6 月 19 日，经浙东区党委批准，金萧支队进行整编，彭林（开国中将）任支队部参谋长，庄余霞村入伍的战士杨绍邦成为彭林的通讯员。

在整个抗日战争时期，庄余霞村在村党支部的领导下，涌现出了一大批抗日英雄，其中有杨启江、杨达生、杨建法、陈枫高、杨江平、杨高定、杨纪法、杨水良等 12 人加入了中国共产党。杨国良、葛鹏、杨水良、杨江平、杨高定、杨纪法、陈枫高、杨宝良、杨光、杨佳葵（杨旦霞）、杨国华、杨启江、杨石毅、杨晓影、杨律人、杨绍凯、杨德甫、杨绍太、杨绍见、杨杏雅、杨江霞、杨钦佩、杨朝表、杨琪、杨才裕、杨善友、宣长水、杨如江、杨仲金、杨绍邦、杨巨见、杨宝琴、杨姣宜、杨水雅等 30 余人参加了中国共产党领导的新四军金萧支队，投身抗击日本侵略者的战争。从庄余霞村革命队伍的发展中，我们可以发现共产党建立敌后抗战路线的英明与正确，可以看到唤起全民族抗战在有效打击日本侵略、捍卫中华民族的独立与尊严中所发挥的巨大作用。

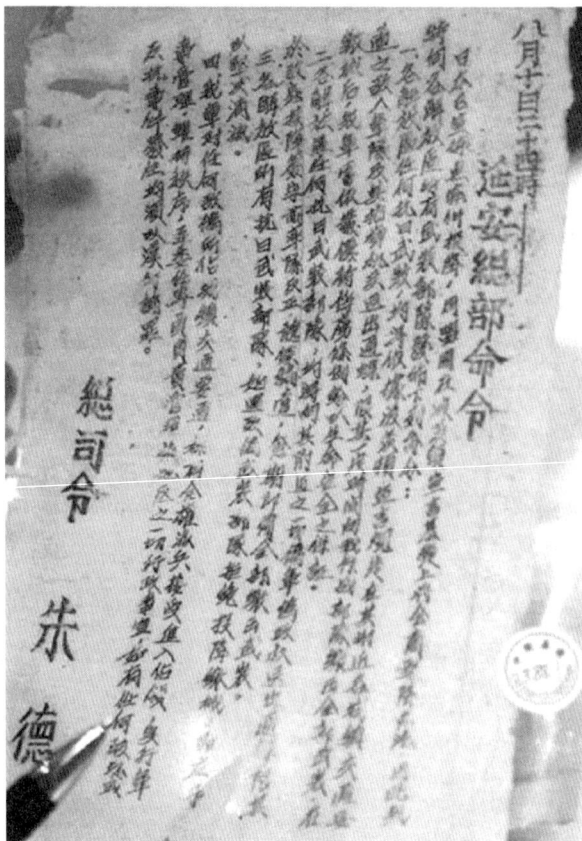

图20　最近发现的珍贵文物。1945年8月10日，朱德总司令发布命令，主要内容为：各解放区任何抗日武装应向其附近各城镇、交通要道之敌人、军队及其指挥机关发出通牒，限其一定时间内向我方作战部队缴出全部武装。各解放区所有抗日武装部队，如遇敌伪武装部队拒绝投降缴械，即应坚决予以消灭

二、解放洪流中的庄余霞

抗日战争胜利后，国共两党通过重庆谈判，签署了《政府与中共代表会谈纪要》(即《双十协定》)。根据相关协定，长江以南的共产党主力部队北撤。随主力北撤的庄余霞村战士有11位，他们是杨朝表、杨石毅、杨克中(杨晓影)、杨国彦、杨江平、杨纪法、杨水良、杨保良、杨绍凯、

葛鹏、杨绍邦。

浙东纵队主力北撤时，按照浙东区党委的决定，在三北、四明、金萧地区，分别留下了极少数中共地下党员，继续领导当地群众坚持斗争。1946年1月，诸暨路西地区的第一支武装——诸暨人民自卫队在庄余霞扁担山山庄成立。1947年2月16日，自卫队改编为路西主力路西人民救国先锋队。

1947年4月初，马青派往四明地区与特派员刘清扬处联络的交通员孙大毛，第二次从四明山回来，因找不到马青，便由吴人陪同，到路西庄余霞秘密联络点（现为杨颂乐家）找到蒋明达。孙大毛带来了刘清扬给马青的信，信中附有华中分局2月发出的指示。其中，最重要的是第一、第六两条：

> 华中分局指示我们的任务：一、团结和平民主党外人士，以便争取和平民主团结的早日实现……六、武装应尽量避免冲突，不轻易用武装……

庄余霞村在这一时期，以经过考验的革命群众为核心，建立了秘密群众组织"齐心会"，共有会员9人，以杨高岳（北撤前的村农会会长，入伍后化名陈杰）为会长，之后有6名会员入党并参军。6月底，国民党当局发动全面内战。杨光等留下来开展革命活动的同志遇到极大困难，只得隐蔽于草老山山庄或附近的蝙蝠洞，白天休息，晚上活动。

7月31日蒋明达冒险派庄余霞村杨旦霞（1949年后任湖州市妇联主席，曾得到毛泽东的二次接见）去诸暨城内向唯一的情报员冯天枢取情报。

杨旦霞进了北门便发现有人盯梢，就机智地吞下纸条。被捕后，杨旦霞巧妙地应对国民党县党部特务的审讯。伪县长祝更生找杨旦霞到家里谈话，对她说，"你们要革命应该到北方去，不应在我的地区内活动"，并准她"病保"出狱，住在城里亲戚家内，随传随到。杨光得此情况后，两次指示她逃跑。第二次是在她妹妹杨欢宜（也是共产党地下联络人员）

手心上写了一个"逃!"字。杨旦霞看到"逃!"字后,于8月24日晚上逃跑出城。后由她母亲(杨珠林)去诸暨城,代她坐牢。

10月中旬,杨光抽出一段时间改写抗战时期新四军军部编的战士读物《我们的出路》,作为地方党组织发动参军的宣传资料和战士教材。

1947年2月,蒋明达交给蒋谷川一封马青给蒋忠(烈士,曾任路西县县长)的指示信,认为"目前形势的发展已经从实质分裂表面和谈到形式上的分裂,今后,只有全面武装斗争中来争取革命的胜利","根据当前形势,整个地区干部作了新的调整。路西地区将成为浙西联系的跳板……你仍负路西党的总责,党军分立,党的机关不设部队中,由你带领短枪单独领导地方党的工作……"

2月14日晚上,诸北武装人员除留下吴平在上北做党务工作外,其余12人带机枪1挺、步枪3支,以及短枪数支到路西庄余霞秘密联络宿营点(现为杨颂乐家)与蒋忠、杨光会合,准备突击草塔警察所。

2月14日晚,到庄余霞与蒋忠会合的诸北原诸暨人民自卫队武装人员有:陈相海(快)、张志骏(木)、赵友海(快)、吴人(木)、孙胡法(木)、陈志先(木)、郭胡老(木)、郑孝槐(木)、汤汉君(木)、杨志土(机)、李长江(步)、陈根太(陈志,步)。

3月5日,国民党浙江省反动当局在诸暨城内设立会稽山清剿指挥部,限4月15日"清剿"完毕。6月5日,反动当局更决定设立会稽绥靖区办事处,调括苍山绥靖处办事处主任吴万玉任会稽绥靖区指挥官兼绥靖办事处处长。庄余霞村面临严峻考验,杨光父亲逃亡他乡,母亲逃往尼姑庵避难。5月12日,上司坂的浙保和草塔保警队突袭庄余霞。地下党员杨绍田被捕,杨光叔祖杨珠清被捕坐牢,堂叔杨万祥被捕受刑。杨光、杨青章及刚从杭州来参军的知青王大可、陈更夫脱险,联络员杨欢宜隐蔽于路西联络站密道,未被发现。杨光家房屋被拆,材料被运去造碉堡。

6月底,人民解放军进入战略反攻。

1948年7月,杨光被任命为路西县工委书记兼县长。

图21　路西县领导暨警卫班

中排坐者：中为中共路西县工委书记兼县长杨光，左为中共路西县工委副书记兼副县长李群，右为中共路西县工委委员兼县大队大队长蒋谷川（1948年摄）

1948年9月至1949年1月，辽沈、淮海、平津三大战役爆发。庄余霞北撤战士杨绍邦、杨石毅（中华人民共和国成立后曾任中国人民解放军20军军长）、杨江平、杨纪法、杨水良、杨国彦参加了淮海战役。

1949年4月17日，杨石毅指导员在带领战士攻打永安洲时负重伤。4月21日，人民解放军发起渡江战役。庄余霞北撤战士杨绍邦、杨江平、杨纪法、杨绍凯、杨水良、杨国彦参加了渡江战役。4月23日，人民解放军占领南京，宣告国民党反动统治的覆灭。

5月6日，诸暨解放。10月1日，中华人民共和国开国大典在北京举行，中国进入了新时代。庄余霞也迎来了"人民安居乐业的崭新春天"。

在整个解放战争时期，庄余霞先后有杨德甫、杨高岳、杨绍见、杨知行、杨绍田、杨占吉、杨清章7人加入了中国共产党，先后有杨高岳、杨知行、杨绍田（脱产联络员）、杨占吉（脱产联络员）、杨清章、杨小林、杨祖良、杨起、杨万祥、杨建法、周婉芳、杨坚、杨青茂、杨小康、葛小志、杨云安、杨小狗、杨德仁18人参军加入革命队伍。

在抗日战争和解放战争期间，庄余霞虽只有 97 户人家，350 余人，却是远近闻名的"革命活动区"。敌人怕"她"，围剿"她"，但村里的群众却越来越从现实的斗争中选择了跟共产党走。他们追求光明、不怕牺牲，先后参加或曾参加新四军浙东游击纵队金萧支队的达 58 人，29 人加入中国共产党，随军北撤的有 11 人，其中有 5 位为革命事业献出了年轻的生命。在这支队伍中，有父子、兄弟、姐弟、兄妹、叔侄 12 对。作为革命老区，这里群众基础好，进步群众多。周世浩、杨绍法、杨高乃、朱亚林、杨茶花、周金良、张卫镜、杨珠清、朱思滋、杨清良、杨忠清、杨高位、杨巨焕、杨裕林、赵茶亚、杨士表、杨高巨、杨全林、葛小志、杨金达、杨达信、杨高良、杨才裕等就是庄余霞先进的群众代表。他们都以自己不同的方式为民族的独立和人民的解放做出了贡献。正是因为有这样一批批的红色村庄、有这样千千万万的农民群众才撑起了新中国这一片蓝天。我们对他们表示敬意！崇高的敬意！！

三、庄余霞英雄群像

在抗日战争和解放战争期间，庄余霞的共产党人一面发动群众，一面积极开展革命活动，涌现了许多革命的英雄。他们或驰骋于金萧大地，或奋战在淮海、渡江战场；或在联络站传递消息情报，或用火车输送弹药物资。其事足可歌，其行足可敬。后来者应该见贤思齐，奋发图强。

杨珠林是革命队伍里的老妈妈。她家就是我党路西地区的重要联络站。马青、蒋明达、周芝山、蒋忠、杨光等新四军金萧支队的领导都是她家常客。老太太不显山，不露水，无论外边变化多大，都能闲庭信步，从容应对。她不但自己是队伍里的人，还把 3 个女儿培养成了党的人。革命胜利前夕，为保护替党工作的大女儿，老太太又亲自从乡下到县城，代女坐牢，一直到诸暨解放。此后，她就再也没有回过庄余霞。

杨光是著名的娃娃书记和县长。庄余霞、岭上畈、青山的大量党员都是由他发展的。他人小，能量大。敌人经常通缉、围捕他，但他总能在群众的掩护下安然无事。他钻过鸡舍，躲过山洞，用簸箕藏身，在祠堂的天花板上与敌周旋。敌人常闻其声，但就是找不到其人。群众对共产党的爱戴由此可见。

杨国华和杨德仁是两位活跃于铁路线上的庄余霞英杰。他们以上海西站为基地，建立联络站，把电台、书刊、药品、物资源源不断地通过铁路送往金萧支队。在他们的组织、安排下，上海西站俨然成了共产党的物资调度站。

参加北撤的庄余霞战士，在涟水整编，正式进入共产党的野战部队。他们作战勇敢，不怕牺牲。其中杨绍邦、杨石毅、杨江平、杨纪法、杨国彦、杨水良等参加了淮海战役，杨绍邦、杨江平、杨纪法、杨绍凯、杨国彦、杨水良等参加了渡江战役。时任指导员的杨石毅在渡江战役前4天的永安洲战斗中身负重伤。

证据表明，凡参加过抗日战争、解放战争的每一位庄余霞战士，在他们身上几乎都有几处甚至几十处枪伤。他们是共和国的英雄，在共和国的旗帜上有他们血染的风采。

杨东毛和徐人达是另一条战线上的英雄。在庄余霞的英雄册上，他们应该留有重重的一笔。他们参与了震惊中外的"两航起义"。1949年11月9日6时，中国航空公司和中央航空公司（两航）的12架飞机陆续从香港启德机场起飞。其中，央航潘国定驾驶的飞机，于当日12时15分到达北京。其他11架成功飞抵天津。与此同时，香港的2000多名"两航"员工通电起义。

"两航起义"是在中国共产党直接领导下的爱国壮举。毛泽东闻讯后，立即致电盛赞"两航"员工"毅然脱离国民党反动残余，投入人民祖国怀抱，这是一个有重大意义的爱国举动"。周恩来把"两航起义"看作"具有无限前途的中国人民民航事业的起点"。

作为"两航起义"的成员，中央航空公司机身股机械员杨东毛和中国航空公司养护课机械员徐人达，都为"两航起义"的圆满成功做出了自己应有的贡献。

在残酷的战争年代，有许多庄余霞籍战士负伤致残、痛苦终生，更有5位革命烈士献出了自己年轻的生命。

杨国良烈士，庄余霞村人。1918年出生，1938年加入中国共产党，为庄余霞第二位共产党员，是新四军浙东游击纵队金萧线人民抗日自卫支队（简称金萧支队）战士。1944年，在与汪伪军独立第四旅的战斗中英勇牺牲，年仅26岁。

杨启江烈士，庄余霞村人。1922年出生，从小在上海读书。1937年"八一三"事变后全家回乡。1942年加入中国共产党。1944年参加新四军浙东游击纵队金萧支队，任儒城乡指导员。1945年9月，被国民党的部队枪杀，年仅23岁。

杨保良烈士，庄余霞村人。1924年出生。1943年，参加新四军浙东游击纵队金萧支队。1945年10月，奉命随浙东新四军北撤，到涟水整编。杨保良被编入新四军一纵队三旅八团二连，任副班长，参加了泰安、大汶口战斗。1946年10月，我军进行峄东反击战。在反击敌整编77师一部据守的马家楼时，杨保良不幸中弹牺牲，年仅22岁。

杨则民烈士，庄余霞村人。1895年出生，1916年毕业于智胜公学，后考入浙江省立第一师范。大革命时期，曾与中国共产党早期革命活动家宣中华等一起开展爱国活动。1927年年初，受上海总工会委员长汪寿华之托，上海总工会秘书赵并焕返乡邀请杨则民去上海总工会，具体负责总工会和第三次上海工人武装起义的宣传工作。大革命失败后，隐蔽于临安、余杭、吴兴、杭州等地教书。1945年应邀任小西区征粮委员、后方医院医师，参加伤病员救护治病工作。1948年7月31日被国民党警察暗杀，时年53岁。1949年年初查明，下令暗杀杨则民者为诸暨县新任伪县长周弘训。1985年10月，浙江省人民政府追认杨则民为革命烈士。2014年9月，民政部颁发烈士证明书。

杨祝仁烈士，庄余霞村人。1925年出生，1947年在村内参加"齐心会"群众组织，1948年加入中国共产党，同年入伍，为路西县突击队队员。1949年3月，在十二都从事革命活动时被捕。1949年4月10日，敌人以押解去余姚绥靖指挥部为名将他押至临浦枪杀，年仅24岁。

庄余霞的烈士都牺牲在为民族独立和解放的征途上，他们的死比泰山还重，他们的精神将永远为人民所纪念。2014年，庄余霞烈士墓搬迁，为缅怀庄余霞烈士的英勇业绩，陈毅元帅之子、北京新四军研究会会长陈昊苏特意题诗一首："红色庄余霞，人民革命花。英雄先烈志，碧血润中华。"张云逸大将之子张光东将军也专门题了词，内容为"继承优良传统，争取更大光荣"。我们相信，庄余霞的红色基因一定会在大家的关心下，在年轻一代庄余霞人的精心呵护下生根开花，发扬光大。

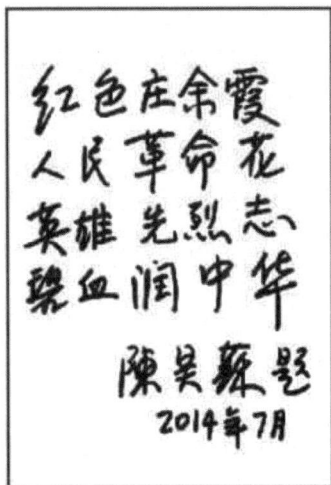

图 22 陈毅元帅之子、北京新四军研究会会长陈昊苏为庄余霞村题词：红色庄余霞，人民革命花，英雄先烈志，碧血润中华

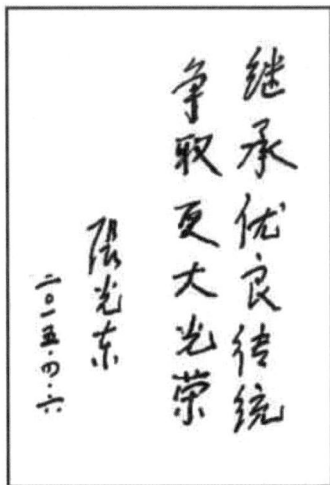

图 23 张云逸大将之子张光东将军为庄余霞村题词：继承优良传统，争取更大光荣

四、庄余霞人在朝鲜战场

长津湖战役(1950 年 11 月 27 日至 12 月 6 日)是中美双方王牌部队之间进行的一场鏖战。中方参战的是宋时轮领导的第九兵团，对手是以美国海军陆战队第一师为主力的联合国军。美国海军陆战队第一师是美国机械化程度很高的王牌师，号称"华盛顿之剑"，参加过第二次世界大战，战功显赫，曾多次荣获美国总统嘉奖。战役的结果是：中国军人以"小米加步枪"的劣势装备战胜了重型机械化的美军，用血肉之躯打赢了这场极

不对称的战争。毛泽东对长津湖战役的评价是："在极度困难的情况下，完成了艰巨的战略任务。"英国牛津大学战略学家罗伯特认为："中国从他们的胜利中一跃成为一个不能再被人轻视的世界大国。如果中国人没有于 1950 年 11 月在清长战场(清川江、长津湖)上稳执牛耳，此后的世界历史进程就一定不会是(现在)这样。"

在这次战役中，以浙东纵队金萧支队为基础发展起来的二十军六十师一七九团一营承担了艰巨的阻击任务，也就是"斩蛇腰"的任务。庄余霞人杨石毅担任该营的副教导员，亲临前线指挥战斗。

战役开始不久，美国海军陆战队第一师就被我国志愿军陆续分割包围，师部被我军第二十军围困于下碣隅里。师长史密斯少将命令他的第一团团长刘易斯上校抽调 29 辆坦克、2 个步兵连，由英军德赖斯代尔中校指挥，组成德赖斯代尔特遣队，分乘 160 辆汽车，在 30 多架飞机的掩护下，从古土里出发，欲打通古土里与下碣隅里的通道，接应下碣隅里师部突围。

11 月 29 日上午 10 时许，特遣队在飞机的掩护下，以 17 辆美式中型坦克开道，向下碣隅里推进。特遣队沿途遭到志愿军二十军六十师一七九团一营杨石毅部的顽强阻击以及该部在公路上埋设的地雷的阻拦，推进速度极慢，一个小时才走了一千米路程。德赖斯代尔向师长史密斯少将报告，"一路上遭受中国军队的袭击，汽车、坦克被击毁很多，士兵伤亡不断增加"，希望允许其"返回古土里"。在遭到师长怒斥后，德赖斯代尔只好硬着头皮率部队继续往前冲。

11 月 30 日凌晨，特遣队被我国志愿军杨石毅部包围于乾磁开地区。

二连朱大荣排长在公路边搜索时，发现了一个负伤的美军中校军官，他就把这位军官背到营部。通过交流，他得知这位美军军官名叫查伊杰斯达，是中校新闻官，会说几句中国话。教导员沈灿与副教导员杨石毅就利用这位军官向敌人展开了政治攻势。他们让他向包围圈内的特遣队喊话，结果取得了意想不到的效果。不久，有一辆吉普车开来，车上有一名美军军官与一名韩军军官。双方用手势和书写的方式进行谈判。教导员在工作手册上写了"缴枪不杀，宽待俘虏"8 个字，要他们命令士兵投降。他们提出四项要求：一是不杀他们，二是将来释放他们，三是让他们休息睡觉，四是让他们写信回家。这些条件都得到一营指挥员的同意。但特遣队希望把投降时间拖延至6点半，这一点遭到一营指挥员的拒绝。教导员在纸上严厉地写道："限半小时内放下武器！"

半小时过去后，特遣队没有回应。于是一营营长张宝坤命令各连以猛烈火力向被包围的敌人射击。敌人在遭到火力打击后，答应投降。

用杨石毅的话说，这就叫作"政治形势需要有军事压力来配合"。

最后，一位腰部负伤的美军少校军官下令投降。后经查明，这名少校名叫约翰·麦克劳林(John N. McLaughlin)，是美国第十军司令部作战部长助理兼陆战一师联络官，是特遣队的指挥者之一。教导员叫营部军医滕文彦给他包扎好了伤口。

志愿军派营部通讯班长杨锡林作为受降代表，接受被围军队的投降。约半小时后，240名联合国军士兵放下武器，举着双手，像长蛇似的排成一字纵队向志愿军一营投降。

有一位志愿军战士见到排成一字纵队投降的联合国军，调侃道："美国兵在杜鲁门的操心培养下，麦克阿瑟的大力教育下，的确是正规化的部队，投降动作都受过相当时间的训练。"有人更具体地说"起码三个月"，引来其他志愿军官兵一片笑声。

在这240人中，有美国、英国、土耳其官兵182名、韩国军人53名、日本军人3名，还有台湾国民党军士兵2名。

在这次战斗中，志愿军杨石毅部还缴获了坦克4辆，包括击毁的汽车78辆，火箭炮1门，无后坐力炮10门，90火箭筒10余个，轻重机枪26挺，步枪200余支及各式无线电台、步话机等物资。这是在朝鲜战场上美军投降人数最多的一次。美军营一级成建制的投降在美国海军陆战队第一师的军史上还从未有过。

美国海军陆战队第一师特遣队的240人集体投降的消息，传到了第一大厦联合国军总司令部和美国华盛顿五角大楼，麦克阿瑟总司令和美参谋长联席会议主席布莱德雷都大为震惊。

非常有趣的是，当年下令投降的美军少校军官约翰·麦克劳林度过近 3 年的战俘生活后，于 1953 年获释回国，16 年后成为美国少将，1974 年晋升为中将，任美海军陆战队太平洋战区司令部参谋长。

乾磁开阻击战是二十军六十师入朝作战以来，在军事、政治攻势合力下，迫使联合国军向我军投降的一个典型战例。杨石毅作为这次战斗的主要领导和组织者，用政治手段迫使 240 名联合国军投降，不但大大减少了我军的伤亡，而且从心理和气势上压倒了敌人，为长津湖战役的最后胜利做出了重要的贡献。不久，杨石毅晋升为一七九团二营教导员。

值得一提的是，杨石毅在战斗之余，还真实地记录了他在抗美援朝期间的所见、所闻和所思，书写了《在正义战火中的一段回忆》，总结了志愿军一七九团取得战斗胜利的具体原因，为专家学者研究抗美援朝历史提供了一手的资料。杨石毅的《在正义战火中的一段回忆》已由中国人民革命军事博物馆收藏，被列为国家一级文物。

根据我们现在掌握的材料，当时随二十军六十师参战的除了杨石毅以外，还有庄余霞战士杨国彦、杨逸波、杨江平和杨纪法等。他们都是最可爱的人。

五、在生死与去留之间

生命宝贵，人皆知之；职位珍贵，人皆明之。在生死、去留之间可以看到一个人的灵魂，它比世界上的任何鉴定都真实，比世界上的任何定论都正确。

杨石毅，庄余霞人，是一位曾参加过抗日战争、解放战争和抗美援朝，在战场上屡立战功的英雄，共和国的高级将领。他在生死面前，总是选择后者。

1949 年 4 月 17 日，当中国人民解放军第三野战军所有指战员准备渡江、努力成为"渡江第一船"的时候，杨石毅部突然接到命令，让其带领所在连（六十师一七九团一营一连）迅速赶到永安洲，抢占永安渡口，为部队渡江扫清道路，为即将开始的渡江战役架好桥头堡。

接受任务以后，杨石毅指导员身先士卒，冲锋在前。在反复争夺江坝时，一块弹片穿透他的右肺，一枚子弹打中他的左腿。在生死关头，他还是命令赶来救助的班长不要管他，赶快抢夺渡口，保证大军顺利渡江。4 天后，渡江战役正式打响。杨石毅虽然无法亲临战场，但其为全局而牺牲自我的精神已经使渡江作战的序曲更为雄壮，更具气势。

1985 年，当祖国再次需要军人保卫家园的时候，杨石毅又把自己的儿子送上了反击越南侵略的战场。

杨少华，杨石毅军长的长子。1983 年，杨少华从军校毕业，被分配到司令部当参谋，后主动要求下连队，由副指导员改任副连长，带领一个加强排，坚守在老山战区最前沿的阵地，打击越南侵略者。

对于身经百战的杨石毅来说，送儿子上战场的结果是显而易见的。但他想到的是："越是这种时候，越要带个好头。"他告诉儿子，只有"经受住艰苦，才能克敌制胜"。他鼓励儿子："打仗靠勇敢，勇敢靠理想，有了勇敢和理想，才能出智慧，出战斗力。祖国是叫你去战斗的。如果一个人没有自我牺牲精神，越是怕死，就越是要死。在忘我地消灭敌人中求生存，这才是战争的辩证法。"

杨少华，这位和平时代成长起来的军人，显然没有辜负父辈的期望，在极其残酷的战场上，在血与火的危境中，向党和人民交出了一份超优的答卷。

据报道，1985 年 1 月 15 日，杨少华率领的一个排，与敌人连续激战 17 个小时，打退了敌方两个营加一个特工连的十多次疯狂进攻，毙伤敌军三百余人。杨少华确实在正义的战火中打出了新一代中国军人的尊严。

世界上能把个人的生死交给战场的人不多，能把个人的生死和儿子的生死都交给战场的人更少。这需要有勇气，更需要有超强的信念。这一点，杨石毅军长做到了，而且做得非常自然。或许，真正的伟大就隐含在自然之中。

1985 年，中国人民解放军进行大规模的精简整编。在个人的进退与去留面前，58 岁的杨石毅军长主动地选择了"退"。在军队党委会上，杨石毅说："部队建设需要新陈代谢，仅就我年龄而言，也该早点退下来。"

1985 年 1 月 23 日，在武汉军区第二十军党委和机关举行的"正确认识精简整编、自觉服从大局"的演讲会上，杨石毅军长念了一封从云南前线寄来的信。信中写道："爸爸，当你接到此信时，我已战斗在'李海欣'高地上了，战争是残酷的，我们的战士太可爱了。平时，我们一些同龄人总觉得社会这样、那样地满足不了自己——这些80年代人的胃口……大炮震醒了我，我真想通过舆论界向人们呼吁：要珍惜今天的和平环境，它是多么来之不易啊！""现在，高地已被炸成焦土。我已经做好了献身的准备。既然选择了军人这个职业，就不怕流血牺牲，我如果真有不幸，九泉之下也感到光荣……"

杨石毅军长念完信，十分诚恳地说："信是我儿子写来的。我无意吹捧此时生死未卜的他，我只不过想，在目前进行的精简整编中，我们每个人都面临着走、调、退、改、留的问题，该怎样对待？请想一想前线的同志们！"

在军队现代化建设的大局面前，杨石毅军长再次向组织表明了他那坚强的党性，为全军树立了榜样。1985年3月28日，总政治部余秋里主任代表中央军事委员会在全军第二期整党工作会议上表扬了杨石毅军长，认为杨石毅的行为"充满着共产党人的党性和正气"，"我们就是要提倡和发扬这种精神"。

杨石毅在生死和去留之间所创写的"文字"，无论是对于当今还是对于未来的人们都极具教育意义。它是一部用真实书写出来的活生生的教科书。杨石毅所彰显的是共产党人的豪气，所体现的是共产党人牺牲自我、报国兴邦的铮铮铁骨。

我们为从庄余霞走出来的军长喝彩，更为庄余霞能养育出像杨石毅、杨少华这样的英雄而感到骄傲。

应该说，庄余霞的昨天是光荣的，庄余霞的明天更是光明无限。

我们衷心祝愿庄余霞这块革命老区能够抓住信息化时代所带来的巨大机遇，在中国共产党的领导下，在草塔镇党委和政府的领导、支持和帮助下，以自己的勤劳和智慧创造出更多的奇迹，使红色庄余霞在新的历史时期焕发出新的生机。

不忘初心　砥砺前行

——庄余霞村红色基因传承纪实

一

　　根据《南屏杨氏家谱》记载，庄余霞杨氏属于弘农杨氏的一支。弘农杨氏为我国的名门望族，历史上出现过许多杰出的人物，其中著名的有东汉的"四世三公"、"西晋三杨"，隋文帝杨坚更使弘农杨氏成为天下望族之首。唐时有多位宰相出身于弘农杨氏。而宋代满门忠烈的杨家将，更是世人皆知的英杰！弘农杨氏还出过杨修、杨炯、杨凝式、杨时、杨万里等名人谋士。南宋初期，庄余霞杨氏的祖先杨迁就从开封迁至诸暨南屏(今草塔镇杨家楼)，是为南屏杨氏之始祖。南屏杨氏的第十四代孙杨铎大约于明末清初迁徙至庄余霞，并在这里安户定居。1716年，庄余霞杨氏太公去世，享年98岁，被尊称为"百岁太公"。清浙江巡抚(后官至工部右侍郎)王度昭曾授"硕寿介眉"匾额一块，以示敬贺。自从庄余霞杨氏太公来到庄余霞自然村以来，庄余霞杨氏一直秉承自己独特的家风和家训。"报国兴家"始终是其核心理念。"杨家将"也自然是村民思想深处抹不去的英雄。

图24　庄余霞村杨氏宗祠

195

　　进入近代以后，中国遭受了帝国主义的侵略与压迫。但哪里有侵略，哪里就有反抗，哪里有剥削，哪里就有斗争。而真正领导民众开展反帝、反封建斗争的是中国共产党。1937 年七七事变以后，有一些在上海、杭州等城市学习和工作的知识青年回到了家乡庄余霞，其中有杨朝表和杨国良等。1938 年 1 月，杨朝表被杨思一发展为庄余霞村的第一位中国共产党党员。不久，杨国良等人又加入了中国共产党。至 1942 年，庄余霞已有共产党员 5 人。1942 年 5 月，日本帝国主义大举入侵诸暨。5 月 17 日，诸暨沦陷。中共路西工委书记叶瑞康受党组织委派到庄余霞从事敌后革命工作。不久，会稽工委副书记马青又到庄余霞指导工作。1942 年 11 月，庄余霞地下党支部在上级党组织的关怀下正式成立，杨光为第一任党支部书记。党支部成立以后，先组织读书会性质的"学习会"，后发动青年农民参加兄弟会，中心工作放在扩大党员队伍，发动群众，提高觉悟，与日本帝国主义斗争上。

　　在庄余霞地下党及其党支部的领导下，庄余霞的革命工作得到了快速的发展。当时庄余霞 97 户人家共 350 人，陆续有 29 人加入了中国共产党，58 人参加了金萧支队。按每家 4 口人计算，全村有 240 人左右属于军人和军属。这就是说庄余霞百分之七十左右的村民都选择了跟共产党走。他们与庄余霞的其他革命群众一起构成了当地支持拥护中国共产党的重要力量。庄余霞村也因此成了中国共产党领导的远近闻名的"堡垒村"。庄余霞杨氏的"报国兴家"在反帝、反封建的斗争中又有了新的更深的内涵。

　　在参加金萧支队的 58 位庄余霞人中，有 5 位革命烈士献出了年轻的生命，有 11 人北撤，7 人参加了淮海战役，7 人参加了渡江战役，5 人参加了抗美援朝的战争。杨石毅不但参加了淮海战役、渡江战役和抗美援朝，而且还为解放一江山岛，深入敌后，收集一手信息，绘制作战地图，为战斗的胜利做出了重要的贡献。按照上级党组织的指示，没有北撤的同志，坚持敌后斗争。杨光就是被国民党反动派不断追杀的当地共产党员之一。他曾任路西县委书记，即使在最困难的时候还努力发展革命武装。1948 年 12 月，杨光就任金萧支队政治处主任，配合解放大军参与解放浙江的战斗。在抗日战争和解放战争期间，庄余霞村之所以走出了一批有理想、有追求的革命者，首先应该归功于中国共产党的领导，归功于庄余霞党支部认真细致的工作，当然也与家族的"报国兴家"理念有密切的关系。

从庄余霞的革命斗争中，我们发现：

第一，共产党是抗日战争的中流砥柱，是敌后抗日战争的领导力量。当日寇侵入诸暨后，国民党军早已撤离。而只有共产党才深入敌后与日本帝国主义进行斗争。

第二，庄余霞党支部的骨干都是知识分子，有理想，有信念，有知识，有见识，眼界开阔，有强烈的责任感和使命感。工作方式是先团结年轻人，提高年轻人的觉悟，以年轻人的行为感动家长，使家长也成为革命的重要力量。

第三，庄余霞党支部直接得到上级领导的指导。共产党对敌后农村的情况十分了解，工作也做得很彻底，很接地气。《共产党宣言》、《论持久战》等著作都是庄余霞党支部组织学习的重要文献。庄余霞党支部在抗日战争和解放战争中的有效工作，不但壮大了庄余霞的红色因子，而且还为日后新中国的建设培养和储备了一批带头人和领导骨干。

二

2015年9月3日，中国人民举行了纪念抗日战争暨世界反法西斯战争胜利70周年的盛大庆典。陈昊苏会长应庄余霞群众之邀在此之前特意为庄余霞村题写了"红色庄余霞，人民革命花。英雄先烈志，碧血润中华"诗词一首。张云逸大将之子张光东将军也亲笔题词，内容是："发扬优良传统，争取更大光荣"。

为使庄余霞的红色基因不因年久而被忘，"红色庄余霞"筹备组正式成立，并于2015年上半年多次开会，决定组织力量搜集材料，书写文章。经过半年的努力，终于建成了"红色庄余霞"陈列馆，从而使"红色庄余霞"的历史得到了很好的展示。"报国兴家"在新的形势下又有了新的生命。"红色庄余霞"陈列馆也就成了"缅怀先辈、牢记历史",对村民进行爱国主义教育的重要基地。

2016年4月27日,陈昊苏会长率领北京新四军研究会主要领导到达庄余霞,授予"红色庄余霞"陈列馆为"红色文化教育示范基地"。"红色庄余霞"陈列馆成为北京新四军研究会授予的全国第一个农村红色文化教育示范基地。陈昊苏会长还为此作诗一首,题目是《庄余霞村缅怀先烈》:

> 山河重振,大地春回。缅怀先烈,心往神追。红色传承,南天壁垒。英雄本色,抗战丰碑。百年奋斗,千山万水。世纪新征,大爱相随。民族复兴,至尊至美。青春守望,日月争辉。

"红色文化的基本阵地,在于像庄余霞这样的红色堡垒中。"这是陈昊苏会长对"红色庄余霞"的高度肯定。常务副会长邓淮生看了"红色庄余霞"陈列馆后,感慨万分。他说:"庄余霞97户人家,58人参加金萧支队,等于每2户人家就有1人参加了军队,这个比例很高,而且还有很多同志牺牲了,还有很多同志坚持下来,一直到解放战争,推翻国民党蒋家王朝的最后一战,为建立新中国贡献自己的生命和青春,我们非常感激这些革命的先辈们。"庄余霞给乔泰阳将军印象最深的是:有革命历史、革命前辈、革命情结、革命教育、革命精神和革命传人。任全胜副会长赞扬庄余霞"每两户人家,就有一人参加金萧支队来保家卫国,每三户人家就有一人参加共产党,每二十户人家就有一位烈士,所以堪称红色庄余霞,江南第一村,抗日英雄多,杨门多忠烈,让我感到非常敬佩"。

2016年10月4日,陈昊苏会长又以七绝一首向庄余霞父老致敬。诗的内容是:"山河重振看春回,红色传承至爱随。抗战艰难存壁垒,英雄血荐树丰碑。"

庄余霞村在成为北京新四军研究会的"红色文化教育示范基地"的同时,又被绍兴地区批准为绍兴市爱国主义教育基地。一批又一批学生、群众、干部纷纷来到这里接受红色文化的教育。

三

"红色庄余霞"陈列馆的建设是贯彻落实习近平总书记系列讲话精神的具体体现，是农村文化建设的一种新形式和新探索，是让历史说话，让历史走入群众，让熟悉的前贤说话，以前贤的模范行动教育群众，带动当地的精神文明建设的重要实践。其意义重大，影响深远。

"红色庄余霞"陈列馆的建成大大推动了当地政府的工作。2017年6月，诸暨市委、市政府、市人大、市政协四套班子来到庄余霞，接受革命传统教育。政府将投入1100万左右改造村中的电力线路，并承诺投入2000万元左右实施"浣溪江改造工程项目"，使庄余霞等村庄彻底免除洪涝之灾。

"红色庄余霞"陈列馆的建成大大地促进了当地农村的文化建设，改变了庄余霞村的精神风貌。一支以"红色娘子军"命名的村嫂护卫队被正式组织起来。2015年年初建时，该护卫队只有15人，现在已发展到近百人。"红色娘子军"志愿者队伍的誓言是："用我的热心、细心和耐心，为我的小院多留一抹绿色，为邻里之间多添一些笑意，为河道保洁多增一股力量，为环境卫生多做一点贡献，为家乡建设多尽一份责任，力所能及地分担村级事务，成为乡风文明的实践者、传播者、引领者，以自己的行动影响身边更多的人。"她们组织开展卫生清扫工作，使村容村貌整洁干净；开展陈列馆的日常接待和秩序维护工作，使红色基因承传不绝；开展健康向上的文艺活动，使村民生活丰富多彩。她们是村民贴心的村嫂，是传承红色文化的主力，更是改变庄余霞精神风貌的旗帜，被评为"绍兴市最美巾帼志愿队"。庄余霞红色基因传承的经验是：抓住了改变村风村貌的核心——村嫂，让村嫂的言行来影响家庭，让村嫂的事迹来带动整个村庄的变化。一个村嫂一个家，一个家庭一个村；红色村嫂红色家，红色家庭红色村。村嫂是家庭和村庄的灵魂，是改变农村面貌的关键。红色基因只有植根于群众内心的深处，落实到解决具体问题的实处，才能永不褪色，代代相传。

　　"红色庄余霞"陈列馆的建成大大扩大了庄余霞的社会影响。在"红色庄余霞"陈列馆建立以前，庄余霞只是一个默默无闻的小村庄。"红色庄余霞"陈列馆建成以后，引起了国内新闻媒体的高度关注，已发表的相关文章已达近百篇。尤其是"红色庄余霞"系列文章刊出后，不仅引发诸暨日报读者的热烈反响，而且受到众多媒体的关注。据不完全统计，有500余家媒体转载了"红色庄余霞"系列文章，其中不乏具有权威性和代表性的大型网络媒体，如人民网、光明网、中国文明网、中国青年网、搜狐网、环球网、中华网等。通过搜索显示关于"红色庄余霞"的信息一度超过16万条。有许多学者开始走进庄余霞，对其历史与风俗进行研究；有一批红色后代也加入了庄余霞村的经济和文化建设；有许多地区还专门派人来庄余霞学习建设红色文化的经验。2017年，庄余霞自然村被列入全国首批"百村社会治理调查"课题，其研究成果将对我国的基层社会治理和乡村建设产生重要的影响。据统计，"红色庄余霞"陈列馆开放后的两年间，已有三万余人来馆参观。

　　众所周知，中国是一个农业大国，农村是中国革命和改革的起点，农村往哪个方向发展，农村的文化应如何建设，是学者和政府管理者必须深入研究和认真思考的大问题。小康不小康，关键看老乡。小康的条件中既包括物质上的富裕，更内含文化上的充实与满足。唯有物质文明和精神文明同步前行，才能使小康社会发展得更稳妥、更有效，所以从这个意义上说，庄余霞村立足历史、立足传统、立足特色的红色文化建设具有非常重要的现实意义和示范价值，其经验值得高度重视。

爱国是北京精神的灵魂

精神是民族认同的基础，是一个民族生存、发展的支柱。它扎根于人类深厚的历史之中，渗透于各个民族自身的文化之中。每个民族、每个地区都有其自身固有的特色，独特的风貌。北京精神就是无数辈北京人在长期实践的基础上留下的核心记忆，是北京历史与文化的精华，北京人共同创造的品牌。"爱国、创新、包容、厚德"是对北京精神的高度提炼和深刻总结，更是北京人自觉反省自身的重大成果，对于凝聚北京意识、北京品质意义重大，价值无限。

北京历史悠久，名人迭出。近代以来，北京更是现代教育的发祥地，传播爱国思想的中心。新文化运动的启蒙、民主与科学的提倡、马克思主义的宣传，为苦难深重的中国找到了新的奋斗的方向。实践是检验真理的唯一标准的大讨论更迎来了全党思想的解放，吹响了强国富民的前奏曲、进军号。

在争取民族独立、人民解放的民主革命时代，用现代教育理念培养出来的北京青年，走在时代的前列，用自己的行动唤醒民众的自觉，用自己的行为证明自身的责任。北京是五四运动的发源地，它开启了群众爱国运动的新时代；北京是"一二·九"学生运动的最前沿，它掀起了抗日救亡爱国运动的新高潮，揭开了全民族抗战的序幕。1937年7月7日，卢沟桥事变后，日本帝国主义全面发动侵华战争，北平沦陷。北京大学、清华大学等高等学校内迁坚守，以保存文化、维系民族血脉为使命，刻苦学习，加紧准备，以自己的知识才华抗战，刚毅坚卓，学术救国。而留守北平的辅仁大学等，也大义凛然，临危不惧。上至校长、下至教员，都坚持与日伪斗争，支持倡导沦陷区的民族正义，书写中华民族不可屈服的浩然正气。

中华人民共和国成立后，北京成了中国的政治和文化中心，北京人民以极大的热情投入社会主义首都的宏伟建设。党的十一届三中全会以后，国家富强、人民共同富裕成了时代的主旋律，发展经济、创新科技成了国家核心竞争力的主战场，北京更成了创新经济的排头兵。中关村科技园区的探索，方正汉字排版技术的革新以及以北京大学、清华大学为首的高等学校的世界一流宣言，都从各个层面展示着科技强国、教育强国、人才强国的重大成就。北京人民的爱国情、强国志已经深深地融入中华民族的伟大复兴之中。它是北京的骄傲，更是北京的力量。

我们深信，能够自觉反省自身文化的北京，一定能在未来的发展中创造更加灿烂的文化，为国家乃至人类做出更大的贡献。

史 坛 讲 习

"大学理念"纵横谈①

  大学是传授知识的殿堂，是培育新人成长的基地，是自由创新思想的培植场所，是推动学术勃发的重镇。大学的特色都与其大学理念有密切的关系，或者说大学理念就渗透于大学特色之中。

  大学理念，从严格的定义上讲，是对"大学"这一共同体存在的本质特性的规定。它决定着大学的功能、定位、价值选择和发展方向，决定着大学精神的基本内涵，决定着大学的行为和特质。

  从逻辑层面上说，大学理念不是指具体的行动，但它是行动的指南；大学理念不是指具体的制度，却为制度提供依据；大学理念不是指组织，却是组织运行的基本准则。大学理念是一所大学的灵魂，是一所大学之所以成为这所大学的根本。

  从发生学的角度上说，大学理念与大学同时产生，共同发展，是人类教育事业发展到一定阶段的产物。无论在中国还是在西方，它们都有悠久的历史。

  在中国，作为高等教育机构的"大学"早在两千年前就已存在。战国时期的"稷下学宫"，汉代的"太学"及后来的"国子学"、"国子监"，宋代的"书院"，等等，都可以看作以传授"为人之道"为目标、以教授"伦理道德"为宗旨的"大学"。

  在西方，最早出现的"大学"当属柏拉图在雅典创办的"学园"（Academy），其时间大约是公元前 387 年。"学园"的基本职能就是传授知识、为公民集体培养管理精英或杰出人才。

---

  ① 与陈凤姑合写。

古代中国与古代西方的"大学"尽管文化背景不同，但其目的都是相同的，都是为了传道、授业、解惑，提高学子的学术修养和个人修养，进而教其明了"人"之为"人"的根本道理。古代的"大学"虽然和现代意义上的"大学"有很大的差别，但其所具备的基本功能、所崇尚和追求的目标却对现代大学有影响，构成现代大学的传统基础，是现代大学理念中不可分割的组成部分。

近现代大学直接起源于12、13世纪的欧洲中世纪。在欧洲，"大学"的含义源于拉丁语"universitus"，全名为"Universitas Magistrorum et Scholarium"，意为"教者与学者之协会"。意大利的波伦那大学是最早产生的中古大学之一。中世纪大学基本上是独立单位，游离于社会、政治和经济实体之外，以传授知识，研究学问及培养高贵的、有教养的神职、法律及医学人才作为其主要的目标。

1810年，普鲁士创立柏林大学，以此为标志，大学开始与科技发展建立密切联系。柏林大学改革和摆脱了中古古典大学的学术传统，把原来主要为国家培养官吏和神职人员的大学转变成向学生传授科学知识、进行科学研究、提高国家学术水平的中心。洪堡是创立柏林大学的主要领导者。他在柏林大学的最大成就有几点。第一，明确政府与大学之间的关系。洪堡在《论柏林高等学术机构的内在和外在组织》中指出，国家"不应该就其利益直接所关所系者要求于大学，而应抱定这样的信念，大学倘若实现其目标，同时也就实现了，而且是在更高层次上实现了国家的目标。由此而带来的收效之大和影响之广，远非国家之力所能及"，从而确定了政府与大学皆是法律上平等的主体，政府与大学是目标不同的社会组织，政府不能领导与管理学术活动。第二，明确提出"育人"与"科研"并重的大学理念，推崇"学术和教学自由"和"教学与研究的统一"，强调大学不但要成为人才培养的中心，还要成为科学研究的中心。洪堡改革确立了大学的独立地位，排除了行政对大学学术的不必要干预；突出了科学研究的作用，并将其视作大学的重要功能，从而进一步凸显大学自身的学术性格。而这一切皆标志着"现代大学"的一些基本价值趋向和制度特征已经形成。"现代大学"开始承载新的使命，接受社会的检验。

这次改革的不足是：大学的教学受到一定的挑战，师生之间的关系也有疏远的趋势。但其改革所带来的成效是不容忽视的。德国在 19 世纪中后期至 20 世纪初期，在学术文化领域出现的大批世界级领军人物都与洪堡的这次大学改革有密切的关系。同时，这次改革也为德国未来的发展输送或储备了大批高质量的、有创新意识的建设者。

19 世纪 30 年代，美国大学兴起，洪堡的大学理念在美国备受青睐。"科学研究"被看成是大学的职责，"发展知识"被视作大学的功能，现代大学理念被迅速移植于美国的高等教育之中。

第二次世界大战以后，美国成为大学发展的领袖，不但在数量上位居世界之首，而且在质量上也独领风骚，形成了自身独立的品格。求新、求适应社会之变、求赶上时代之步伐成为美国大学的发展目标，大学彻底地参与到社会中来。美国的一些大学如加州大学、斯坦福大学等明确提出，大学的最终目的是要对社会开放，为社会服务，并在服务过程中对社会产生作用。当今的美国大学已成为世界众多大学的模板，被称作为"Multiversity"。它的性格已不是 University 所能表达清楚的；大学已经不是一个单一的共同体，而是一个多元的共同体。在这一理念的指导下，大学以前所未有的速度融入社会，教学、学术直接与社会服务紧密结合。大学已经在社会经济的发展中发挥越来越重要的作用，成为推动经济增长、保证社会持续进步的基石。美国的大学理念对世界教育界的影响越来越大。

马里兰大学是美国重要的公立大学之一，在坚持科学研究与教育并重的原则下，又把"企业家精神"的培育置于大学的理念之中。"企业家精神"的特点是讲成本、讲效率、讲勇气、讲开拓、不怕失败、勇往直前。大学鼓励师生充分参与产品的开发、营销与上市，帮助学生申请社会资金，缩短产品商业化过程，使学生在实践中增加知识，在创业中推进进步，在创造中赢得尊重。把"企业家精神"的培育放入大学的理念中，大大地丰富了大学自身的内涵，使大学在固有的精神产品生产地的基础上，又多了物质产品创造地这一重要功能。虽然我们还不能过早地对马里兰现象下结论，但它的发展趋势确实应该引起我们高度的关注。

　　2010 年 6 月，哈佛大学校长、著名历史学家德鲁·吉尔平·福斯特应邀访问都柏林三一学院皇家爱尔兰研究院，并在该校做了题为《大学在变革的世界中的角色》的演讲，引起了众多高等教育工作者的重视。她立足当下，深刻分析了大学在变革的世界中的作用以及它应扮演的角色。她说："当其他机构在令人沮丧、持续不断的经济萧条的时代停滞不前时，大学，滋养着世界的希望。因为大学克服了那些跨越边界的种种挑战，解读并充分利用新知识，搭建文化与政治相互交流的桥梁、创立可以促进对话与辩论的环境。"但她认为："高等教育的未来陷入了危机之中。"理由是：各地都在大幅削减大学的预算经费，大学也在缩减课程、压缩师资、减少各种经费；政府以及与高等教育有关的重要的合作伙伴，都要求大学对于他们的投资给予更直接、更具体的回报，而这种短视行为导致的直接结果就是，很多难以衡量其价值的学科都被砍掉了，而"首当其冲的就是人文学科"，因为社会只把教育看作衡量经济增长的一种手段，所使用的标准是它有用与否。福斯特在忧虑高等教育未来发展的同时，还是大胆提出了自己的建议，极力主张在以职业为导向的高等教育全面兴盛的同时，应一如既往地重视人文教育。[①] 从福斯特的演讲中，我们也能深深地感受到社会发展对大学理念的强烈冲击以及社会对大学办学的制约作用。

　　在中国，现代意义上的大学出现于 19 世纪末叶，是接受西方影响的结果。模仿西方教育是这一时代大学的主要特点。新文化运动和五四运动以后，学习西方国家的教育和科学文化达到高潮。当时的大学校长和教员中，许多人都有出国的经历，受过西方思想和文化的熏陶，因而比较关注大学理念对大学发展的影响。1916 年 12 月，蔡元培任北京大学校长，极力推崇德国的学术自由和学术自治，大力推动学术研究的"兼容并包"、"思想自由"和"教授治校"等理念。他主张："所谓大学者，非仅为多数学生按时授课，造成一毕业生之资格而已也，实以是为共同研究学

---

　　① 参见郭英剑：《大学在变革的世界中的角色》，载《科学时报》，2011-01-04。

术之机关。""大学者，'囊括大典，网罗众家'之学府也。"①1928 年，梅贻琦就任清华大学代校长，也提出了"大学之大，非谓有大楼之谓也，乃谓有大师之谓也"等治校名言。这些大学理念既反映了近代学者对大学内涵认识的加深，又影响或规定了中国近代大学发展的轨迹，在中国大学的发展史上占有十分重要的地位。

当代中国的大学则是社会主义接班人的主要培养地，是为中华崛起提供智力与道德支撑的重镇。随着社会和经济的发展，大学已经从社会边缘走向社会的中心，原有的高等教育的办学理念已经不能完全满足人们对高等教育改革与发展的新要求。大学与经济、社会的联系越来越密切。经济和社会发展直接为大学提出课题，大学又直接推动经济和社会的发展。大学同经济与社会传统的间接联系已经转变为直接的联系。大学主动参与社会建设，成为经济建设领域的一支不可忽视的重要力量。

当然，大学在成为社会建设的生力军时，也遇到了正确处理与社会之间的关系的问题，因为大学毕竟与政府、社会的职能有所不同。如果大学只有"自治"与"自由"，而不关心社会的需要，不承担社会的责任，就会因此脱离社会，从而失去其存在的理由；如果大学一味地追求社会的需要，成为社会和市场的附庸，而丢失大学的"自治"与"自由"，就会成为社会的其他机构，从而失去其自身独立的价值。

应该说，改革开放以来，随着我国社会经济发展水平的不断提高，高等教育事业在处理大学与社会、学术与教学等关系方面都已经取得了巨大的进步。但是，随着高校改革的进一步推进，大学建设和发展中的一些新问题、新矛盾也日渐凸显。在当前高等教育事业发展的转折时期，如何克服"千人一面、千篇一律"的办学理念、培养出更多更好的拔尖人才或创造性人才已作为重要课题摆在教育管理者和工作者面前，需要大家去思考，去破解。因为归根到底，衡量大学理念先进与否的标准取决于人才的质量，取决于社会对人才的认可程度。福斯特说："对于一所大

---

① 蔡元培：《〈北京大学月刊〉发刊词》（1918 年 11 月 10 日），载《北京大学月刊》第 1 卷第 1 号，1919 年 1 月。

学而言，成功与否既没有范例可循，也没有一所脱离现实的'全球性的研究型大学'可供我们所有人去效仿。我们的差异恰是我们的力量所在。"①中国的大学应该学会在差异中定位自己，大胆开放，勇敢探索，努力探求自身的发展道路，为世界大学的发展提供新经验，做出新贡献，用中国的经验来丰富世界大学的理念，用中国的贡献来诠释世界大学的价值。

___

① 转引自郭英剑：《大学在变革的世界中的角色》，载《科学时报》，2011-01-04。

以教改求发展　以发展促教改[①]

——谈北京师范大学历史系课程设置改革

20世纪80年代初，北京师范大学历史系在系主任白寿彝先生的领导和主持下，对课程设置进行了重大改革。之后经过龚书铎等主任和历史系全体教师的不断努力，改革取得了显著的成果。可以肯定，随着岁月的推移，这一改革的作用将发挥得越来越明显。因此，对这一改革进行深入的总结和研究，无论对历史系教学质量的提高还是对历史系整体实力的提高都有重要的意义。

一

历史系把教学改革的突破口首先放在课程设置的改革上，主要有以下几方面的原因。

第一是原先的课程设置存在着严重的不足。

课程改革前，历史系的课程计划，基本上还是20世纪50年代初在苏联专家协助下，按照苏联高等师范教育的模式制定的。主要专业课是中国史和世界史，这两门通史又分为古代、中世纪、近代、现代四个部分，即习惯上所说的"两条线八大块"。之后虽然对某些课程的授课时数做过一些调整，也开过几门"提高课"，但基本设想和课程结构没有什么变动。与1949年前的旧大学相比，这种课程具有计划性强和授课内容完整等优点。这样培养出来的学生，程度比较整齐，毕业时大都能达到一定的水平，改变了过去学生学业程度参差不齐的现象。但它也有许多明显的缺

---

① 本文原发表于《北京师范大学学报(社会科学版)》1998年第3期。

点。其一，这种课程设置没有体现由浅入深、由一般到提高的原则，四年的课程基本上停留在同一程度、同一水平线上，很难适应学生水平逐年提高的要求；其二，这种设置把学生限制在两门通史之内，而通史的内容又仅限于政治和经济，不能给学生以应有的广博知识；其三，它不能使学生在某些方面有更深入的学习，不利于培养和训练学生的治学能力，也不利于因材施教，调动学生的学习积极性和创造性；其四，它束缚教师的手脚，使大多数教师都在通史中转圈子，很难在某些方向上做更深入的研究，不利于教师自身素质的提高。

第二是培养出来的毕业生后劲不足。调查表明，"文化大革命"前分配到中学任教的北师大毕业生，刚到中学时，往往比同时从综合大学历史系毕业的教师更容易适应教学工作，也更快掌握编写教案、课堂教学诸环节。但几年后，后者对中学教学逐渐熟悉，教学水平提高得很快，而北师大的毕业生则逐渐显露出后劲不足的缺陷，教学水平难以提高。一些在高校历史系任教的毕业生也因在校时缺少治学能力的培养和训练，对科研感到困难很大。这种情况，也从一个方面说明了以往课程设置中存在着问题。

客观而严峻的现实，迫使历史系的领导和教师进行认真的思考。经过无数次的讨论和研究，他们终于达成了一种共识，即"师范性不等于低水平"，苏联专家提出的"一桶水"和"一杯水"的理论虽然有它合理的一面，但也有很大的缺陷，它只强调了"量"的关系，而忽略了"质"的飞跃，忽略了教师自身科研能力的提高以及对学生的科研能力的培养。师范大学的特点应体现在开设教育课程和日常教育技能的训练上，至于各个专业的课程设置，除极特殊的科目外，基本上不应与综合性大学的相应专业有什么不同。无论是综合大学还是师范大学，都应使学生具有深厚扎实的知识基础和很强的业务能力，只有那些既具有广博知识又具备独立治学能力的人，才能真正胜任历史教学的各项任务，才能适应科学不断进步、教学内容不断更新的现实。

正是在上述认识的基础上，历史系提出了课程结构改革的方案。概括起来，这个方案主要包括以下内容。第一，加强基础，扩大知识面。

在理论方面，开设有关历史科学的马克思主义经典著作研读课，以加强学生的马克思主义理论素养，提高学生的理论水平；在语言工具方面，加强古汉语学习，增加"中国历史文选"授课时数，使学生具备熟练阅读中国历史典籍的能力，同时加强外语教学，开设专业外语课，使学生能够阅读一般的外文资料和著作；在专业知识方面，把中国通史和世界通史的授课时间从原来的三学年（此次教改前已由四年改为三年）减到两学年，到高年级时主要开设专门史、国别史、断代史等选修课，这样学生既能掌握中外历史的基本线索和概要，又具有宽厚的专业基础知识；另外，还增设了文学、逻辑学、自然科学知识讲座等课程，以扩大学生的知识面，改善学生的知识结构。第二，把课程分为必修课和选修课两类。必修课主要是打基础；选修课任务有二，一是使学生的知识基础继续加深加宽，二是使学生在历史学的某些领域有较深入的钻研，从而锻炼学生收集资料、钻研问题的能力。第一、第二学年以必修课为主，第三、第四学年以选修课为主。选修课授课时间占四年总学时数的30％左右。

这些改革措施在后来的实施过程中虽然有局部的调整，但改革的总方针一直未变。

应该说，在20世纪80年代初提出并实施的这一课程体系改革是很有远见和很有魄力的。它确实起到了"突破一点，搞活一片"的作用，为北京师范大学历史系之后的发展奠定了基础。

二

从白寿彝先生提出并实施"课程设置改革"至今，已有17年的历史，实践证明，这次课程改革是成功的。

首先就学生而言，学生的基础有了明显的加强。在基础理论方面，学生除了学习哲学、政治经济学以外，还学习"马克思主义经典著作研读"、"马克思主义史学理论"以及"邓小平建设有中国特色的社会主义理论"等课程。大量经典著作的学习，既培养了学生阅读原著的能力，为他们掌握马列主义的基本理论打下了一定的基础，同时也提高了学生学习马列主义的兴趣和信心。更重要的是，学生从伟人和伟人的作品中学到了做人的道理和处事的原则方法。在基本知识方面，学生通过两年通史的学习，基本上可以掌握中外历史的概貌、发展线索、重大历史事件和重要历史人物。而选修课则从专史、断代史、国别史方面进一步充实了通史的内容，扩大了知识面。此外，学生的治学能力也得到了较好的提高。针对"文化大革命"前十几年历史系培养出来的学生独立工作能力不强这一弱点，这次课程改革将重点放在选修课的开设上面，强调以开设选修课等措施来提高能力。通过这些措施，学生们摆脱了局限于两门通史的圈子，扩大了知识领域，开阔了视野。由于各门选修课一般都介绍该学科已有的研究成果，目前达到的水平，有争论的问题以及有关论著、资料等，并引导、启发学生思考问题，因此思想比较活跃。同时，由于选修课的开设，学生可以根据自己的兴趣和基础来加以选择，从而对某一断代史、国别史或专门史的学习比较深入，有利于把点和面结合起来，避免停留在通史的面上。这不仅对提高学生的能力有好处，而且也为他们今后在各种岗位上进一步对某一方面进行深入钻研打下了基础。尤其值得一提的是，通过课程改革，学生初步掌握了一般的治学方法：第一，懂得了了解有关课题的研究现状和史料情况的重要性；第二，读书比较得法，能注意分析史料，并从中发现问题；第三，由于选修课一般以写小论文考察学生的学习情况，学生的写作能力得到了提高，而这又为以后写毕业论文和学术论文打下了基础。近些年从历史系毕业生、用人单位和社会反馈回来的信息表明，历史系学生的整体素质有了明显的提高。正因为如此，所以第一志愿报考历史系的人数达到了高考总人数的 60% 左右。

其次，这次课程改革对教师队伍和学科的建设起到了尤其重要的作用。"文化大革命"前，历史系的课程基本上是两门通史"八大块"，教师年年在"八大块"上转，只有面，没有点，难以深入，不易提高水平。课程改革调动了教师的科研和教学积极性，使教师能够根据自己的特点选择和确定自己的专业重点，以在某一方面进行深入的研究。这就从根本上改变了以往大多数教师"通而不精"的状况，而使他们朝着各有所长的方向发展。教师对某些领域的深入钻研，同时也促进了科学研究的发展。

近年来许多教师出版的专著都与他们开设的选修课有直接或间接的关系，详见下表。

表2　课程改革时选修课与历史系近年来部分科研成果的对照

选修课名称	主要科研成果（著作）	作者
史学概论	《史学概论》	白寿彝主编
	《历史学概说》	孙恭恂主编
中国史学名著研读	《〈史记〉的学术成就》	杨燕起、阎崇东编著
	《〈史记〉精华导读》	杨燕起、阎崇东编著
历史教学法	《历史教学的艺术与技巧——历史教育论稿》	孙恭恂编著
历史研究法	《中国历史研究法》	赵光贤著
商周史	《周代社会辨析》	赵光贤著
	《古史考辨》	赵光贤著
	《夏商周史话》	黎虎著
	《夏商西周的社会变迁》	晁福林著
	《天玄地黄——中国上古文化溯源》	晁福林著
	《霸权迭兴——春秋霸主论》	晁福林著
魏晋南北朝史	《中国古代社会》	何兹全著
	《中国通史·中古时代·三国两晋南北朝时期》（上）	何兹全主编
	《魏晋南北朝史论》	黎虎著
	《魏晋南北朝政治制度研究》	陈琳国著
	《治乱嬗替》	曹文柱著
	《胡汉分治·南北朝卷》	曹文柱著
	《中国封建王朝兴亡史·三国两晋南北朝卷》	曹文柱等著
隋唐史	《隋文帝评传——沿革随时再统华夏的英主》	施建中著
	《唐代选官研究》	宁欣著
明史	《明末农民战争史》	顾诚著
	《南明史》	顾诚著

续表

选修课名称	主要科研成果（著作）	作者
中国近代文化史	《中国近代文化探索》	龚书铎著
	《近代中国与文化抉择》	龚书铎著
	《国粹·国学·国魂——晚清国粹派文化思想研究》	郑师渠著
中国近代文化史	《近代中西文化论争的反思》	郑师渠、史革新著
	《康有为与近代儒学》	房德邻著
	《晚清理学研究》	史革新著
晚清政治史	《共和与专制的较量》	郑师渠、唐宝林著
	《清王朝的覆灭》	房德邻著
中国现代政治思想史	《中国现代政治思想史》	王桧林等主编
	《中国现代政治思想评要》	王桧林等主编
	《梁漱溟乡村建设研究》	朱汉国著
中华民国史	《南京国民政府纪实》	朱汉国主编
中国民主党派史	《中国民主党派史稿》	李起民著
	《中国政党制度史》	朱汉国著
抗日战争史	《中国新民主主义革命史长编·坚持抗战苦撑待变》	李隆基、王玉祥主编
	《中国新民主主义革命史长编·同盟抗战争取胜利》	李隆基、李良志主编
	"抗日战争史丛书"	王桧林主编
	"中国抗日战争全书"	王桧林主编
中国现代史史料评介	《中国现代史研究入门》	王桧林主编
古代罗马史	《古代罗马史》	李雅书、杨共乐著
	《罗马史纲要》	杨共乐著
古代埃及史	《古代埃及史》	周启迪著
德国中古史	《德国宗教改革与农民战争》	孔祥民著
法国近代史	《改变世界历史的二十五年》	刘宗绪主编
日本近代史	《明治维新史》	马家骏、伊文成主编

续表

选修课名称	主要科研成果（著作）	作者
美国史	《美国人权与人权外交》	张宏毅主编
	《美国外交政策史（1775—1989）》	杨生茂、张宏毅等主编
	《美国的人权问题》	张宏毅编著
	《美国的崛起》	黄安年著
	《美国社会经济史论》	黄安年著
	《二十世纪美国史》	黄安年著
国际关系史	《现代国际关系发展史（1917～1993 年）》	张宏毅编著
西方史学史	《西方史学史》	郭小凌编著
	《克丽奥的童年——古典西方史学》	郭小凌著
中国历史文献学	中国历史文献学	杨燕起、高国抗主编

从上表可知，课程改革给历史系带来了巨大的影响。通过这次改革，历史系大部分教师的学术特长得到了充分的发挥。白寿彝先生最初提出的"开一门课，出一本书，成一方面专家"的设想，已经成为现实。

从表面上看，压缩通史课，好像是削弱了通史教学，但实际上恰好相反。教师通过开设选修课，通过对具体问题的研究，更加深了对历史发展规律的认识，真正做到了微观与宏观研究的结合。正是在深化通史课教学和研究的基础上，历史系完成了两门通史课及其他课程的教材建设。

选修课的开设、科学研究的广泛开展和深入，增加了新的研究方向，提高了教师的自身素质，这就为新的学科点建设和研究生培养创造了有利的条件。"文化大革命"前，历史系只有中国古代史、中国史学史和世界近代史方向的几位老先生带过研究生。到20世纪80年代末，历史系已有中国古代史、历史文献学、中国近现代史、世界上古中世纪史、世界近现代史、学科教育论（历史教育学）6个硕士授权点，中国古代史、中国近现代史、世界上古中世纪史 3个博士授权点，此外，还有博士后流动站。而这些学科点的设立，反过来又促进了历史系教学和科研总体实力的增强。1994年，历史系被国家教委确定为首批国家文科基础学科人才培养和科学研究基地。这既是历史系多年来重视教改的结果，也是社会对历史系教改的肯定。

以白寿彝先生首创并一直延续到现在的课程体制改革，确实达到了"以学术带动教学，以教学促进学术"的目的，它给历史系带来的影响已经超出了课程改革本身。20世纪80年代以来，历史系所取得的各项成就，大多都是建立在这次课程改革的基础上的。我们完全有理由这样说，是白寿彝先生首创的课程改革，确立了历史系现在的地位。

北京师范大学历史系课程设置改革的成功经验表明：第一，教学和科研是辩证的统一体，人为地将"师范性"和"科研性"对立起来是没有道理的；第二，只有在重视科研基础上的教学，才能适应社会发展的需要，才能将最新的研究成果传授给学生，从而扩大学生的知识视野，没有"创造性"和"科研性"的师范大学是没有生命力的；第三，狭隘地理解"面向中学"的口号，使师范大学的教学简单地跟着中学走，是不科学的，师范大学的目标应该是培养更多的掌握最新科学知识和科研本领的、有敬业精神的大学生进入中学，进入社会，为提高全民的文化素质服务，为提高中学教学水平服务。

机遇与发展

——白寿彝先生对北京师范大学历史学科的发展做出的贡献

1978 年 12 月，党的十一届三中全会吹响了改革开放的号角，给中国的发展带来了巨大的动力。全国民众在中国共产党的领导下以前所未有的热情投身于人类历史上少有的伟大改革运动中。北京师范大学历史学科也随着全国形势的变化，迎来了千载难逢的发展机遇，全体师生在白寿彝等先生的带领下，大胆探索，奋发向上，不但在教育改革、学术发展上，而且在学科布局上都做了许多前瞻性的部署，从而为历史学科的未来发展奠定了扎实的基础。

一

高等学校的首要任务是培养人才，教书育人是学校的本职工作。十一届三中全会以后，党的改革开放政策给时任北京师范大学历史系主任的白寿彝先生提供了革除教学弊端、改革历史学课程结构的大好时机。白寿彝先生充分地把握了这一时机，从课程体系改革入手，对北京师范大学历史系的教学进行了全面的改革，从而确立了以教改促科研、以科研促教育的良好发展模式。

1949 年以来的三十年间，北京师范大学历史系的课程体系基本上是由苏联专家帮助制定的。大学四年主要开设两门通史课，即中国通史和世界通史。每一课程又各分古代、中世纪、近代和现代四部分，俗称"两条线八大块"。与 1949 年以前相比，这种课程设置有了较大的进步。这种进步主要体现在课程的计划性和内容的完整性、系统性方面。但随着教学实践的不断深化，人们越来越发现这"八大块"培养模式严重地束缚了教师和学生创造性能力的发挥。1978年10月，白寿彝先生就一针见血地指出了这种课程设置的弊端，他说："我们高等学校的历史教学计划很害人，到今还是很害人。五十年代，我们请苏联专家帮我们制订了历史系的教学计划，主要是'八大块'，实际是中外各'四块'：古代、中世纪、近代、现代。这'八大块'把老师和学生放进了狭窄谷道里……教师搞的没有发展余地，老是讲那些；同学不能接受不同学科的知识，就知道这'八大块'。"①1981年，白先生更进一步提到这种设置的局限性，指出这种局限性主要表现在：第一，大大地压缩了学生阅读参考书的时间；第二，一门课程搞了四年，经过了好多位教师去讲授。"这个'通'字很难做到，可以说是'通史'不'通'。"②

从1981年开始，北师大历史系在白寿彝等先生的领导下，率先对高师历史学课程设置进行改革，"把四年的大通史，改成一部小通史"，用一至两年的时间将其讲完。这样改革的好处是："第一，这样改了，可以腾出好多时间，去开设别的课程。象专门史、断代史、国别史和名著研究，都可以有较多的时间来安排了，也可以腾出一些时间学外系的课。第二，通史的时间少了，就比较容易把纲领抓起来，就容易讲得通些。"③这次改革取得很大成功，荣获了国家级优秀教学成果奖，各兄弟师范院校都纷纷效仿。

白寿彝先生选择课程体系作为其改革的突破点是非常睿智的。因为课程体系是各学科培养学生的核心，涉及教育哲学等深层次的理论问题。过去的历史学课程结构是建立在传授知识这一理念基础上的，而现在的结构则建立在传授知识与培养能力相结合这一理论的基础之上，而且传授的也必须是教师本人或学界的新知识、新成果和新发现，所以这种结构对教师提出了更高的要求，他必须随时关注学界的动态和学术的发展。讲通史课的教师必须具备"通"的意识，真正在"通"字上做文章，在轻重

① 白寿彝：《白寿彝史学论集》(上)，331页，北京，北京师范大学出版社，1994。
② 白寿彝：《白寿彝史学论集》(上)，203页，北京，北京师范大学出版社，1994。
③ 白寿彝：《白寿彝史学论集》(上)，203页，北京，北京师范大学出版社，1994。

去取之间、在脉络贯通之间下功夫。而开设选修课更需要教师去掌握该学科或方向的核心材料，该学科或方向已有的研究基础、学科的前沿信息以及学科的发展前景，在独立思考和解决问题上做文章，在"新"字上下功夫。当然，课程体系的改革也给教师带来了更大的发展空间、更广的研究领域，使教师有更多的时间在自己感兴趣的学术研究领域施展才能。课程改革以前，历史学科的教师和学生只能在"八大块"里转，教师只有知识记忆，缺少挖掘新知识的能力，不易出成果。课程改革后，历史学科积极鼓励教师突破"八大块"的局限，在讲好通史课的基础上，努力开设选修课，以提升教师自身的科学研究和教学能力。

课程结构改革对于学生来说则显得更为重要，因为它直接关系到历史系学生专业知识结构和综合素质的形成。白寿彝先生的课程体系改革对学生的最大影响有两点。第一，理论基础得到加强。学生们除了学习哲学、政治经济学以外，还要学习马克思主义经典著作、马克思主义史学理论等。通过这些理论方面的学习，学生阅读马恩原著的能力以及学生自身的理论水平都有了明显的提高。第二，专业知识更加扎实。学生通过两年通史课程的学习，基本上掌握了中外历史的概貌和发展线索，了解了历史的连续性和各地区历史发展的不平衡性，对历史上发生的重大事件和重要人物也有了一定的认识。而选修课的大量开设，又大大地开阔了学生的视野，提高了学生的学习积极性和主动性。学生们可以根据自己的条件和爱好来选择课程，确定研究领域，从而为其以后的深入钻研打下基础。

应该说，北师大历史系的历史学课程改革为全国高等师范院校历史系课程体系的顺利改革开创了先例，同时更为北京师范大学历史学科的发展创造了条件。可以肯定地说，以后北师大历史学科所取得的众多成绩，如1994年北师大历史学系被国家教委批准为首批国家文科基础学科人才培养和科学研究基地，2001年又被教育部评为优秀基地等都与白寿彝先生领导的这次改革有密切的关系。

二

科学研究是学科立足的基础,是学科持续发展的保证。白寿彝先生十分重视科学研究在学科建设中的作用,不但自己带头钻研,而且还带领大家共同探索。多卷本《中国通史》的编纂就是白先生带领国内众多学者共同攻关的最好例证。

多卷本《中国通史》是白寿彝先生在改革开放初期决定上马的重大科研项目,内容上自远古时代,下迄中华人民共和国成立,历时 20 余年,于 1999 年全部完成。《中国通史》共 12 卷,22 册,总计 1400 万字,是 20 世纪规模最大的通史著作之一,代表了 20 世纪中国通史研究的最高水平,被誉为"二十世纪中国史学的压轴之作"。这部巨著出版后,得到了党和国家领导人及史学界专家学者的高度评价和赞誉。它是马克思主义中国化在中国通史研究领域取得的重大成就。

《中国通史》的完成不但推动了中国历史研究的深入,而且也带动了中国古代史和中国近现代史两个学科的发展。在白寿彝先生的领导下,参与编纂的 500 余位专家学者,潜心钻研,同心协力,既收获了成就,又收获了友谊,更创造了协作攻关的成功范例。许多中青年学者在白寿彝先生的精心指导下迅速成长,很快成为中国历史学界的骨干力量,其中尤以北京师范大学历史学科受益最大。

《中国通史》的完成给北京师范大学历史学科留下了众多精神遗产,其中主要的有下面两点。第一,自强不息的奋斗精神。白先生开始主编《中国通史》的时候,已经是 70 岁高龄的老人了。当时,史学界有许多人都对这一工程持怀疑态度,"认为工程太大,白寿彝教授能否在有生之年完成尚有疑问;如何组织众多学者协作编写,许多学术难题如何解决,文字体例如何统一,都是问题。搞得不好,这部大通史就可能失败"①。

---

① 李希泌口述,刘统记录:《深切悼念白寿彝教授》,载《史学史研究》,2000(3)。

白先生勇敢地挑战自我，并始终视学术为生命，生命不息，奋斗不止，用自己坚强的毅力完成了这部"体大思精"的巨著的编撰工作。其言其行一直是北师大历史学系全体师生奋发努力的动力。第二，把握正确的治学方向。白先生反复强调，要用马克思主义观点研究中国历史，撰写中国历史，这是一种责任，既是对中华民族的责任，也是对世界各国人民的责任。① 历史学要研究大问题，应走创新之路，"一个史学工作者应出其所学，为社会进步服务，为历史发展服务"，这是白先生对自己的要求，也是白先生留给后学的巨大财富。

三

一个单位的发展与国家的政策有密切的关系，同时也与单位主要领导的眼光、判断力与责任心密切相关。

改革开放初期，百废待兴，白寿彝先生以其敏锐的眼光，洞察到历史学的春天即将来临。1980 年，在白寿彝等先生的推动下，经教育部批准，北京师范大学成立了史学研究所，白先生出任所长。史学研究所的成立为加强学术研究、学术交流和培养专业人才创造了重要条件。史学研究所在白先生的领导下先后召开了全国第一次史学史学术讨论会，举办了《史学概论》讲习班、史学史助教进修班等，恢复了停刊多年的《史学史资料》，不久更名为《史学史研究》，招收了史学史专业的硕士生、博士生和高级访问学者，承担了国家"六五"、"七五"、"八五"等一大批重大科研项目，发表和出版了一系列很有影响的学术论文和专著。后来被教育部批准的普通高等学校人文社会科学重点研究基地北京师范大学史学理论与史学史研究中心，以及国家级重点学科史学理论与史学史都是依托于这一研究所建立起来的。

---

① 参见北京师范大学历史系、北京师范大学史学研究所：《深切怀念白寿彝先生》，载《史学史研究》，2000(2)。

1981年4月，陈云就整理出版古籍工作提出重要意见。他说："整理古籍，把祖国宝贵的文化遗产继承下来，是一项关系到子孙后代的重要工作。""整理古籍是一件大事，得搞上百年。"[①]

根据陈云的建议，1981年9月17日，中共中央发出了《关于整理我国古籍的指示》，恢复了古籍整理出版规划小组，制定了《古籍整理出版九年规划（1982—1990）》。北京师范大学在白寿彝、启功等先生的努力下，于1981年成立了古籍研究所。这是全国高校中第一个以研究和整理古籍为对象的研究机构。建所以后，古籍所依靠全所研究力量，先后出版了两部大书。一部是《文史英华》，一部是《全元文》。白寿彝先生说："《文史英华》是供高校学生、中学教师和机关干部诵读的选本，它的编辑意图是博而精。所谓博，是指上下两三千年文史名著俱备。所谓精，是指所选作品，文、情、道、义必有所当，读者可以提高阅读水平。""《全元文》是比《文史英华》更大的一部书，在功力和见识方面，所需要的供给不知要高多少倍。更加以元史素称专门之学，对语言、地理、疆域、民族及其它有关的文献知识所需甚广，很不容易掌握。"[②]两书出版后，颇得佳誉，分别获得北京市和教育部大奖。2008年成立的北京师范大学古籍与传统文化研究院就是在古籍研究所的基础上建立起来的。

成立史学研究所和古籍研究所两个机构，组织相应的研究人员对史学和古籍进行深入系统的研究，同时培养一批合格的年轻学者，这些都是功在千秋的壮举。它既解决了这两个学科后继乏人的现象，又为这两个学科未来的发展铺搭了重要的平台。北师大史学理论与史学史学科以及历史文献学和古典文献学学科在中国学界现今的地位都与这两个研究所的建立有很大的关系。

众所周知，白寿彝先生是我国著名的史学家、教育家和社会活动家，他为我国历史学科的发展付出了毕生的精力，做出了重大的贡献，为后

---

① 陈云：《陈云文选》第3卷，289～291页，北京，人民出版社，1995。
② 李修生主编：《全元文》，弁言，南京，江苏古籍出版社，1997。

人留下了丰厚的遗产。这些遗产得益于白寿彝先生敏锐的眼光、正确的判断、杰出的领导组织才能和深厚的学术功底，更得益于党的改革开放政策。从白寿彝先生的身上，我们既可以看到党的政策的伟大，也可以看到老一辈知识分子在贯彻执行党的政策方面所发挥的创造性作用。白寿彝的贡献属于北师大历史学科，但更属于中国学术界。

科学探寻历史学人才培养之路

——对历史学教育理论问题的若干思考

优先发展教育是我国的国家战略。让最优秀的青年接受最好的教育，成为最优秀的教师或教育家，再由他们来培养中国未来的学生，使其在起点上接受优质教育，处于优势（领先）地位，从而为我国国民素质的全面提升，为我国的持续和跨越式发展提供强有力的且取之不尽的人才支撑，这应该是"教育兴邦"工程的重要内容。科学落实这一国家战略，高等学校显然责无旁贷，也是当代教师的重要使命。在学习和践行科学发展观的过程中，我主要对历史学教育的若干理论问题进行了认真的思考和研究，并在实践基础上有了新的、更深的认识。

要了解教育对人的作用，首先应该了解人，了解教育能在人的哪些方面发挥作用。根据我的观察、分析和研究，人主要由三部分组成：一是身体（生理），二是思想，三是思想的传播以及由此而带来的影响。在这三部分中，教育只能对后两部分产生影响，发挥作用。古人所说的"一日为师，终身为父"就是指这个意思。这里的"父"应该是指给予别人思想之意，其重要性正如父母给予身体一样。

那么如何才能给学生以更多的"思想"呢？这显然是摆在教师面前的一项重要任务。从小学到中学，实际上就是在做学生未来创新思想的奠基工作。大学本科无论从哪个层面上讲，都是引导被教育者进行独立思考，从而达到创造新思想、新观点的重要转折点。本科教育的好坏直接影响着一个民族的综合质量，直接影响着一个民族顶尖级思想领军人物的产生，直接影响着优秀文化的持续发展和先进文化的持续创造力。所以，重视大学本科教育工作是高等教育基础的基础。

从世界教育的现实来看，本科教育主要包括通识教育和专业教育，尤以专业教育为重，这显然是有其合理性的。不过，这种合理性也是建立在一定条件的基础上的，也就是建立在给人以知识，尤其是给人以解决问题的方法的基础上的。要完成这一任务绝对不取决于课程的多少，或课程的简单累积，而取决于教师的素养，以及教师与学生的结合。著名的学者，不一定是成功的教育家。道理很简单，教育家需要有高深的专业知识、教育理论、技术和长期的教学实践，也就是说教育家的产生除了教师本身以外，还需要教师与学生的密切结合。大学不但需要有大厦、有大师，而且更需要能够培养大师的大师。正因如此，为青年学生招聘高水平、有责任感、师德高尚的导师应该是一个学校成功的关键。高水平的教师可以教会人用思想走路，堪称是学生的"思想之父"。

那么，历史学的创新人才怎么培养？是几门通史课知识的累积，还是有更好的途径？根据这些年的实践，我们发现：历史学人才创新的源泉主要在于基础的扎实。这些基础主要包括：一是文字文献的基础，二是历史思维的形成，三是写作能力的提高。

历史学研究的对象是客观的历史过程，这个过程通过文字文献大量保存下来，要破解这个客观过程，首先必须理解文字、文献所包含或承载的信息。所以，加强文献阅读和理解能力的训练就显得十分重要。我们所设立的古文实习室和古文过关考试就是想解决这个问题。

历史思维是形象思维、逻辑思维和直觉思维三者的统一。形象思维是历史思维的基础，逻辑思维和直觉思维是创造性思维活动的两种重要的思维方式，是历史思维的重要组成部分。对于这三种思维的培养，我们正在探究之中。

历史学最终的目的是要尽力把客观的真相通过语言、文字表达出来，成为普遍的精神财富、民众精神生活的一部分，所以准确的表达能力的训练就显得特别重要。我们所推行的"白寿彝史学论著奖·本科生奖"就是想以奖励的形式来培养学生在选题、取材、分析、判断和行文等方面的能力。这些年的实践表明，这一举措收到了很好的效果。

作为一名教师，我对科学发展的理解是：用科学的方法探索教育发展的内在规律，探寻学生创新能力培养的最佳途径。培养学生的创新能

力是教育工作者的重要职责，同时也是教育工作者必须认真对待的一项
重要的科研工作，因为教学和学生培养的过程本身就是研究过程。凡是
把教学与科研对立起来、把学生培养与学术研究对立起来的思想都是值
得商榷的。

古人云："十年树木，百年树人。"要真正把学生培养好，科学地探寻
出学生的培养之道，并不是一件容易的事，还有许多路要走。正如马克
思所言："在科学上没有平坦的大道，只有不畏劳苦沿着陡峭山路攀登的
人，才有希望达到光辉的顶点。"[①]教育工作者任重道远。

---

① 马克思：《资本论》第1卷，24页，北京，人民出版社，2004。

走有特色的本科生培养之路①

本科生教育是我国学历教育的重要阶段，其培养质量的好坏直接影响我国未来顶尖级学者、管理者、教育工作者等的水准，因此，做好本科生教育工作始终是高等学校工作的重中之重。

近些年来，北京师范大学历史学院在本科生的培养方面，走的是有特色的本科生培养之路。我们希望，我们所走的特色之路既能适应当下的要求，更能立足长远，为我们的学生走得更远创造条件，提供保障。

一

北京师范大学历史学院选择走有特色的本科生培养之路是有历史和现实依据的，是建立在大学发展的自身规律的基础上的。

首先，就历史而言，北师大历史学院是出大师的学院，有深厚的学术根基与优异的育人传统。北师大历史学科由 1902 年创立的京师大学堂"第二类"分科演变而来，至今已经走过 112 年的历程。在百余年的发展过程中，有众多知名学者如梁启超、李大钊、钱玄同、陈垣、范文澜、侯外庐、白寿彝等在这里弘文励教。陈垣老校长创立的"根柢之学"，白寿彝、何兹全先生创立的"贯通之学"，刘家和先生在继承老师传统的基础上创立的"中西会通之学"，都是北师大历史学院巨大的财富。先生们在培养人才过程中探索出来的理念、经验既是北师大历史学人才培养的重要组成部分，更是我们形成自身特色的独一无二的文化基础。

其次，就现实而言，北师大历史学院有一流的生源、一流的毕业生

---

① 本文原发表于《历史教学》（下半月刊）2014 年第 10 期。

和一流的培养条件。

随着中国经济实力的不断提高，喜欢学习历史的青年学子越来越多，报考北师大历史学院的优秀考生也越来越多。俗话说："有苗不愁长。"优质生源不断进入北师大历史学院，不但提升了北师大的社会声誉，而且也为我们成功培养杰出人才提供了重要的前提。

北师大是历史悠久的名校，历史学院更是名校中的名院，每年都有众多青年学子完成学业，走向社会。一流的毕业生除了为学院赢得荣光以外，更是学院发展的一支不可或缺的力量。他们的经验、他们反馈回来的信息都为我们制订和调整培养方案提供了重要依据。

现代大学是出思想的地方，是精神产品的生产地。大学之大，在于有大师，在于有一流的师资团队。大师影响学校学术的高度，一流的团队则决定着学校优势学术的可持久程度。众所周知，历史学的成就与历史工作者个人的学术积累有密切的关系。但历史学的大成就一定与团队的前沿问题积累有关，是个人学术积累与团队前沿问题积累相互结合的产物。白寿彝先生在主编多卷本《中国通史》时思考的 12 类 346 个问题，不但为《中国通史》的顺利完成做了严密的思想准备，而且也为年轻学者提供了众多值得认真钻研的前沿性问题。北师大历史学院最近出版的 5 卷本《历史文化认同与中国统一多民族国家》、8 卷本《中国文化发展史》、《历史视野下的中华民族精神》、《中西古代历史、史学和史学理论比较研究》以及 20 卷本《中国古代的社会和政治》，都是在大师思想的指导和影响下集两代人乃至三代人的智慧才完成的重大成果。

丰硕厚实的科研成果，是现代大学存在的前提，也是形成其自身特色的基础。近十年来，北师大历史学院已陆续整理和编纂相关资料、翻译和撰写著(译)作 4000 余册，这些都为历史学院走有特色的本科生培养之路创造了重要的条件。

最后，就培养规律而言，北师大历史学院对本科生历史知识的生成途径和人才的培养方式有较深的认识。早在 20 世纪 80 年代，白寿彝先生就对历史学科本科生的课程结构进行了改革，将原先的四年制通史课压缩成两年，剩下两年上选修课。这一改革不但改变了原先的教学模式，而且为以后历史学科人才培养模式的进一步改革打下了很好的基础。1994年，北师大历史学科被国家教委列为首批国家文科基础学科人才培养和科学研究基地。基地启动后，历史学科又在原有教改的基础上，着重对人才培养模式进行了新的探讨。这些年来，我们又根据发展了的形势，在历史比较思维的养成以及在世界视野、人文修养、原创能力、整体合作与现代化手段的使用等方面做了新的探索，费力颇多，并取得了令人耳目一新的成绩。

二

这些年来，北师大历史学院的主要工作之一，就是把大师们的优良传统转化为优质教学资源，把优质师资资源转化为教学资源，把重要的科研成果转化为优质教学资源。

为了培养一流的学生，一批著名学者如瞿林东、郑师渠、晁福林等教授打破本、硕、博"各管一段"的学制局限，主动到本科生中物色优秀学生，提前培养，希望走出一条从本优到博优的历史学人才培养道路。

为了使本科生源更加优秀，我们根据现在本科四年级课程少、要求低的特点，打通本科四年级与硕士研究生之间的课程设置，使本科生更早地进入研究生的培养阶段，既节约了学生的时间，又提高了培养的质量。

为了做到一流的培养，在课程结构上，我们首先加强根底性课程的建设，开设"古文字学"、"历史文献学"、"名著研读"、"出土文献研读"、"专业英语"、"史源学导读"等语言学和文献学方面的课程，精选一批优秀的任课教师讲授本科基础课程，传承陈垣等先生的根底之学，夯实学生的文字与文献基础。其次，加强方法论方面课程的建设，开设"考据学原理"、"比较研究的理论与实践"、"史学理论与方法"、"西方史学方法论"、"影像史学的理论与实践"等课程，培养学生独立运用史学研究方法解决相关的学术问题的能力。最后，加强通史等知识性课程的建设，融中国历史于世界的大势之中，以中国的视野审视世界的发展，讲明中华文明持续不中断的原因。我们强化课程建设的最大目的就是授学生以渔，而不是授学生以鱼。

为了做到一流的培养，我们在全国率先建立"历史文化影像实验室"，用现代化的影视技术带动并改变传统课堂的讲授模式，培养学生跨学科的学习能力，培养学生用影像语言架构历史学的内涵的能力。通过对影像资料的发掘整理、编辑制作、录播、互动等形式，实现信息共享，形成"校内外互通、课内外互补"的学生能力培养新体系。

为了做到一流的培养，在科学研究上，创设"白寿彝史学论著奖·本科生奖"，提倡学生多进行论文的写作训练。选派专职教师指导学生收集材料，从材料中发现问题，从分析中梳理问题的本质，融历史知识于发掘材料、提出问题之中，融理论思考于论文编撰、史学创作之内。"白寿彝史学论著奖·本科生奖"既鼓励学生的学术创造，也褒奖学生在接受系统学术训练后所取得的成就，深受学生的欢迎。对于本科阶段的毕业论文，我们执行严格的要求，不降低标准。因为历史学的学科特点决定我们的学生必须在写作方面有更过硬的本领。

在历史学本科四年的培养过程中，我们尊重历史学本科生培养过程的阶段性特点，先基础，后方法，把阶段性、系统性与未来的发展需要有机地结合起来；关注各培养环节间的合理衔接，夯实基础，着眼未来，加重古文及方法论等课程内容，训练学生初步掌握内化知识的能力。应该说，我们的措施还是合理有效的。

三

从现有的实践来看，北师大历史学院这些年的成绩还是很明显的。据统计，2008—2012 年，我们前后四届本科同学中有 200 余人参评"白寿彝史学论著奖"，百余篇论文分获一、二、三等奖，部分同学的论文被推荐参评两年一度的全国基地生论文大赛，多人荣获"全国史学新秀奖"。四年间，历史学院本科生共获国家大学生创新性实验计划 23 项，北京市大学生科学研究与创业行动计划 12 项。有 100 余名本科生参与了这些项目的研究工作。四年间，学院本科生在《史学理论研究》、《世界历史》等国家核心刊物上发表论文 48 篇，有的文章还被《新华文摘》转载，产生了很好的社会影响。

从 2008 年开始，历史学院依托历史文化影像实验室开设了"文物摄影与文博应用技术"、"文物传播与影像历史"、"历史纪录片和影像历史"等课程，动手参加实验制作的本科生达 200 余人，能独立完成作品的学生有 84 人。2008—2012 年，影像实验室制作了诸如《长沙马王堆一号汉墓》、《中国历史参考图谱》、《敦煌文献》、《新疆考古》等数字影像资料；创意、策划、录制、合成的历史文化课时长达 13000 多分钟，涉及世界古代史、中国古代史、中国近现代史、宗教学、中国古文字学等 8 个方向 20 多位学者的课程；整理、发掘、保存数字影像资料 5000GB，18000 多分钟；加工历史图片 30000 多幅。利用现代化技术为传统学科服务，让传统史学插上现代化的翅膀，这是信息化时代学校发展的必然趋势。学生们在老师指导下创作的作品，有的已经荣获中国高校电视奖一等奖，有的业已引起社会有关部门的关注。

历史学是一门基础性学科，读史使人明智，读史催人奋进。这些年，我们充分运用"形势与政策"小组、《春秋人文报》、历史学院志愿讲解队等平台，用历史知识提高学生的写作能力，用历史知识丰富学生的讲话涵养，促进学生综合素养的全面提升，成效显著。"形势与政策"小组举办系列时政活动，不断开拓本科生的学术视野，锻炼本科生的协调能力，受到《新闻联播》、《人民日报》、新加坡《海峡时报》、《参考消息》、《中国教育报》等媒体的高度重视。《春秋人文报》以本科生的独特视角，审视历史大势，点评世界风云，揭历史真相于严密的考据之中，解复杂原因于深刻的思考之后，在北京高校传媒界影响较大。历史学院志愿讲解队则凭借扎实的专业知识功底和过人的讲解技巧，在恭王府等单位的讲解活动中表现出众，好评如潮。志愿者通过讲解既训练了演讲能力，又从服务群众中陶冶了情操，向社会传播了青春正能量。

应该说，经过北师大历史学院系统培养的本科生是非常优秀的。毕业后，他们中的绝大部分都考上了研究生。以 2014 届的历史班为例，全班 92 名同学，其中有 78 人考入世界各地大学，进入研究生阶段的学习，升学率达到 84.7％。2014 届励耘班更是成绩突出，全班 23 名同学，其中有 22 人考取研究生，升学率达到 95.6％；其余学生也都找到了满意的工作，用人单位对我们的学生皆给予了很高的评价。

当然，与全国最优秀的历史系或学院相比，我们还是有差距的。我们的世界史还有努力的空间，我们的考古学更有充实和提高的必要。

四

经过多年的实践，我们确实也深深地体会到：第一，特色是存在的理由，学生是学院的根本，一流的毕业生更是学院的黄金品牌；第二，教学改革永远没有完成式，而只有进行式，教学改革没有终点，没有结束地；第三，培养学生的创新能力是教育工作者的重要职责，同时也是教育工作者必须认真对待的一项重要的科研工作，因为教学和培养的过程本身就与研究有密切的关系。凡是把教学与科研对立起来、把学生培养与学术研究对立起来的思想都是值得商榷的。

古人云，"得天下英才而教育之，三乐也"，但要真正把学生培养好，科学地探寻出学生的培养之道，可不是一件容易的事。我们非常希望考入北师大历史学院的青年学子能在历史学院这个大家庭中健康成长。北师大历史学院正以认真严谨的态度、科学务实的精神行进在历史学本科教学改革的大道上。

潜心育英才　热血铸师魂

2014 年 9 月 9 日，习近平总书记视察北京师范大学，做了意义深远的讲话。重温习近平总书记的讲话，对于重新认识教育的价值、重新思考教师的责任帮助极大。

习近平总书记说："教育是提高人民综合素质、促进人的全面发展的重要途径，是民族振兴、社会进步的重要基石，是对中华民族伟大复兴具有决定性意义的事业。""教师是人类历史上最古老的职业之一，也是最伟大、最神圣的职业之一。"教师肩负着"塑造灵魂、塑造生命、塑造人"的使命。"一个人遇到好老师是人生的幸运，一个学校拥有好老师是学校的光荣，一个民族源源不断涌现出一批又一批好老师则是民族的希望。""在中华民族 5000 多年文明发展史上，英雄辈出，大师荟萃，都与一代又一代教师的辛勤耕耘是分不开的。"

百年大计，教育为本；教育大计，教师为本。习近平总书记从民族复兴决定性意义的高度来论述教育的重要性，说明教育的最基本任务是促进人的全面发展，阐述教育是民族复兴、社会进步的重要基石。同时，习近平总书记又以"教师是太阳底下最崇高的职业"来阐明教师职业之伟大。因为"教师承担着最庄严、最神圣的使命"。"国家繁荣、民族振兴、教育发展，需要我们大力培养造就一支师德高尚、业务精湛、结构合理、充满活力的高素质专业化教师队伍，需要涌现一大批好老师。"习近平总书记号召广大教师做"有理想信念"、"有道德情操"、"有扎实知识"、"有仁爱之心"的好老师。"四有好老师"也就成了全国教师奋斗的目标。

"师垂典则，范示群伦。"教师承担着办好人民满意的教育的重任。理想信念是成为好老师的核心内涵。正确的理想信念是好老师最深层的精神实质，是好老师教书育人、播种未来的指路明灯。唐代韩愈说："师者，所以传道授业解惑也。""传道"显然是第一位的。一位只会"授业""解惑"而没有理想信念的老师，只能被称作误人之师；一位只会"授业""解惑"而脱离"传道"的老师，充其量只能算作"经师"或"句读之师"。好老师，应该是"经师"和"人师"的统一。"修道"与"传道"是好老师的立身之本，"精业"、"去蔽"与"授业"、"解惑"是好老师的立业之基。新时代的好老师应该以学马克思主义之道、学中国化的马克思主义之道为职责，应该以传马克思主义之道、传中国化的马克思主义之道为使命。

"德高为师，身正为范。"教师承担着培养下一代的重要责任。道德情操是好老师践行教育使命的核心品质。"教书者必先强己，育人者必先律己。""师也者，教之以事而喻诸德者也。"教师的道德情操是成功教育的重要前提。教师不能做只会教授课本知识的教书匠，而应言传身教，成为道德的楷模，以人格的魅力影响学生的心灵，以人格的魅力赢得学生的尊重。好老师是"神圣"、"崇高"的化身，应该师德高尚，在是非、曲直、善恶、义利、得失等方面体现核心价值，以德修身、以德立学、以德施教，以自己的行为引导并帮助学生扣好人生的第一粒扣子。

教师是立教、兴教之主体。教师承担着传播知识、传播思想、传播真理的使命。扎实学识是成为好老师的立业之本。《吕氏春秋》一书中曾有这样的论述："为师之务，在于胜理，在于行义。理胜义立则位尊矣。"好老师既要成为"学问之师"，也应成为"教学名师"。"学问之师"需要有深厚的基础与积累，所谓"水之积也不厚，则其负大舟也无力"。"学问之师"需要有广阔的视野与理论的高度，有"独上高楼"，"望尽天涯路"的勇气，有"衣带渐宽终不悔"的精神，有"众里寻他千百度"的经历。如果基础不实，知识储备不足，知行不一，就无法胜任好老师的角色。"教学名师"则需要掌握教育学原理，懂得教学规律，懂得学生的认知接受能力，懂得先进的教学技术手段，循循善诱，诲人不倦，融知识于传授之中。只有"学问之师"与"教学名师"的有机统一，才能把先进之学术成功地传授给学生，既授人以鱼，又授人以渔，达到教与学之良性结合，真正做到以学术造诣开启学生的智慧之门。

"学为人师，行为世范。"教师是学生健康成长的指导者和引路人，承担着打造"中华民族'梦之队'的梦想"。仁爱之心是成为好老师的必备条件。教育从严格意义上说是一门"仁"与"爱人"的学问,"爱是教育的灵魂,没有爱就没有教育"。卢梭认为:"凡是教师缺乏爱的地方,无论品格还是智慧都不能充分地或自由地发展。"爱是帮助学生打开认知之门、启迪学生心智的一把钥匙。好老师应该是仁师,具有热爱学生、尊重学生、关心学生、宽容学生的品格;好老师应该是播种爱心的使者,善于把自己的情感分洒到每一位学生身上,使学生从中获取温暖,汲取力量,让学生在老师的关爱下茁壮成长;好老师应该宽严相济,以严导其行,以爱动其心,在学业上严格要求,使学生日有所得,月有所进。人们常常把教师比作春蚕,比作园丁,比作燃烧自己照亮学生的蜡烛,这一个个美好的比喻,既颂扬了教师的无私奉献,更是对教师"仁爱之心"的肯定与赞赏。

其实,理想信念、道德情操、扎实学识、仁爱之心是一个整体,理想信念是最深层、最重要的核心发动源,关系到教师的信仰与立场,决定着道德情操、扎实学识与仁爱之心的落实,起着统领全局的作用;而道德情操、扎实学识与仁爱之心又反过来从各个具体的层面使好老师的理想信念变成学生的信仰理念与自觉行动。它们相辅相成,辩证统一。

《荀子·大略》曰:"国将兴,必贵师而重傅;贵师而重傅,则法度存。"教育是一个民族立国强民的根本。我国目前有近 3 亿学生,他们都是实现"两个一百年"奋斗目标的生力军。把未来的生力军教育好、培养好既是我国的重要国策,也是我国由人力大国走向人力强国的根本保证。教师兴,则国兴,教师强,则国强。在"四有好老师"的感召下,我国的教师正以满腔的热忱书写着用灵魂塑造灵魂的壮丽诗篇;我国的教师正以"孺子牛"的精神,勤奋耕耘,创造着属于自己、属于社会、属于中华民族的伟大辉煌。

历史学与执政创造力

各位领导、各位老师，非常欢迎大家选择"历史思维和创造"这一专题课程。今天我讲课的题目是：历史学与执政创造力。

在讲课之前，我们先看一下中央电视台记者对俄罗斯总理普京的采访（播放中央台视频）。主持人说："昨天俄罗斯总理普京在俄罗斯驻华使馆接受了本台记者的采访，普京畅谈，这位深受中国人民喜爱的俄罗斯领导人说业余时间他最喜欢研究历史。"普京说："首先要透露的是，我的业余时间非常少。当然，一旦有业余时间，我会把这些时间用于提高解决工作难题的能力（上）。因为这是我的最终爱好，当然也是我工作的成果。我也争取能够不断了解新的东西。我特别喜欢研究历史。"

应该说，在政治家中有很多人都喜欢研究历史。我们先看看史沫特莱对毛泽东的一个评述。她说："毛泽东以理论家闻名于世，而他的一套思想理论深深扎根于中国历史和军事经验之中。……他在抗大和陕北公学上课，在群众大会上做报告，和他的谈话一样都以中国社会的日常生活和丰富历史为根据。涌到延安的知识青年，习惯于从苏德等国的少数作家的作品中吸取精神养料，毛泽东则对学生讲自己的祖国和人民、民族的历史和大众文艺。他引用《红楼梦》、《水浒传》一类古典文学作品中的故事。他懂旧诗，而且就诗品而言也是一个诗人。他的诗具有古代诗人的风格，但诗中流露出他个人探索社会改革的一股清流气味。"[1]这个评述应该说是非常到位的。

我们再看看周恩来对历史的精辟论述。他说："历史对于一个国家、一个民族，就象记忆对于个人一样。一个人丧失了记忆，就会成为白痴。

---

① 阿古拉泰主编：《名人眼里的毛泽东》，108页，青岛，青岛出版社，2003。

一个国家，一个民族，如果忘记了历史，就会成为一个愚昧的民族。"[1]

邓小平的女儿邓琳曾有过这样一段回忆。她说："我爸爸最喜欢看的就是这两套书：一套是《史记》，还有一套就是《资治通鉴》。"[2]

我的问题是：为什么政治家都喜欢或重视历史？（停顿、思考）这是因为：政治家需要了解国情，而国情由两个部分组成：一个是现实，另一个就是历史。离开历史的爱国主义是肤浅的，是没有根底的。政治家，包括我们每个人的行为都受历史条件的制约，不了解历史就很难明白现实，很难开展工作。

当然，政治家们也非常明白这样一个道理，即他们的行为要接受历史的监督，要接受历史的审查，他们的成就也要等待历史的鉴定。所以，每一个政治人物都必须敬畏历史。

那么，历史、历史学对政治家们治国安邦到底能起什么样的作用？今天我们就讲三个问题：第一，什么是历史和历史学；第二，历史学的价值；第三，正确认识历史与执政创造力。我们先讲第一个问题，什么是历史和历史学。

一、历史和历史学

历史是指已经过去的事物与现象，是客观世界以往的发展过程。历史是客观的，它已经存在了。它不能被复制。

那么，什么是历史学呢？历史学是帮助人们认识历史、了解人类社会生活的最主要路径。客观的事物已经存在，那在通过什么样的途径才能及时发现客观的真相方面，历史学就起重要的作用了。从事历史必须要进行历史学的探究。历史学的研究是一项综合的工程。这项工程包括取材、分析、形成思想、得出结论，等等。因为它的整个制作过程是和

---

① 转引自郭圣铭：《历史教育的重大意义》，载《史学史研究》，1985(2)，2 页。
② 中共中央文献研究室第三编研部编著：《话说邓小平》，379 页，北京，中央文献出版社，2004。

科学研究相一致，所以，历史学是科学，是能够产生巨大作用的科学，凡是认为"历史学无用"的观点都是站不住脚的。

另外，从事历史学工作的人都要经过严格的训练。这个训练包括文字的解读、思想的形成、文字的表达。历史上的问题和事件不是所有的人都可以随意解释的，历史绝对不是"可以随意打扮的小姑娘"。历史学需要真实，需要真实基础上的思考。它是求真基础上的思维活动。所谓历史"能够随意解释"的观点也是不能成立的。这就是说我们现阶段电视上的某些戏说历史，或者随意解释历史的现象都是与历史学背道而驰的。舆论和观众的爱好，不一定与科学的说法相一致。这一点，我们的干部，我们的学者，都应该保持清醒的认识。

从历史学的训练层面看，因为它要取材，也就是说历史的客观真相已经不存在了，许多信息都保存在文献等材料之中，保存在文献的记录之中，所以对文献的记录要特别关注。我们生长在中文世界里，中文应该不错，但实际上，对于中文文献表达出来的厚度或者表达出来的意思，并不是我们每个人都能准确地把握的。举一个与大家关系密切的例子就能说明这个问题，如"聖"（简写为圣）字。在文字出现之前，我们的许多概念如"圣"字是不存在的，或者有概念，但没有表意的符号，后来我们的祖先把它简化成图或文。其实我们的古人在提炼过程中早已告诉了我们"圣"的核心内涵。"耳朵"就是说要成为圣人，第一必须了解情况，第二形成思想，第三用"口"即嘴巴把思想表达出去。如果这几个程序都做不好，你不可能成为圣人，而且还有一个前提，这个前提就是"壬"，很踏实之意，即像大地那样，实实在在地了解情况，把自己的思想表达出去。我用毛泽东的一句话讲，了解情况就是"认识世界"，把自己的意思表达出去，变成行为，就是"改造世界"。这样的例子还很多。要在文献中，取材分析，形成思想然后把它表述出来，这都要下很大的功夫，要经过严格的训练。而这个训练模式和政治家的决策过程具有一致性，即大家都要搜集材料，进行分析判断，形成（思想）作战计划。唯一不同的是，政治家还要下命令，组织执行或落实相关的计划。而在下命令之前的过程和历史学的训练过程基本上是相同的。这就是说历史学的训练和政治家的决策之间有密切的关系。许多政治家都重视历史，重视历史学的研究，这显然与历史学能帮助政治家解决问题有关。

下面我们就来看一看第二个问题。

二、历史学的价值

历史学是一个大学科，包括的内容很多，有经济史、社会史、环境史等，但它的核心还是政治史。有人说，历史是过去的政治，政治是明天的历史。虽然这句话不够全面，但还是有一定道理的。白寿彝先生说，"政治是历史的脊梁"。刘家和先生说，"历史是政治现实运动发展的轨迹"，现实的政治运动发展的轨迹来自何处？来自历史。所有的这些论述都告诉我们：历史学研究的是大问题，是与国家、民族和政治有密切联系的大问题。历史学是治国安邦的大学问。

那么历史学在治国安邦中到底能解决什么问题？下面我讲一段历史，以说明历史学作用的重要。大家如果注意的话就会发现，延安整风运动开始于毛泽东于1941年5月19日在延安干部会议上做的一个报告。报告的题目是《改造我们的学习》。这个文本写得非常精彩。毛泽东是湖南第一师范的师范毕业生，师范生有自己的长项，其中最重要的长项是能把自己的思想简洁明了地告诉大众，从而影响别人的行为。这一点，在毛泽东这位受过师范教育训练的政治家身上表现得特别明显。

毛泽东《改造我们的学习》这个报告，非常简短，总共只有四段。

第一段讲了20年来（1921—1941年），中国共产党在某些方面的进步，很简练。毛泽东这样说道："如果我们回想一下，我党在幼年时期，我们对于马克思列宁主义的认识和对于中国革命的认识是何等肤浅，何等贫乏，则现在我们对于这些的认识是深刻得多，丰富得多了。""灾难深重的中华民族，一百年来，其优秀人物奋斗牺牲，前仆后继，摸索救国救民的真理，是可歌可泣的。但是直到第一次世界大战和俄国十月革命之后，才找到马克思列宁主义这个最好的真理，作为解放我们民族的最好的武器，而中国共产党则是拿起这个武器的倡导者、宣传者和组织者。

马克思列宁主义的普遍真理一经和中国革命的具体实践相结合，就使中国革命的面目为之一新。抗日战争以来，我党根据马克思列宁主义的普遍真理研究抗日战争的具体实践，研究今天的中国和世界，是进一步了，研究中国历史也有某些开始。所有这些，都是很好的现象。"毛泽东从历史的发展过程中分析了中国共产党 20 年来在理论认识与革命实践两方面的进步。

第二段讲了中国共产党这 20 年来，尽管有进步但有很多缺点，而且"还有很大的缺点"。有什么缺点呢？也就是说，这个缺点是什么呢？这个缺点主要表现在三方面。第一，研究现状不细致。二十年来，一般地说，我们并没有对于国内和国际的政治、军事、经济、文化各方面"作过系统的周密的收集材料加以研究的工作，缺乏调查研究客观实际状况的浓厚空气。'闭塞眼睛捉麻雀'，'瞎子摸鱼'，粗枝大叶，夸夸其谈，满足于一知半解，这种极坏的作风，这种完全违反马克思列宁主义基本精神的作风，还在我党许多同志中继续存在着"。第二，研究历史不够，许多学习马克思列宁主义的学者有"言必称希腊"的现象。"对于自己的祖宗，则对不住，忘记了。"当然，"言必称希腊"从政治的含义上讲是非常巧妙的一句话，这里的"希腊"显然是指"苏联"，指从苏联那里学来的所谓教条式的理论。话讲得非常有策略。第三就是学习国际的经验、坚持马列主义普遍真理与中国的实际相结合方面还没有做好，还做得不够。"许多同志的学习马克思列宁主义似乎并不是为了革命实践的需要，而是为了单纯的学习。""这种对待马克思列宁主义的态度是非常有害的，特别是对于中级以上的干部，害处更大。"这是三个很大的缺陷。大家如果留意看一下，就会发现，这三大问题都与历史问题有密切的关系。

报告的第三段讲的是，对这些问题的态度可分为两种：一种是主观主义的态度，一种是马克思主义的态度。为讲述方便，我分别将相关的内容列表如下：

表3　主观主义和马克思主义态度的比较

	主观主义	马列主义
表现	不调查研究，若明若暗，只懂希腊，不懂中国，割断历史，漆黑一团，无的放矢	系统周密的调查研究，不割断历史，引出规律，有的放矢
作风	或作讲演，甲乙丙丁，一二三四一大串；或作文章，夸夸其谈一大篇	作文章或作演讲，都详细地占有材料，引出科学的结论
根源	凭主观，哗众取宠	实事求是
危害	害人、害己、害革命	
实质	党性不纯，违反马列主义	党性纯，遵守马列主义

毛泽东给主观主义者的画像是：

墙上芦苇，头重脚轻根底浅；

山间竹笋，嘴尖皮厚腹中空。

这句话既形象，又生动，一针见血地指出了主观主义者的要害。

文章的最后一部分，毛泽东开出了解决问题的处方，就是要加强对现实的研究，同时，对历史，尤其是对中国近现代史要有组织地进行研究，当然还要加强对干部的教育，要理论联系实际。

毛泽东《改造我们的学习》这个报告是1941年作的。你想想当时的中国共产党力量还很小，条件也很艰苦，就是在这样的情况下，作为中共主要领导人的毛泽东就提出来，要重视历史，要重视历史的研究。由此可见，历史研究在毛泽东和中国共产党人心目中占有多么高的地位。这篇报告和《整顿党的作风》、《反对党八股》组成了我们党关于延安整风运动的基本著作。

那么，为什么在这么困难的情况下，我们党的领导人还提出要从事历史研究呢？（停顿、思考）这是因为历史的重要性，正确认识历史对于我们党的建设与发展十分重要。

下面我们来看一看，历史学在管理方面到底有什么样的价值和功能。

第一，历史学能够揭示历史发展的规律。历史中蕴含着普遍真理，但这些真理只有通过研究历史才能得到揭示。"历史中蕴含着普遍真理"这句话不是我说的，是刘少奇说的。对于现在存在的许多问题，不了解历史，不研究历史，不研究透历史，那是不能正确认识的。

从维柯的《新科学》到黑格尔的《历史哲学》，再到马克思、恩格斯的《共产党宣言》，从司马迁的"究天人之际，通古今之变，成一家之言"，到白寿彝的《中国通史》，都在探讨人类社会发展的规律，而且也回答了许多重要的问题。我们在他们提供的许多规律中学到了许多东西或者得到了很多帮助我们解决问题的启示。

所以我们说唯有历史学，可以在更开阔的视野下观察事物的发展。这个太重要了。我举一个例子，大家都知道汉武帝，知道汉武帝是雄才大略的政治家。同时代的司马迁对他有过评价，对他的批评也不少。但从历史的角度讲，当我们把历史往西方慢慢展开的时候就会发现，汉武帝的地位可能比司马迁给他的定位要高得多。因为汉武帝当时主要面对、打击的是人和骑兵相结合的匈奴。而汉武帝保护的是农耕社会体制下的农民，或者说是农耕文明的代表。农耕文明和骑马的草原文明之间的战争打了数十年，最后把骑兵打败了。后者逐步往西部迁移，这样就保证了汉朝中原地区相当长一段时间的安定。骑兵在中国的汉朝被打败了，但是恰恰在同样强大的罗马帝国面前打赢了，取得了重大的胜利，而且赢得很漂亮。

众所周知，罗马是一个非常重要的西方国家，最初只有 3300 个男人，经过五百年的奋战把整个意大利变成了自己的领土；再过一百余年的征战，又征服了整个地中海西部地区；再过一百多年的扩张，埃及、叙利亚以及两河流域都成了罗马帝国的一部分。据保守的统计，强盛时期的罗马人口大致是 5400 万，和中国汉朝强盛时期的人口差不多。公元前 2 世纪的阿里斯提德斯对罗马的发展赞不绝口。他说："现在整个世界都好像是在欢度假期一样，脱下了古时的战袍，穿上了自由欢乐的锦袍。所有的城市都已经放弃了它们旧有的争端，希望在一件单纯的事情上取胜，那就是每个城市都希望使它自己变得更快乐、更美丽。到处都是游乐场、林园、神庙、工场和学校。……所有城市都充满着光明和美丽，整个大地都好似元首的花园一样。友好的烽火从平原升起，而战争的硝烟随风飘至山海以外，代替它们的是说不尽的美景和欢快。……今天，希腊人和外国人都可以空着手，或是满载着金钱，随意旅行，犹如生活在自己家中一样，安全自由。……只要做了罗马人，或者是陛下的臣民，就有了安全的保障。荷马曾经说过大地是属于大家的，而您却使这句话变成了现实，因为您已经测量了整个世界，架桥梁于河川之上，开驿道于山地之间，建基地于沙漠之中，使万物都有了文明，使万物都有了纪律和生命。"从这么小的一个小国变成了这么大的、横跨欧亚非三洲、以地中海作为桥梁的大帝国，在人类征服史上，应该是一个奇迹。这么大的帝国的形成当然有它的先进性，但是它的先进性恰恰在人与马结合的哥特骑兵的进攻面前被冲垮了。公元 378 年，罗马人与西哥特人在亚德里亚堡大战。罗马人成功的法宝，即步兵的优越性被骑兵彻底击败。当时罗马元首瓦伦斯带了 6 万步兵与哥特人作战，结果罗马的 4 万余步兵被人和马组合的西哥特骑兵所杀，瓦伦斯自己也在这一次战役中战死。此后罗马人根本不可能组织起一支步兵的力量与骑兵进行抗争，罗马帝国从此四分五裂。476 年，西罗马帝国灭亡。所以当历史画卷向西展开的时候，我们就会发现人和马结合的骑兵对农耕社会的巨大冲击，由此也可以看到汉武帝抗击匈奴的价值所在。

因此，我们可以说，唯有历史学，可以更好地观察事物的发展。同时，也唯有历史学可以在更广阔的范围内定位政治家的功绩。有一句话叫作"盖棺定论"。但对政治家来说，很可能盖棺不能定论。因为政治家的思想、行为和在他倡导下形成的制度在相当长的时间段内仍起着非常重要的作用，所以，从事政治的人在进行决策的时候必须要思考两步：第一是现实，第二是未来，要对历史负责。

罗马历史上有一个文献材料叫《奥古斯都自传》。众所周知，奥古斯都(生于公元前 63 年，卒于公元 14 年)是罗马强盛时期非常重要的一个元首，在罗马最主要的岗位上执政 44 年，对罗马社会影响深远。他在 76 岁时，写了《奥古斯都自传》，留下了他对自己的评价，希望用自己的自传为自己定位。

《奥古斯都自传》实际上是奥古斯都自己向罗马人民提交的一份"成绩单"。奥古斯都在自传的 1～14 段概括了他自己历任的官职和所获得的荣誉，在 15～24 段总结了他为罗马和公民所做的各种好事，在 25～35 段阐述了他在战争和和平时期为罗马做出的伟大业绩。因为《奥古斯都自传》为奥古斯都去世前一年完成，其价值显然无法估量。

奥古斯都在自传中写得很实在。我看完《奥古斯都自传》后，有一个非常强烈的感受，即这位元首在 44 年的时间里怎么做了这么多事呀！他几乎把整个罗马都改变了，罗马人的生活、罗马城的面貌等一系列问题都发生了巨大的变化。所以他说，"是我把砖瓦的罗马城变成大理石的罗马城"。

但是从之后的历史发展来看，奥古斯都似乎忽略了他自己在创制和制定规则等方面对罗马产生的巨大影响。这显然是值得历史工作者特别注意的。奥古斯都把自己定位得太低了，似乎他只是把罗马城改变成了一个用大理石建成的罗马城而已。但他并没有意识到，他已经建造或者重新建构了两座"罗马"城。第一座是以罗马城为中心的城市，第二座是以罗马帝国为中心的"城市"。对于后一座城市他自己并没有意识到。而从历史层面上看，这第二座城市比第一座要重要得多。它体现在制度上、管理体系的架构上以及帝国居民对罗马的认同上。这一座以帝国为中心的庞大的罗马城也是奥古斯都将它建立起来的。可惜他自己没有发现它。后来的数百年间，罗马帝国实际上就是按照奥古斯都时期设定的规则运作的。

因此，政治家要有一种意识，即你所决策的肯定是现实问题，解决的也是现实问题，但同时你也会对未来的发展产生重大的影响。所以政治家的功绩只有在历史过程中才能确定，才能看得更清楚。

第二，历史学是人们认识历史真实的重要途径。

马克思和恩格斯在《德意志意识形态》中说过一句话："我们仅仅知道一门唯一的科学，即历史科学。"这句话充分说明，在马克思和恩格斯心目中，历史学处于非常重要的地位，人们通过历史科学能够总结出历史的经验与教训。"知兴替，免覆辙"，历史家的任务就是要把经验和教训总结出来，为政治家或管理者或广大民众提供可以选择的智慧。

唐代史学家刘知幾在其《史通·史官建置》中曾这样写道："向使世无竹帛，时阙史官，虽尧、舜之与桀、纣，伊、周之与莽、卓，夷、惠之与跖、蹻，商、冒之与曾、闵，但一从物化。坟土未干，则善恶不分，妍媸永灭者矣。苟史官不绝，竹帛长存，则其人已亡，杳成空寂，而其事如在，皎同星汉。用使后之学者，坐披囊箧，而神交万古，不出户庭，而穷览千载，见贤而思齐，见不贤而内自省。若乃《春秋》成而逆子惧，南史至而贼臣书，其记事载言也则如彼，其劝善惩恶也又如此。由斯而言，则史之为用，其利甚博，乃生人之急务，为国家之要道。有国有家者，其可缺之哉！"

这一段话的大意是说：在古代的时候，如果没有史册，没有史官，那么，贤明者如尧、舜，残暴者如桀、纣，辅佐者如伊尹、周公，篡权夺位者如王莽、董卓，能力强者如伯夷、柳下惠，犯上者如盗跖、庄蹻，孝顺者如曾参、闵损，弑君父者如商臣、冒顿，其身名皆不能为后人所知。坟土犹湿，那些善的与恶的、美的与丑的也将全部被人忘却。然而因各朝各代皆设史官一职，史册又能妥善保存，故而虽然古人已亡，其身也朽，但他活着的时候所做的事情却为人所知，如同天上的星月那样明晰。后世之学者，凭借阅读史册，就能和古人做思想上的交往；不出门户，却能洞察千年的历史古貌。后人在阅读史册时，见到德才兼备者，便向其学习；见到品德恶劣者，则考虑如何从其身上引以为戒。《春秋》一书编成，乱臣贼子因惧怕遗臭万年而对自己的恶行会有所收敛，而此书也为史家树立了秉笔直书的样板。崔杼弑其君，太史书写其事被杀；其弟再续，又被杀；另一弟再写之。南史氏听说后，准备也用自己的生命维护史家不隐恶的优良传统。史官记载史实，实事求是，不饰美，不隐恶，客观上就起到了劝善惩恶的作用。就这一点而言，史书的社会作用是很大的。一般百姓可以从中得到为人处世之道，统治者也可以从中看到国家兴亡盛衰的经验教训。因此，历史书籍，无论是对大众，还是对国家，都是相当重要的，不可或缺。

　　刘知幾的这段话非常透彻地指出了历史学所具有的"断是非、惩恶行"之功能。罗马历史学家李维也说："往事研究特别富于教益，富于成效，因为从录于珍贵碑文的历史档案中可看到各种各样的范例。你可以从中为自己和自己的国家选择能够模仿的榜样，也可以从中察觉到源自始点的或过程中与终点的失误，并将之杜绝。"①惩恶劝善既是对史家提出的要求，也是历史学的重要功能之所在。

　　尽管历史不能再现，但在科学研究基础上总结出来的经验是可以复制、可以掌握的。它可以帮助人们少犯一些错误。

　　除了前面讲的两个价值以外，历史学到底还有什么价值呢？我认为第三个价值在于历史学是管理之基础。

　　第三，历史学是管理之基础。

　　历史学是管理之基础，历史学研究的对象是人与社会，其研究的主题就是人类本身及其行为，而研究的最终目的也是增进人类的知识与福利。因此，历史学研究的问题是学术问题，但常常也是社会问题，因为社会问题归根结底还是学术问题。学习历史可以获得"一种观察世务的方法，并可以加增认知事实和判断事实的力量"②；可以使人在运动和发展中明确方向，定位自己，定位自己的行为；可以使人在矛盾中分辨主次，看清大势，把握发展的创造性和主动性。

　　马克思说："人们自己创造自己的历史，但是他们并不是随心所欲地创造，并不是在他们自己选定的条件下创造，而是在直接碰到的、既定的、从过去承继下来的条件下创造。"③同样的话，马克思、恩格斯在另一处也有过阐述："历史的每一阶段都遇到一定的物质结果，一定的生产力总和，人对自然以及个人之间历史地形成的关系，都遇到前一代传给后一代的大量生产力、资金和环境，尽管一方面这些生产力、资金和环境为新的一代所改变，但另一方面，它们也预先规定新的一代本身的生活

---

① Livy, *History of Rome*, Preface, 10.
② 李守常（李大钊）：《史学要论》，65 页，北京，商务印书馆，2000。
③ 《马克思恩格斯选集》第 1 卷，585 页，北京，人民出版社，1995。

条件，使它得到一定的发展和具有特殊的性质。"①历史学正是研究和阐述人们在创造历史时所遇到的已有基础，管理者若能了解社会现实活动所赖以存在的历史条件和文化传统，制定有效的政策，就能更顺利地解决前进中的矛盾，取得理想的效果。因为每个人或单位都处于历史与现实之间，深受历史文化的影响，深受历史文化的制约。今天的决定既受制于昨天，更对明天的发展起重大的规定作用。优秀的管理者应该从历史的视角思考问题，承担历史的责任。

众所周知，管理的主体主要是人，提高人的精神创造力是管理者的重要责任。而历史学正好也是以人类的活动作为其特定的研究对象的。它能给管理者提供生动的事例、丰富的精神食粮。

中国共产党的创始人之一李大钊曾这样说道："吾人浏览史乘，读到英雄豪杰为国家为民族舍身效命以为牺牲的地方，亦能认识出来这一班所谓英雄所谓豪杰的人物，并非有与常人有何殊异，只是他们感觉到这社会的要求敏锐些，想要满足这社会的要求的情绪热烈些，所以挺身而起为社会献身，在历史上留下可歌可哭的悲剧，壮剧。我们后世读史者不觉对之感奋兴起，自然而然的发生一种敬仰心，引起'有为者亦若是'的情绪，愿为社会先驱的决心亦于是乎油然而起了。这是由史学的研究引出来的舜人亦人感奋兴起的情绪。"②这种精神食粮对管理者有教育之能，对被管理者也有示范之效，给人以信心与动力。充分利用历史学的育人功能，培养民众的自觉与自律意识本身就是管理的核心内涵，是管理者增强凝聚力、降低管理成本的重要途径。

大家如果留意的话，或许会注意到这么一句话，即"少谈一点主义，多研究一些问题"。这句话显然是不对的。这句话错就错在把主义和问题两者对立起来了。而现实和历史都证明，多谈主义与多研究一些问题并不矛盾，因为主义照样能够解决问题。

当然历史学的价值还有很多，由于对象不同，所以侧重点不同。对

---

① 《马克思恩格斯选集》第 1 卷，92 页，北京，人民出版社，1995。
② 李守常(李大钊)：《史学要论》，136 页，北京，商务印书馆，2000。

于学生来说，历史学对自身训练有价值；对于一般民众来讲，历史学在自身知识结构的完善和提升方面有价值；对于领导者而言，历史学的管理价值就显得更为重要。历史学有这么多价值，但如果人们不去或无法把它利用起来，那么这些价值就会失去作用。下面我要提出的问题是：如何才能充分发挥历史学的这些价值呢？接着我们就讲第三个问题。

三、正确认识历史与执政创造力

正确认识历史的根本目的是为了创造历史，推动历史的发展。执政创造力与正确认识历史之间有非常密切的关系。

第一，创造力是一个政党的生命力，是一个政党长期执政的基础。执政创造力来自多个因素，正确认识历史显然是执政创造力的重要保障。不了解现实的来龙去脉，脱离历史去研究现实问题，不但不利于问题的解决，相反会使问题更加复杂。因为许多问题都有深刻的历史渊源，是历史发展中的一环，不放入历史的长河中加以研究，就无法把问题说清楚，讲明白！

领导领导，你自己都不清晰，怎么去指导别人？为什么领导的话叫做指示，指示就是告诉大家应该往哪个方向去做。指示的基础就是要对历史和现实有深刻的认识。应该说，我们党在这一方面有很成功的例子。例如，1981年，中国共产党召开十一届六中全会，通过了一个重要的文件，叫作《关于建国以来党的若干历史问题的决议》，从党的六十年发展的历史中来确定毛泽东的历史地位，是一部用历史真实来解决我党重大问题的典范之作。

江泽民有这样一段话，他说："我原来是学工程技术的，这几年到中央工作，花了不少精力看中国的和世界的历史书。你不看些历史书籍，古往今来许多中外历史上的事情都不知道或不甚了了，就难以做好工作。"[1]我自己认为江泽民的这个话是心里话，也是他的经验之谈。江泽民

---

① 江泽民：《论社会主义市场经济》，282页，北京，中央文献出版社，2006。

举了一个例子，在我国政府恢复行使对香港的主权以前，他已经把香港小学从一年级到六年级所有的历史语文课本都看了，目的是从中了解香港社会、香港文化历史背景和香港居民从小学开始所受的教育，从而制定相应的政策。香港的平稳过渡以及持续发展显然与中央在深入研究香港历史的基础上做出的正确决策有关。

政治家虽然不是历史学家，但他们一旦与历史学结合，其处理问题的方法就会更合理，工作会更主动，成效也会更加明显。优秀的政治家都会在历史宝库中汲取智慧，从而提升自身的决策能力。

第二，执政创造力与政治领袖有密切的关系，与政治领袖自身的修养有密切的关系。人类社会已经进入信息化时代，时代对政治家的要求越来越高，文化素质越来越成为执政能力的重要组成部分，而历史学恰好能给执政者提供重要的资料、案例与智慧。你承认也好，不承认也好，现在的民众或新闻界对政治家的一言一行都非常关注。而历史学恰恰能给政治家们提供无数的智慧，因为这是由历史学的特点所决定的。那么历史学到底有什么特点呢？历史学的特点是可以和国内外一流的政治家和思想家打交道。这个学科和别的学科是不一样的，它每天都可以和国内外一流的政治家和思想家打交道。我们从中可以看司马迁对孔子的评价，学毛泽东的思想，听温家宝的演讲。

首先我们来看司马迁对孔子的评价。司马迁（公元前145或前135—前87年后），是我国西汉伟大的史学家、思想家、文学家。他借用诗经中的这样一句话来阐发自己对孔子的崇敬之情。他这样写道："'高山仰止，景行行止。'虽不能至，然心乡（向）往之。"大意是：高山啊，使我仰望，大路啊，让我行走；虽然我永远不能攀及顶峰，走至尽头，但我的心还是非常向往。司马迁接着说："天下君王至于贤人众矣，当时则荣，没则已焉。孔子布衣，传十余世，学者宗之。自天子王侯，中国言六艺者折中于夫子，可谓至圣矣！"其意思是说，天下从君王直至贤人很多，生前荣耀一时，死后也就结束了。孔子一介布衣，传世十几代，学者都尊崇他。上至天子王侯，中国凡是讲习《诗》、《书》、《礼》、《易》、《乐》和《春秋》的都要以孔子的思想观点来作为衡量正确的标准，孔子可以说是至高无上的圣人！这对孔子的评价已经达到极点了。这是司马迁对孔子的评价，很典雅，很高。孟子对孔子的评价只是一个"圣"字，而司马迁则评价其为"至圣"。

毛泽东留给我们的财富就更多了，这个伟人太伟大了。1944年，作为重庆《新民报》特派记者的赵超构到延安采访毛泽东，之后曾发表过《初见毛泽东》一文。他在文中这样写道："'毛泽东是一个最能熟习中国历史传统的共产党行动家！'……他精通共产党理论，而同时更熟悉中国历史。……中国的史书包括许多统治民众经验，同时也指示许多中国社会的特性，精通了这些，然后可以知道在某种程度以内尊重传统的力量，或利用旧社会的形式，以避免不必要的摩擦……毛泽东……在尊重农民社会的旧习惯之中播种共产党的理论和政策。毛先生另一点长处，是综合的工夫。不论是一场辩论，不论是一个问题的检讨，他最善于综合各种意见，而作一个大家认可的结论，或者综合过去的经验，而决定以后的方针。这种工夫，也不妨解释为熟读史书的成就。"[1]从历史上看，毛泽东确实是融学习历史、使用历史与创造历史为一体的典范。毛泽东摸索出来的成功经验很多，如在农村建立革命根据地，发展根据地，最后夺取全国的胜利。这是我们做管理工作的人、搞学术的人、搞教学的人都要认真学习的。它有普遍的意义。如果你连自己的根据地都没有，怎么去发展根据地，怎么去建立更大的发展空间？又如，在运动中消灭敌人，也是一成功经验。对弱势的一方来讲，只有在运动中才有可能把敌人的弱点充分地"调"出来，然后集中优势兵力将其消灭。这些都非常符合辩证法。如果大家留意的话，毛泽东有一句话叫作"党指挥枪"，这十分重要。"党指挥枪"是有前提的。如果党的水平不行的话，怎么能指挥得动枪，所以党一定要优秀。只有优秀的党，才有可能指挥得动枪，两者才能结合。如果离开了这个条件，你即使想要改变军阀的部队，你也做不到。而党的代表者恰恰是优秀的干部，所以必须加强我们党的干部建设，加强我们党的干部的先进性建设。从历史层面上看，"党指挥枪"这一理

---

① 阿古拉泰主编：《名人眼里的毛泽东》，150～151页，青岛，青岛出版社，2003。

论确实培养了一大批党的杰出领导人。再如，"宜将剩勇追穷寇，不可沽名学霸王"，号召人民解放军把所有的勇敢、勇气都用出来，去追击走投无路的敌人，不要为了"和平"的虚名，给敌人以喘息的机会，让其卷土重来。这话中既有历史又有经验，既有智慧又有思想，其创造力根本无法用语言表述。我自己认为大家应该多关注、多研究那些在最艰难困苦的情况中奋斗出来的领导人，因为在他们的身上有解决一切困难问题的方法和武器。

温家宝的演讲既在宣传和说明中国政府的政策，同时也在不断地传播中华文化，铸造中国形象。他演讲的价值不止在一个方面，而是在多个方面。所谓"行百里者半九十"，也就是说如果目标是百里的话，即使走了九十里，还只是完成了一半。用毛泽东的话讲，万里长征还只是走完了第一步。所谓"不畏浮云遮望眼，只缘身在最高层"是说，即使困难很多，也不用怕，因为你能够了解它的发展规律，居高临下，高瞻远瞩，因此浮云很快就会飘去，不会长久。所谓"为天地立心，为生民立命，为往圣继绝学，为万世开太平"是说，应该把"心"立于天地之间，把"命"置于百姓之中，然后去为往圣继绝学，为万世开太平。如果把"心"立于自身之间，把"命"置于个人之中，这就显得太小了，根本承受不了"继绝学"、"开太平"的重任。所以我认为温家宝的文化素养显然是与有 5000 年悠久历史的大国形象相匹配的。

向一流的思想家、政治家学文化对于提升执政创造力很有帮助。从一流的思想家、政治家那里，我们除了可以学文化以外，还可以学管理、执政语言或执政风格。这更是历史学的强项。而真正把这些学好了，对于提高自身的执行力、判断力和决策力都有非常重大的意义。执行力、判断力和决策力都会直接影响执政创造力。我们现在到处讲决策力和执行力，但它们的关键还是创造力，也就是你要有引领、指导别人的能力。对于政治领导人来讲，执政创造力体现于各个细节之中。

我们先看看毛泽东的表扬艺术。1935 年 10 月，中央红军经过长征到达陕北吴起镇，后面有一支骑兵跟了上来，这就是宁夏马鸿逵、马鸿宾的军队。这支队伍如果跟着中央红军进入陕北根据地的话就会产生很大的麻烦，因为红军刚刚到陕北，脚跟还没有立稳。所以毛泽东要求彭德怀带领军队把这一支跟过来的军队打回去。胜利后，毛泽东给彭德怀写了一封表扬信，内容是："山高路远坑深，大军纵横驰奔。谁敢横刀立马？唯我彭大将军。"彭德怀很谦虚地把后面的"唯我彭大将军"改成了"唯我英勇红军"。我的问题是：这封信表扬的到底是谁？（停顿、思考）这封信的第一个层面肯定是表扬彭德怀，但第二个层面毛泽东表扬的肯定是毛泽东和彭德怀的相互合作。毛泽东的名字没有出现，但信是毛泽东写的，毛泽东表扬的是毛泽东和彭德怀之间的亲密合作。第三个层面表扬的又不纯粹是毛泽东和彭德怀的合作，实际上毛泽东表扬的是毛泽东的战略思想和彭德怀的战术落实之间的密切合作。这应该是这封表扬信的核心。这些创造性的表扬方法和形式对于提高我们党的凝聚力和战斗力应该说意义深远，价值巨大。

下面我们再看一看毛泽东动员民众的能力。我们先来看一段视频。毛泽东用较为浓重的湖南话说：

> 诸位代表先生们：我们有一个共同的感觉，这就是我们的工作将写在人类的历史上，它将表明：占人类总数四分之一的中国人从此站立起来了。……让那些内外反动派在我们面前发抖罢，让他们去说我们这也不行那也不行罢，中国人民的不屈不挠的努力必将稳步地达到自己的目的。（笑声）

这是 1949 年 9 月 21 日毛泽东在中国人民政治协商会议第一届全体会议上的开幕词中讲的一段话。毛泽东在这里说的是"占人类总数四分之一的中国人从此站立起来了"，而不是我们大家都在说的"中国人民从此站立起来了"。"中国人"和"中国人民"只有一字之差，但含义却有很大的不同。因为毛泽东讲这句话的时候，中国的版图上还有很多地方没有解放，用"占人类总数四分之一的中国人从此站立起来了"这么一句话就把国统区、解放区和世界各个地区的华人都团结起来了，说出了所有华人都想说的话。全世界的中国人都有一种彻底翻身的感觉。这就是毛泽东语言的创造力，其威力是不是胜过百万雄师呢！执政创造力有可能来源于单位、团体的合力与实力，也有可能来源于制度与规章的合理规定，但有的时候，常常来源于领袖们或管理者自身的语言！！！

　　思想的创造力常常在领袖人物身上表现得非常清晰、非常充分。举一个例子。毛泽东的三个世界划分的理论，这是定规则。正是由于这个新规则，即三个世界的理论，解决了无数外交以及一系列国际关系等问题，结交了许多朋友。政治家的思想和语言的创造力太大了。1970 年，毛泽东在会见非洲客人时讲亚、非、拉三洲是第三世界，中国是第三世界的一部分。1971 年，中国恢复在联合国的合法席位，毛泽东说第三世界的兄弟们在中国恢复在联合国的合法席位上提供了很大的帮助。1972 年美国总统就来了，尼克松访华，之后美中关系以及世界上的许多关系都发生了很大的变化。当然三个世界理论作为一个完美的、完善的体系是 1974 年出现的[①]，但 1970 年的时候已经非常明确地提出来了。周恩来说毛泽东的三个世界理论是经过长时间段的思考以后形成的结论，这个三个世界理论把中国之前没有解决的问题都解决了，因为这个理论拉近了亚、非、拉大量民族之间的关系，使其成了中国人民的朋友，因为我们有共同的命运、共同的目标和共同的任务，我们之间都是朋友，都是命运一致的朋友，我们都是在反对殖民主义的斗争中获得国家独立的。就是这样一些有共同命运、共同遭遇的朋友帮助中华人民共和国恢复了在联合国的合法席位。毛泽东之思想创造力可见一斑。没有动用任何武力，也没有其他方面的任何重大动作，却取得了武力等都很难达到的效果。所以，许多行为是伟大的，但正确的思想可能更伟大。一旦正确的思想与行为相结合，那么它创造出来的价值就更大。

　　向一流的政治思想家学习，这是历史学的特长和强项。历史学从连

---

　　① 1974 年 2 月 22 日，毛泽东在会见赞比亚总统卡翁达时，最为完整地提出了将世界划分为三个世界的理论。毛泽东说："我看美国、苏联是第一世界。中间派，日本、欧洲、澳大利亚、加拿大，是第二世界。咱们是第三世界。""第三世界人口很多。亚洲除了日本，都是第三世界。整个非洲都是第三世界，拉丁美洲也是第三世界。"1974 年 4 月 10 日，邓小平在联合国大会第六届特别会议上，全面阐述了毛泽东关于三个世界划分的理论，并就中国的对外政策做了详细的说明。

续的角度、发展的角度分析问题，总结经验，判断和定位政治家思想对历史发展的影响。只有判断定位准了领袖的作用和价值，才会对我们的国家、领袖有所敬意。没有敬意就不可能有自觉的行为。这个自觉的行为包含两方面的内容：一是学习，另一便是执行与落实。

下面我们来看一下邓小平的执政风格。从邓小平的执政风格中能看到什么？在座的各位一定都读过《邓小平文选》，那么各位读过《邓小平文选》会有什么样的感觉？（停顿、思考）我认为这个文选非常好，从《邓小平文选》中我们能够判断出邓小平是一个有高度责任感的政治家、聪明睿智的实干家、成就盖世的总指挥家。他改革的所有目标几乎都实现了。无论是农村土地承包，还是建立经济特区，无论是改革开放，还是进行政治体制改革，无论是废除干部终身制，还是一国两制，等等，可以说是项项成功，场场凯旋。邓小平的执政风格具有十分鲜明的特点，这就是集决策、动员、宣传、落实、总结于一体。我认为这种风格与邓小平长时间担任政治委员有密切的关系，也就是政治委员的性格。

"毛委员救国，邓政委富国"，说明了一个什么样的道理呢？说明决策力和执行力都来自历史的永恒真理——会"做人的工作"。

古人说，"君子以多识（记住）前言往行，以畜其德"。刘知几说，读史可以"见贤思齐"，"见不贤而自内省"。西方近代哲学家培根也有一句话，他说："读史使人明智。"这些都告诉我们，历史学对人的人格的完善有重要的意义，这些对于我们的领导干部来说，都非常重要。我们党的领导干部是时代的先锋、民族的楷模，更应该主动地从历史当中汲取智慧，因为在你们的身上肩负着"为万世开太平"、"兼济天下"的重任。

最后我想用下面的话，结束我的讲课："人固然可以忽略过去，但永远不能与过去分离。因为先人们创造的历史和文化始终伴随着你我，与我们同行，给我们便利。它们渗透于我们的血液里，传递于我们的语言间，闪光于我们的思想中。我们应该对历史怀有敬意，怀有崇高的敬意！"（热烈鼓掌）

历史与治国经验的思考

今天我讲课的题目是"历史与治国经验的思考"，分三部分内容：第一，治国经验来自何处；第二，历史与治国理政；第三，历史学与治国经验的思考。

一、治国经验来自何处

治国经验来自何处？简单来说，一是来自亲自实践，二是借鉴别人的实践成果。前者就是指自己的实践经历，所谓"宰相必起于州郡，猛将必发于卒伍"，"合抱之木，生于毫末；九层之台，起于累土"，是很有道理的。基层常常是矛盾最集中的地方，但同时也是最能化解矛盾的地方。领导干部有基层、地方经验对于治国理政十分重要。后者主要是指间接经验，也就是历史上留下来的经验。

二、历史与治国理政

有人说：历史是过去的政治，政治是明天的历史。虽然这句话不够全面，但还是有一定道理的。刘家和先生曾多次强调，"历史是政治现实运动发展的轨迹"，现实的政治运动不可能完全从零开始，它与历史有着密切的关系。连续性是历史发展的特点。今天是昨天的延续，昨天是今天的基础，不能割裂。不念过去，必然会茫然于当下，迷失于未来。治国者治国，必须首先了解国情，而历史是最深刻的国情。

大家都知道我国的汉唐是当时世界上最强大的国家。汉初逐渐走向强盛的原因是及时调整了"逆取"和"顺守"时的政策，采用的是"无为"、

257

"宽舒"和"中和"之政。改变政策的依据是历史，是秦朝没有及时调整政策，不知"攻守之势异也"的道理，"用刑太极"从而导致灭亡的历史。

唐初的许多政策的制定和调整也与历史有关。中国是农业大国，重农是国家的根本。唐初统治者根据"过役人力"导致强隋速亡的历史，提出"国以人为本，人以衣食为本，凡营衣食，以不失时为本"的思想，制定"省徭薄赋，不夺农时"的政策，使农业生产迅速恢复，民生问题得到迅速改善，为"贞观之治"的出现提供了必要的物质基础。[①]

又如，唐太宗贞观十一年(637)，唐太宗下诏令宫中有关部门铸造宫内金银用器五十种，因此出现了"供官徭役，道路相继"、"春夏秋冬，略无休时"的情况，百姓"咸有怨言"。马周以三个历史事实论证之：隋朝在洛口仓储藏粮食，却为李密所夺；在东京洛阳积蓄布帛，却被王世充所占；西京府库的财物，也为大唐所用，至今还没用完。他认为，"贮积者固是国之常事，要当人有余力而后收之。若人劳而强敛之，竟以资寇，积之无益也"，并提出了非常重要的观点："自古以来，国之兴亡不由蓄积多少，唯在百姓苦乐。"[②]唐太宗认为此言极是，于是停止了上述政策的实施。

在内政方面，关注法制建设是西方重要的治国方略和传统。早在东罗马帝国时期，查士丁尼就说过，要在战争时期或在和平时期公正地治理国家，必须依靠两样东西，一是武器，一是法律。世界古代史上规模最大的《查士丁尼民法大全》就是查士丁尼时期完成的。1804年，法国制定反映资产阶级革命胜利成果的法典——《拿破仑法典》，实际上就是以罗马法(主要根据《法学总论》)为蓝本的民法典。这部被恩格斯称为"典型资产阶级社会的法典"的法典，从结构、内容、基本原则到法律术语都学习和假借罗马法。1900年制定的德国民法典，实际上也是以《查士丁尼民法大全》中的《学说汇编》为其蓝本的。

用历史事实来解决国家的重大问题是古今中外的政治家经常使用的

---

① 参见《贞观政要》，"务农"第三十。
② 《贞观政要》，"奢纵"第二十五。

一种方法，它很容易统一思想，达成共识，因为"历史中有一切治国之道"（丘吉尔语），有解决人类众多复杂问题的共通之法。这一点非常值得我们关注。

三、历史学与治国经验的思考

从严格意义上讲，历史与历史学是两个不同的概念。历史是指已经过去的事物与现象，是客观世界以往的发展过程。历史学则是人们对客观世界的认识。客观的历史不能再现，但科学地总结出来的经验是可以复制，可以掌握的。那么，历史学与治国经验到底有什么关系？

第一，历史学研究的主要对象是人与社会，其研究的主题就是人类本身及其行为，目标是求真，最终目的是增进人类的知识与福祉。因此，历史学研究的问题与治国者有非常明显的一致性。

马克思说："人们自己创造自己的历史，但是他们并不是随心所欲地创造，并不是在他们自己选定的条件下创造，而是在直接碰到的、既定的、从过去承继下来的条件下创造。"[①]历史学正是研究和阐述人们在创造历史时所遇到的已有基础的学问，其研究的对象是现实运动的起点。实际上，每个人或国家都处于历史与现实之间，深受历史文化的影响，深受历史传统和条件的制约。今天的行为既受制于昨天，更对明天的发展起重大的规定作用。

我们都说美国的历史很短，但美国的文化传统非常悠久。这个传统来自何处？来自古代的罗马。对于西方列强来说，搞帝国主义是传统，不搞帝国主义倒有违传统，是不大可能的。处于19世纪末至20世纪上半叶的历史学家特纳指出："几乎三个世纪以来，美国人生活中占支配地位的一大事实一直是扩张。"[②]美国史充满着扩张这一永不改变的特色。现在

---

① 《马克思恩格斯选集》第1卷，585页，北京，人民出版社，1995。

② 齐世荣、钱乘旦、张宏毅主编：《15世纪以来世界九强兴衰史》下卷，858页，北京，人民出版社，2009。

的美国政府除了用武力以外，还用所谓"软实力"来颠覆别国政府。据统计，截止到 2005 年 8 月 15 日，全球共有 2914 个非政府组织在中亚地区注册。这些组织大多有美国背景，并以参与政治为目的。美国认为利用这些组织达到"无声的政权更迭"最为理想。2005 年 5 月，美国总统小布什在参加一个非政府组织的仪式时透露：为了在阿富汗和伊拉克推进"民主"、进行政权更迭，美国几乎耗费了 3000 亿美元；相反，在策划独联体地区的"颜色革命"中，美国仅花了不足 46 亿美元。① 应该说，美国实施帝国主义战略是旗帜鲜明的，但采取的行动会因时因地，各有舍取。

日本明治维新以后，选择脱亚入欧，向欧洲学习。学什么？学的就是走军国主义的扩张富国之路。1873 年 3 月 15 日，日本岩仓使团在考察德国兴起、发展和强大的原因时，拜会了德国的"铁血宰相"俾斯麦，向他请教小国富强之道。俾斯麦说："方今世界各国，虽皆声称以亲睦礼仪相交往，然此全系表面文章，实乃强弱相凌、大小相侮……彼之所谓公法虽号称保全列国权利之典章，然而一旦大国争夺利益之时，若与己有利，则依据公法，毫不变动；若与己不利，则翻然诉诸武力，固无常规也。小国孜孜省顾条文与公理，不敢越雷池一步，以期尽力保全自主之权，然遭其簸弄凌侮之政略，则每每几乎不能自立。是以（普鲁士德国）慷慨激奋，一度振兴国力，欲成为以国与国对等之权实施外交之国。乃振奋爱国心，积数十载，遂至近年始达成所望。"② 俾斯麦这番"强权即公理"的话不久就成了日本的治国方针，使日本走上了欺凌、侵略弱小国家的道路，而且很快就见到了效果。例如，甲午战争后，日本就迫使中国赔款两亿三千万两白银，相当于日本国库的四五倍。③ 下面我们看看具体的历史：1871 年组建天皇"亲兵"近卫军；1873 年建立常备军，称"皇

---

① 参见齐世荣、钱乘旦、张宏毅主编：《15 世纪以来世界九强兴衰史》下卷，862 页，北京，人民出版社，2009。

② 张经纬、汤重南主编：《近代日本的内外政策与东亚》，21 页，北京，中国社会科学出版社，2011。

③ 参见张经纬、汤重南主编：《近代日本的内外政策与东亚》，17 页，北京，中国社会科学出版社，2011。评论参见龚书铎：《求是室文集》下，434 页，北京，社会科学文献出版社，2011。

军"；1874 年发动侵略中国台湾的战争；1875 年，挑起侵略朝鲜的江华岛事件；1876 年签订《江华岛条约》；1894 年，发动侵中、侵朝的甲午战争；1900 年，八国联军侵华，日本出兵两万三千人，是八国联军中出兵最多的国家；1904 年日俄战争爆发；1910 年，朝鲜成为日本的殖民地；1915 年，向袁世凯提出灭亡中国的"二十一条"；1931 年，发动九一八事变；1932 年，成立伪满洲国；1935 年，策划华北五省自治；1937 年，发动七七事变，发动全面侵华战争；1945 年，中国的抗日战争胜利，日本被彻底打败。由此可见，实施帝国主义政策是其国家战略的重要组成部分。

那么，西方帝国主义传统的祖师爷是谁？是古代罗马。

而就中国来说，文化的核心就是和谐。在中国的文化中，根本没有搞帝国主义的基因。

学习历史可以获得"一种观察世务的方法，并可以加增认知事实和判断事实的力量"[1]；可以使人明辨方向，看清大势，把握发展的前瞻性和主动性。读史使人明智，使人能够在复杂的变化中，保持清醒的头脑，保持做人、为官、治国的本质定力。优秀的治国者可以在了解历史文化的传统中增强自己的判断力、决策力和执行力，制定出有利于国家发展的政策，在推动社会进步的同时，不断丰富自身的治国经验。

第二，中国传统的历史学是前人的实践和智慧之书，常常是政治家的经验之学。中国传统的历史学实际上是一门治国之学，是治国者必备之良师，常用之武器。因此龚自珍有"欲知大道，必先为史"的著名论断。习近平总书记指出："历史记述了前人积累的各种科学文化知识，记述了他们治理国家和社会的思想与智慧，记述了他们经历的成功和失败的经验与教训，学习和了解这些历史上的文化知识、思想智慧、经验教训，本着'择其善者而从之，其不善者而去之'的科学态度，结合领导干部的思想和工作实际，或者吸取应用，或者作为借鉴，或者引为警戒，这对

---

① 李守常(李大钊)：《史学要论》，65 页，北京，商务印书馆，2000。

于提高我们的思想政治水平、改进我们的工作，是会大有助益的。"①"历史中存在着普遍真理。"当然，这种普遍真理还要通过历史学将其揭示出来并产生作用。例如，白寿彝在深入研究中国统一多民族国家历史发展的基础上，于1951年5月5日的《光明日报》上发表《论历史上祖国国土问题的处理》的文章。文中指出，历史研究应当以中华人民共和国国土为范围，由此上溯，研求自有历史以来，在这片土地上的先民的活动。这一理论，对于合理确定中国历史教学与研究的范围具有重要意义，对维护中国统一多民族国家的历史和现状具有重大价值，为我国制定相关的民族政策提供了重要的决策依据。

第三，总结历史经验是历史工作者和治理国家者同样重要的任务。有些经验或教训对我们有一定的启示，有些可以帮助我们少走很多弯路。15世纪以来出现过的9个强国中，葡萄牙、西班牙、荷兰、英国、德国、法国、美国、日本都是依靠利用海洋，走上快速发展之路的。例如，日本早在明治维新时就提出"雄飞海外论"，要"开拓万里波涛，布国威于四方"。再如，19世纪90年代，美国学者艾尔弗雷德·马汉提出"海上实力论"，主张利用美国的两洋优势，大规模建立现代海军。他认为，不论美国人"愿意与否"，美国"现在必须'向外看'，因为这个国家日益增长的产品要求它这样做"。第二次世界大战后，美国更是加快利用海洋的步伐。1961年，美国总统肯尼迪提出"美国必须开发海洋"，成立由几个政府部委组成的委员会，协助总统领导海洋事业的开发。20世纪60年代末，美国政府出资组织近千名科学家对海洋问题进行研究，把能否充分地利用海洋，提高到"将深刻影响美国安全和经济地位"的高度。80年代，美国提出"全球海洋科学规划"，更把发展海洋科技提到全球战略的位置。② 这一点非常值得我们关注。中国海疆广阔，管辖海域面积大约有300万平方千米，占国土面积的四分之一左右，但开发很少；中国海上资源丰富

---

① 习近平：《领导干部要读点历史——在中央党校2011年秋季学期开学典礼上的讲话》。
② 参见齐世荣、钱乘旦、张宏毅主编：《15世纪以来世界九强兴衰史》下卷，794页，北京，人民出版社，2009。

但实际利用有限。如果说中国西部大开发是中国的国情使然，那么中国海疆大开发则是中国持续发展的重要保证。随着中国经济的迅速发展，中国海疆资源的开发与利用也必将成为我国经济的新的突破点。

当然，创新型的教育对于国家的发展影响巨大。无论是德国还是美国，都是这方面的先行者，也是非常明显的受益者。19世纪德国崛起的一大秘密武器就是19世纪初洪堡开创了德国高等教育改革与创新的全新模式，把科学研究引入学校，使其成为高等教育的重要组成部分。第二次世界大战以后，美国的高等教育异军突起，使高等教育的功能变成教学、科研与社会服务并重。从1901年至2007年，美国有271人获诺贝尔奖，占总数521人中的42%。谁拥有了先进的教育，谁就拥有了先进的青年，谁就拥有了先进科技的创造者，谁就把握了新时代强国富民的根本点。人的持续发展是社会发展的核心。

19世纪俄国思想家赫尔岑说过："充分地理解过去，我们可以弄清楚现状；深刻认识过去的意义，我们可以揭示未来的意义；向后看，就是向前进。"我们党的领导干部是时代的先锋、民族的楷模，有主动从历史当中尤其是我们党的优秀传统中汲取智慧的高度自觉，因为在你们的身上肩负着"兼济天下"、"为万世开太平"的重任。衷心地祝福大家在为人民立德、立功、立言的过程中创造出更多的奇迹。

我的讲演到此结束，欢迎大家批评指正，谢谢大家。

罗马崛起的原因

罗马从意大利中部一个仅有 3300 个男子的小山村，发展成一个横跨欧、亚、非三洲的大帝国，这在人类发展史上是很少见的。罗马帝国崛起并在长达 1000 多年的时间里持续发展，原因很多，今天我们只讲四个方面：第一，有一支战无不胜的军队；第二，有可持续的经济保障；第三，有优越的政治管理体制；第四，有开放的文化思维。任何一个民族或国家要真正崛起并长时间保持繁荣和发展，肯定有它的先进性。如果没有自己得天独厚、不可替代的先进性，它要持续发展是有困难的。这是历史告诉我们的道理。

一、罗马的崛起

罗马位于意大利中部，罗马城的建立和国家的发展几乎是同步的。罗马城大约建立于公元前 753 年，最初人口大约只有 3300 个男子。除了人口非常少以外，罗马占领的地区也很小，主要是意大利中部的七山地区。从严格意义上讲，罗马只能算一个小山村。就是这个小山村，不久以后变成了地中海世界的主角，改变了地中海沿岸几乎所有地区历史发展的方向，使地中海变成了它的内湖，这么大的变化在人类历史上是十分罕见的。罗马的影响力甚至一直延续到现在。世界上几乎所有的民族都从它创造的文化中汲取了养分。

罗马是怎样崛起的呢？也就是说罗马是怎样从 3300 人发展到 5400 万人并在人类历史上发挥重大作用的呢？

罗马的第一任国王叫罗慕路斯，统治罗马 37 年。罗慕路斯时期，做了一件很大的事，就是通过骗婚把附近的萨宾部落的妇女骗到罗马去。

图 25　罗马抢婚画

为此，那些萨宾妇女们的父老兄弟与罗马人打了好长时间的仗。然而，十个月以后，小孩出生了，那些萨宾妇女就要求两方不要再打了，因为双方都是他们的亲人，一方是娘家人，一方是自己的丈夫和自己的小孩。在这种情况下，两方慢慢合并起来，变成了一个共同体，罗马才开始慢慢发展起来。

150 年以后，罗马的人口增加了，男子士兵达到了八万人，要生存下去，就必须跟意大利周边地区的居民进行战争。罗马北部是埃特鲁里亚人，南部有分居意大利中部的萨莫奈人和意大利南部的希腊人。公元前8—前 6 世纪希腊进入大殖民时代，因为意大利南部农业生产、航海业的发展比较好，所以有很多希腊人迁徙到这儿，史称"大希腊"。

罗马扩张的过程，实际上是以罗马城为中心向外发展的过程。罗马人首先征服了北部的埃特鲁里亚，然后向意大利中部地区扩张，征服了萨莫奈人，然后再向南部地区扩张，征服了意大利南部的希腊人。在征服南部希腊人的过程中，罗马人碰到了一种他们从来没有看到过的秘密武器——大象。罗马人在征服意大利北部和中部的时候都是步兵作战，但是南部希腊是城邦，也就是一个一个小国家，以他林敦为中心。他林敦人和罗马人打仗的时候，感觉到自己打不过罗马人，就向希腊人——希腊北部伊庇鲁斯的国王皮鲁士请求支援。于是皮鲁士国王带着两万多士兵来到意大利南部，帮助南部的希腊人跟罗马人打仗。皮鲁士是亚历山大的远房亲戚，有一定的野心。亚历山大用三万五千多兵力打败了整个波斯帝国的几百万大军，如果在全世界选拔前十位的军事家的话，亚历山大一定在前十位之内。亚历山大在东部地区建立了庞大的亚历山大帝国，皮鲁士就想自己有没有可能在西部地区建立一个和亚历山大帝国一样大的皮鲁士帝国。刚好意大利南部的他林敦人邀请他帮助他们和罗马人抗争，他认为这是建立西部皮鲁士帝国的大好时机，于是带领两万多人到了意大利半岛，还带了一个最重要的武器——二十多头大象。在罗马人和皮鲁士打仗的过程中，前两次双方打了个平手。这主要是大象发挥了作用。罗马人很勇敢，但牺牲很大。而皮鲁士的两万五千人在这两次战役中伤亡也很大，大约死掉了七千士兵。当别人祝贺皮鲁士取得巨大胜利的时候，他说如果这也算胜利的话，那么他的老本就要赔光了。所以军事史上把这种模式的战争叫作皮鲁士式战争，也就是得不偿失的战争。后来，罗马人找到了对付大象这种秘密武器的方法，把皮鲁士的军队打垮了。意大利南部就成了罗马的一部分。

罗马征服整个意大利，成为意大利半岛的主人，大约花了 450 年的时间。

罗马成为意大利的主人后，下一个方向是往地中海西部发展。他们最先遇到的敌人是迦太基人。迦太基位于现在非洲的突尼斯一带。迦太基是怎么来的？迦太基人主要是一个商业民族。他们来自地中海东岸的腓尼基。这个民族因为经商最初在这儿登陆。登陆后，他们向土著民族要了一块地，居住下来。当时土著民族答应可以给他们一块地，但是这块地只有一张牛皮那样大。按照一般的想法，一张牛皮大的地很小。但是迦太基人把它做了另外一种解释，把牛皮一条一条剪下来，使其变成一根很长的绳。用这个牛皮绳圈出来的一块土地就很大了。他们在这块土地上建立了自己的城市。经过多年的发展，迦太基成了地中海西部地区尤其是地中海上的一支重要力量。因为迦太基人是一个经商民族，海军特别发达。而罗马的长项是陆军，海军较为落后。在跟迦太基人打仗的过程中，罗马人慢慢建立了自己的一支海军。所以，跟迦太基人打仗对于罗马人帮助很大。这个最大的帮助就是迫使他们去思考、去建立一支海军。罗马海军建立的过程非常艰苦，付出的代价也很大。因为罗马人是个陆上民族，不懂海上的习惯。在几次战争中，尤其是碰到大风大浪的时候，罗马人费了很大劲建造起来的一支支船队都被海浪打翻了，士兵皆葬身鱼腹。但是罗马人不久以后掌握了开船航行的一系列规律，建立起了一支强大的海军，用了一百年时间和迦太基人打了三次主要的战争，最后把迦太基打败，成为地中海西部的主人。

罗马成为地中海西部的主人以后，下一个目标是往东发展。他们首先遇到的是希腊人、马其顿人。在希腊马其顿这块土地上，马其顿方阵是其主要力量。亚历山大利用马其顿方阵，用十年时间就把波斯帝国消灭了，这说明马其顿方阵有它明显的先进性。但是马其顿方阵在罗马人面前几乎没有打赢过，罗马军队几乎把马其顿方阵都吞掉了。征服马其顿、希腊以后，罗马接着又花了将近一百年的时间把东部地区的叙利亚王国和埃及王国等消灭了。

这样，横跨欧、亚、非的一个大帝国就出现了。当然罗马后来也有很大的发展，一直到两河流域的波斯湾都是罗马帝国的领土。当打到波斯湾的时候，罗马帝国的元首图拉真发出了一声感慨："如果我年岁小一点的话，我就要建立比亚历山大帝国更庞大的帝国。"但是他年纪太大了，看到波斯湾的海边就回撤了。在回罗马的途中图拉真就去世了。在图拉真时期，罗马的疆域达到了最大。它东起两河流域，西及不列颠的大部分地区，南括埃及、北非，北抵莱茵河和位于多瑙河以北的达西亚。在罗马帝国强盛的时候，旁边的许多国家都希望把自己的国土交给罗马人管理，但皆被罗马人拒绝了。因为这些国家的土地给了罗马人以后，罗马人还得养活这些土地上的一批人。

奥古斯都是罗马非常重要的一位元首。他把罗马帝国的北部边界推至莱茵河、多瑙河这一条线，东部则放在两河流域。这里面当然有他的战略布局。奥古斯都去世的时候留下一句话：帝国的领土不要再扩大了。也就是说罗马人有这么庞大的疆域已经足够了，再扩大就会陷入因战线太长而无力保卫的困境。从战略的角度上讲，奥古斯都认为，罗马的敌人主要来自北部地区，所以他的军队都设在莱茵河、多瑙河一带，南部地区几乎没有军队，非洲地区只设了一个军团。奥古斯都希望用几条防线来防止罗马帝国面临的北部侵略。第一条防线是以河流为屏障的自然防线，第二条防线是以军团为屏障的军事防线，第三条防线就是军团与罗马行省建立起来的联合防线。莱茵河、多瑙河一线的许多重要城市都是在罗马军团、军营的基础上发展起来的。绵长的补给线是连接军营和内地的重要纽带。这些补给线的中心就是罗马，所以才有"条条道路通罗马"这一谚语。

罗马帝国面积巨大，除陆地以外，还有一大片水域，这就是地中海。地中海太重要了，一般人只认为陆地是领土，其实地中海照样是领土，或者说是领土的延伸，地中海就好像是一个舞台，把周边地区统领起来的一个舞台。从这一点上说，罗马帝国应该感谢第一次和第二次布匿战争期间创建起来的海军。如果不创建海军的话，罗马人即使征服了这个地区，也很难治理。这就是政治家英明的地方。

到公元前1世纪30年代的时候，以地中海为桥梁、连接欧亚非三大洲的罗马帝国在地球的西半部出现了。这个庞大的帝国一直到现在还保持着空前绝后的纪录。如果测算一下，罗马应该有一千年时间始终处于持续发展的态势。这是非常值得注意的。因为一般来讲，王朝有更替规则。即使真正有实力的王朝也只有三四百年的时间。罗马持续发展了一千年，肯定有它的秘密。美国建国的时候，对于到底按什么体制来治理美国进行过较为深入的讨论。有的人主张用雅典的民主制，有的人主张用罗马的共和制。经过争论后，美国最后选择的是罗马的共和制。我们总是说，美国的历史很短，但这句话是不够准确的。准确的话应该是：美国的历史很短，但美国的文化传统非常悠久。他们的传统来自何处？主要来自罗马。美国就是活生生的罗马。美国人的思维模式就是罗马人的思维模式，用一句话概括，就是通过对外扩张来解决内部问题。大家都知道纽约哈得孙河上的自由女神像，手里拿着《独立宣言》和火炬，象征着自由，但这是法国人送的，不能代表美国的核心精神。那么美国的核心精神在哪儿？如果大家有所留意，美国国会山的顶端还有一尊女神像。这个女神像和法国人送的不一样，手里拿的是宝剑、盾牌和胜利的桂冠，这才是美国精神的核心。对美国而言，这尊女神像是美国土生土长的女神像，是美国精神的象征，是美国的灵魂。就连美国首都的中心国会山本身也是万神殿的翻版，跟罗马有密切的关系。所以尽管罗马帝国不存在了，但是它的文化一直在西方世界中产生影响。

二、罗马崛起的原因

罗马崛起的原因很多，这里主要讲四个方面。

第一，有一支战无不胜的军队。要崛起，没有军队是不行的，罗马崛起非常重要的一点就是军队的先进性。罗马的士兵是公民，但他们的另外一种身份很重要，罗马的士兵都有土地，也就是说士兵和土地所有者是重合的。他们既是要打仗的士兵，同时也是自身利益的直接保卫者。成为士兵，是罗马公民的一种义务，但更重要的是荣誉。对于罗马国家而言，非常重要的一点是军事至上，所以罗马的凯旋门特别多。罗马历史上大约有五百多次凯旋式。凯旋式的主体是军人、军队、将军，如果在一次战争中杀掉 5000 个敌人，他就可以举行一次大的凯旋式。大的凯旋式既是对胜利的一种纪念，也是对将军和士兵们的赞赏。凯旋式非常隆重，胜利的将军将骑着白马、戴着胜利的桂冠穿过罗马城，道路两边的公民们都为他的胜利欢呼。所以罗马的每一位男性公民都希望打仗，希望在自己的一生中能获得一次或者多次凯旋式，成为凯旋的将军。罗马这个文化传统恐怕是独一无二的。罗马几乎两三年就有一次凯旋式，有的时候一年中有三四次凯旋式。凯旋仪式实际上也是在传播一种思想、一种文化，这就是尚武精神，军队、军力至上。成为一个凯旋的将军，是罗马公民的骄傲，也是罗马人对男性公民的最高奖赏。所以有的时候，仪式好像是一个形式，但实际上它不仅是一种形式，它会在每一个人的心灵中留下深刻的印象，成为每一个人发自内心的一种追求。这是非常值得关注的。

罗马制胜的主要法宝是军团。军团是罗马成为地中海帝国的重要保证。军团的优势是能长时间保证群体处于体力的最佳状态。我举一个例子，与马其顿方阵相比，罗马军团的先进性体现在它的设计上。马其顿方阵像铁板一块，利用强大的冲击力、进攻力把对方冲垮。但是罗马人很聪明，他们知道马其顿方阵强大的实力好像一座山，任何一个个人在走过来的一座山面前都不能发挥作用，都会被这座山吞掉。罗马人看到马其顿方阵的强大冲击力以后，就考虑怎样把它的冲击力分解掉，主要就是通过军团这种模式。军团的优势是什么呢？我举一个简单的例子，大家就明白了。我们大家都看过美国男子职业篮球联赛（NBA），即使科比身体最好，四节比赛他也顶不下来。即使能顶住，他也不可能一直处于体力的最佳状态，所以到一定时间就必须把他换下来，叫别的人上，通过转换的方式使他的体力基本上保持在一个比较好的状态。罗马军团通过变换队形使每一位士兵都处于一种体力的最佳状态。而马其顿方阵不能周转，前面的人永远是打头阵，除非是牺牲了。一旦前面的人冲上去了就没有调整的可能。但一个人的体力是有限的，当前面的人打到半个小时或者一个小时的时候，他的体力就下降了，顶不住了。而罗马人恰恰是利用他体力顶不住的时候，新的一拨人上来了，交换三五次以后，整个马其顿方阵就垮了。所以罗马帝国的形成，有它的必然性、合理性和先进性。任何一个民族、一个国家如果要崛起，要长时间保持繁荣和发展的话，肯定要有它的先进性。如果没有自己得天独厚、不可替代的先进性，它要持续发展是有困难的。这是历史告诉我们的一个非常清晰的道理。

第二，有可持续的经济保障。罗马是按照财产的多少来划分等级，然后规定他们的权利和义务。按财产的多少划分等级，是什么意思呢？罗马刚刚建立国家的时候，当时有一个国王叫作塞尔维乌斯，他把罗马所有的公民按每个人的财富进行重新分类：个人财富在 10 万阿斯（罗马货币单位）以上的，是第一等级；财富为 10 万阿斯到 7.5 万阿斯的，是第二等级；然后就慢慢地减少下去，到最后一个等级财产就很少了，也就是 11000 阿斯以下。最后一个等级的任务就是生孩子，为罗马人提供青壮年，他们全体只有一票。（见下表）

表 4　塞尔维乌斯以财产划分的等级

财产（阿斯）	等级	百人队
10 万以上	第一等级	80 个重装步兵百人队，18 个骑兵百人队
7.5 万～10 万	第二等级	22 个次重装步兵百人队
5 万～7.5 万	第三等级	20 个次重装步兵百人队
2.5 万～5 万	第四等级	22 个轻装步兵百人队
1.1 万～2.5 万	第五等级	30 个轻装步兵百人队
1.1 万以下	不入级	1 个轻装步兵百人队

第一等级的选举人票就很多了，有 80 票，再加上骑士等级 18 票，等于有 98 票。98 票在全部的 193 票中就属于多数了。塞尔维乌斯以财产多少来划分等级，财产越多，社会地位越高。这里的财产是无限的，你可以把社会资源、自然资源都变成你的财产，甚至可以把天上的月亮摘下来变成自己的财产。塞尔维乌斯的规则是把获取财富当作光荣的事儿，鼓励大家往外去拓展自己的财富。自然界有这么多财富，只要你去把它拿来，无论是以战争模式、科学技术模式，还是以其他模式，只要变成你的，你就可以在罗马的价值系统中获取高的社会地位，所以它是具有开放性的。这一点跟我们传统的价值规则不大一样。在中国的封建时代，人们追求的目标是仕，也就是官。有了官以后，就有许多利益，社会地位或者说社会声誉也越高。所以，官是起点，而财富是做官后的结果。但官是有限的，官民肯定要有一定的数量比，不可能每个人都是官，那就有个选择。在中国封建社会尤其是隋唐以后，选择官员的主要手段是科举制度。科举制度应该说有它的合理性，它可以使一般的人都有可能成为国家或者地方的管理者。但是大家思考一下，当大量的青壮年都通过一条独木桥去争夺这么一块肥肉的时候，整个社会资本的浪费是很大

的。为什么？皓首穷经都去争这么一点资源，但进士也只有三百个人，而且常常是两三年选拔一次。什么叫状元？状元实际上就是一个政论文冠军，因为科举考试的命题都来自四书五经。当全国的知识分子都去争夺这么一个冠军，而且通过这种模式形成管理队伍的时候，社会资源的浪费显然是很大的。因为整个社会需要各种冠军，文学的冠军需要，管理的冠军也需要，哪怕是体育方面的冠军也需要，而这些冠军不纯粹是靠四书五经的政论思考就能够选拔的。所以罗马人的设置点和我们中国传统的设置点是不一样的。罗马人以财产划分等级，鼓励公民创造更多的财富。你想当官可以，你不想当官也无所谓，你也可以去发展其他的行业，去争取更多的资源，成为首富也好，成为第一个等级中富裕的公民也好，国家都是鼓励的。

罗马的经济模式是持续性的。大家都知道，罗马很富有，尤其是成为帝国以后。奥古斯都曾经有一句话，称是他把一座砖瓦的罗马城变成了一座大理石的罗马城。奥古斯都在位 44 年，他去世以前写了一个自传，这个自传现在还存在。我认真看了一下奥古斯都的自传，他 44 年间为罗马做的事情确实很多，给罗马城带来了一个改天换地的变化，把一个砖瓦的罗马城变成了大理石的罗马城。罗马非常繁荣，公民都可以免费拿到粮食。所谓面包加竞技场就是这种状况。面包加竞技场是政治家设计出来的。政治家搞这种设计的目的就是想用面包加竞技场来换取下层公民的政治权利，你把选票给我，我把基本的生活条件给你，至于政治上的事情你就不要管了，你的任务就是看看戏，吃吃面包，自由消遣就行了，政治权利慢慢就到元首这边了。现在我们许多人把罗马史中的"元首"翻译成"皇帝"，实际上这是一种错误的译法。因为"皇帝"和"元首"是两个概念，西方传统中没有"皇帝"这个概念。"元首"是公民们通过投票把权力授予给他，让他来进行统治。元首就是第一公民，但第一公民还是公民，跟大家是一样的，无非就是排在第一位而已。而"皇帝"是天子，他的权力来自谁也看不见的天，他是代表天来行使对臣民的治理。从法理的角度上讲，选择元首的权利还是属于公民的，不属于元首个人。所以元首本人的权力系统是有限制的。罗马的公民能够享受一定的国家福利，罗马城也建设得很好，那么钱来自何处？钱来自行省。罗马的行省就是被罗马人征服的地区，也就是说除意大利以外的地区，每年都得缴税。罗马的经济实际上是一种畸形经济。什么叫畸形经济呢？意大利经济很发达，留下的文物遗迹很多。大家看大竞技场，可以容纳七万人。这么大规模的建筑，在古希腊是看不到的，它没有这么大的经济实力。在其他的文明地区也看不到，因为它们也没有这么大的经济力量。如果大家再留意，罗马的万神殿是没有钢筋的，这么多年还保存着。这些建筑要有优秀的设计，也要有大量的经费。罗马政府通过"什一税"把地中海地区所有的钱都集中到意大利了，使意大利地区的经济很好地发展起来。对罗马的行省居民来讲，跟罗马人统治以前的其他统治者相比，"什一税"还是比较轻的。所以，在相当长的一个时间段里，罗马的行省没有发生大规模的居民起义和暴动。相反，他们还感觉到在罗马保护之下能够享受繁荣与和平。

罗马为什么把大量的钱花在意大利，尤其把罗马城建设得富丽堂皇？这当然有文化上的需要，更有政治上的考量。奥古斯都等政治家非常明白，建设好罗马城具有强大的政治威慑力。这个政治威慑力主要体现在：所有地中海地区的居民只要一到罗马城就会产生一种害怕的感觉。因为这些建筑的震撼力太强烈了。这么富丽堂皇的房子、这么强大的经济实力，对于地中海地区其他的没有组织能力或者组织能力弱的居民来讲，这就是"天堂"了。应该说，奥古斯都等进行的罗马城建设在政治上所产生的作用远远超过在经济上产生的作用。

第三，有优越的政治管理体制。除了经济特色以外，罗马的政治模式也有自身的特点。罗马的公民之间在政治上相对平等，在相当长的一个时间段里，你的投票权是属于你的，选举权也属于你自己。罗马的许多官员都是选举产生的，你如果不合格，就被人家在第二次选举时选下来了，所以公民有一种制衡权利。此外，罗马也有一系列法律，或者习惯，来保证公民的权利。在罗马，要判处公民的死刑，必须经过公民大会投票通过才能实施。任何一个政治家、任何一个执政者都不能随意判处某一个公民死刑。公民大会投票通过对某人实施死刑权，在现存的罗马文献中我们只能找到八例。为什么很少？因为公民大会不是想要开就能开的，一年当中可能偶尔开一次，有事了才开一开，即使开了，判处某人死刑也不一定能提上议事日程。所以，罗马被判处死刑的公民很少。

另外，罗马对政治权力也有明显的限制。大家都知道，罗马的最高行政长官是执政官，执政官两边的侍从都拿着法西斯。法西斯是权威的象征。这个权威由捆起来的十二根棍棒组成，中间插着一把斧头，这就是法西斯。执政官走到哪儿，两边的侍从就拿着法西斯跟到哪儿。法西斯中间的斧头如果插上的话，就意味着执政官有生杀予夺的大权。但是执政官生杀予夺的大权是有限度的，也就是说是有规则的，不能乱来。当执政官一进入罗马城，法西斯上面的斧头必须拿下来，目的是告诉执政官，在罗马公民面前你没有生杀予夺的大权。当执政官走出罗马城的时候，才可以插上斧头，也就是说在这个时间段里因为罗马公民授权于你，让你去对某一个地区行使管理，对某一些臣民进行治理，所以这个时候你可以有生杀予夺的大权。

我们都知道共和国是从罗马来的。什么叫共和国？Res Publica 就是公共的事务。这个公共的事务就是共同的利益、共同的参与、共同去分享成果。共同参与是很重要的，因为有一些参与是要付出代价的，有的甚至要付出生命的代价。所以，为了共同的利益去共同参与是公民的义务，当然成果也得去分享。我举一个例子，有一次元老院讨论是不是要以低于市场的价格给公民分发粮食。当保民官提出这个议案时，有一个执政官反对，他反对的理由是这个议案是保民官拿国家的钱施舍公民，慷国家之慨。但是经过表决，最后元老会通过可以以廉价的价格给公民分发粮食。议案通过以后，执政官本人也排队去领粮食去了。于是旁边的人就问他：你不是反对粮食法嘛，干吗在这儿跟我们一样排队领粮食呢？这个执政官马上就说，既然法案已经通过，我是公民成员之一，当然和大家一样也可以得到一份粮食。这个例子说明，只要形成决议以后，成果是大家共享的。

从政权机构来讲，罗马的政府很简单，主要有执政官、元老院和公民大会。公民大会投票的时候，大家集中起来行使权利。元老院在相当长的时间段里由三百个人组成。执政官只有两个，一年一选。这个体制模式跟美国的体制模式有一致性，无非是美国的执政时间长一点儿，成员多少不一致而已。执政官卸任以后进入元老院。元老院是众多优秀的执政官组成的一个机构。在相当长的一个时间段里，元老是终身制。元老院的三百个优秀的头脑集体来讨论国家未来的发展方向，思考罗马到底应该怎么走，保证相关政策的可持续性。政策的可持续性对于国家的长治久安非常重要。因为行政班子很快就会换届，如果权力都掌握在行政班子手中，就很容易出现政绩工程。罗马主要的权力掌握在元老院手里，而元老院又是相对稳定的，所以罗马的整个决策系统始终保持着政策的相对稳定性，这对一个民族或国家来讲就显得非常重要了。

除了政策上的稳定性以外，元老院还可以对政策的执行者，也就是执政官起一定的监督作用。因为元老院是政策的制定者，而执政官是执行者。元老院一旦形成共识以后，交给执政官们去执行，该打仗的打仗，该建设的建设。所以，罗马的决策权和执行权是分离的。为防止执政官在执行过程中出差错，元老院还有监督权。执政官完成任务以后，必须述职。按照罗马的规定，执政官在掌握权力的时候，人们不能对他提出起诉，但是如果执政官在执政时做错了事，卸任以后人们马上就可以起诉他。这个监督的力量是非常重要的。古代著名学者波里比乌斯（约公元前 200—前 118 年）对罗马的政治制度曾有过精辟的评论，他说，人们不可能发现比这更好的政治制度了。因为这种相互牵制和配合的制度，可以应付一切非常的事变。"当外来的共同危险迫使他们非互相支持、联合一致行动不可时，国家的力量便会变得这样强大，以至没一件必要做的事会被忽略，因为大家都热心地争着想办法来应付当前的需要，没一件已经决定的事不会立即付诸实行，因为大家不论在公私各方面都通力合作，以求完成他们所致力的工作；因此，这种特殊形式的政体，具有不可抗拒的力量，它所决心追求的任何目的都可实现。当他们再度摆脱了外来的威胁，获得了他们的胜利所带来的幸运和丰硕的成果，并且处于安富尊荣之中，像屡见不鲜的那样，他们就被阿谀和游惰所腐蚀，变得傲慢、专横起来。可是，我们看到国家本身已为它所患的这种毛病，提供了一种补救之方,这就是它的特殊之处。因为当某一部分长得跟其他部分已不相称,企图取得优势,并且有过分揽权的倾向时,由于上面所举出的理由,即三者之中没有一个可以专权,一个部门的意图要受到其他部门的制衡,所以,很明显地,它们之中没有一个可以凌驾于其他部门之上,或者以轻侮的态度对待它们。事实上,各个部门永远都保持着原状,一方面,任何越权的行为必然会被制止,另一方面,每个部门自始就得担心受到其他部门的干涉。"①

很显然,分权制衡是罗马政治的重要特点。罗马的整个政治体系里决策权和执行权分离,而且决策者和执行者没多少人,包括执政官两人,行政长官两人,管建筑的有几个,管财务的有几个,再加上罗马的元老院,总共也就四五百个人。由四五百个人管理这么大的一个帝国,这当然是一件了不起的事。所以西方学者提出,罗马行政管理的效率、罗马行政管理的方式、罗马行政管理产生的作用都是西方政治中非常重要的财富,这是有道理的。

第四,有开放的文化思维。罗马的思维模式非常明显,就是向外拓展。帝国主义这个概念起源于罗马。罗马是扩张领土、征服别人、掠夺别人的成果来发展自己的典范。西方后来出现的一系列殖民活动,都与罗马的传统有一定的关系。大家如果留意的话,日本明治维新以后选择的道路就是西方的道路。西方崛起最快、最有效的途径就是搞帝国主义。掠夺、扩张、贩卖人口,把人家的资源变成自己的,包括西班牙、英国、美国,都干过。日本明治维新以后,脱亚入欧,向欧洲人学习的就是帝国主义。可以说,罗马人是帝国主义道路的老祖宗。搞帝国主义是西方文化传统。

罗马还有一个非常重要的文化特点就是开放。罗马这个民族很开放,因为它的文化很差,拉丁字母是从别的文化中移植过来的,不是罗马人自己创造的。ABCD中,A就是从埃及象形文字来的,就是一个牛头。B就是一个门,是从埃及象形文字慢慢发展过来的。经过对希腊文的改造,

---

① Polybius, *Historiae*, 6, 18.

罗马慢慢地形成了自己的文字。罗马大胆地吸纳人类的优秀文化。最初的时候，拉丁文根本不能够表述清楚人们思维中产生的概念，只好用希腊文，所以罗马早期的历史作品都是用希腊文书写的。罗马是一个征服者，但是对于被征服者的文化，它又是主动的接纳者。诗人贺拉斯曾经说过这么一句话，"征服者反被被征服者所征服"，这就是就文化而言的。大家如果留意的话，马克思和恩格斯对这一问题也有相同的评述。马克思指出："野蛮的征服者，按照一条永恒的历史规律，本身被他们所征服的臣民的较高文明所征服。"①恩格斯也说："在长时期的征服中，比较野蛮的征服者，在绝大多数情况下，都不得不适应由于征服而面临的比较高的'经济状况'；他们为被征服者所同化，而且多半甚至不得不采用被征服者的语言。"②但是罗马开放性地接纳其他民族文化到自己国土的时候，也是有选择的。这我们可以从维吉尔的作品《埃涅阿斯》中看得很清楚。《埃涅阿斯》讲的是特洛伊城被打下以后，有一些特洛伊人从废墟中逃了出来。其中有一个叫埃涅阿斯，他背着老父亲和自己家族的灶神逃出特洛伊以后，漂洋过海，历经艰辛，跑到迦太基。迦太基当时执政的女王看中了埃涅阿斯，认为他很有本事，希望他留下来。埃涅阿斯最初感觉在这个地方生活非常安逸，但是后来他感到自己的使命还没有完成，于是拒绝了迦太基女王让他在这儿成家的要求，跑到意大利中部。后来他跟拉丁努斯的女儿结婚，变成了罗马人的祖先。维吉尔写这部作品的目的主要是要证明奥古斯都家族历史的悠长，希望用历史来证明奥古斯都成为元首的合法性。同时，在《埃涅阿斯》中，维吉尔还要回答这么一个问题，即尽管希腊人把特洛伊城打下了，取得了胜利，但这一胜利只是暂时的，最后的胜利还是属于罗马。因为希腊最后还是被特洛伊的子孙——罗马人征服了。维吉尔的文本带有明显的民族性和罗马民族的自信。我认为，罗马人是通过自己的作品，把开放性、选择性和民族性结合起来来发展自己的文化，从而形成自己的强势力量，并在相当长的时

---

① 《马克思恩格斯选集》第 1 卷，768 页，北京，人民出版社，1995。
② 《马克思恩格斯选集》第 3 卷，526～527 页，北京，人民出版社，1995。

间里在地中海地区产生巨大的作用。

罗马除了广泛吸纳西方文明以外，还对远方的中国产生了兴趣。我举一个例子，中国史书上记录，公元前101年到公元前100年的时候，就有一支罗马人到过中国。中国文献有记录，写的是"蒙奇兜勒"，罗马托勒密的《地理学》中也有记载。那么，"蒙奇兜勒"是指什么呢？实际上就是指马其顿。在公元1世纪中叶，地理学家托勒密甚至还把新疆这一带的地图画了出来，而且画得非常清楚。几乎与此同时，汉西域都护班超也派遣手下甘英于97年前往罗马。当然，他最终没有到达罗马，原因是他到海边的时候就听安息人讲，如果走海路，顺风的话要几个月，碰到逆风就得两三年，这样船上就要放很多粮食和淡水。虽然甘英没有到达罗马，但足以证明罗马有强大的影响力，而这个影响力对于汉代的中国也有一定的吸引力。罗马人到达中国了，而中国人没有到达罗马。两者间的直接交往尽管很少，但是物品的交往却很多，其中非常著名的就是丝织品的交往。我曾经研究过一个项目，叫"早期丝绸之路研究"，但是搞了十年以后突然发现，"丝绸之路"这个概念根本没有人验证过。自从1877年德国的李希霍芬提出了"丝绸之路"的概念后，大家就跟着走。到底有没有"丝绸之路"？经过十年的研究，我几乎把西方古典文献中所有有关丝织品的材料都搞了出来，发现在罗马帝国中确实存在着一个销售丝织品的市场。因为如果没有这个市场，"丝绸之路"这个概念就很难成立。在把资料全部查出来以后，我发现当时确实存在着一个丝绸世界。这个丝绸世界从产丝的中国开始，经过运丝的中亚、印度洋和波斯，一直到销售丝绸的罗马。这么一个跨越文明区、跨越当时多个国家的丝绸世界是存在的。这个丝绸世界的存在本身就说明一个问题，即罗马除了经济发达以外，在文化层面上也希望能够把世界上对它有用的东西都吸纳进来。丝绸在罗马的诗歌、散文，甚至宗教行为中都产生了巨大的影响。因为有这么一个巨大的市场，所以罗马人到达中国是可以理解的。从历史上看，罗马人是一个具有巨大创造力的民族。罗马人在1世纪的时候，就已经能够跨越印度洋了。跨越印度洋需要有胆量，需要掌控许多先进的技术。大家如果留意的话，可以发现郑和下西洋的时候都是沿着海岸走的。而跨越印度洋的这个技术早在 1 世纪的时候就已经被罗马人掌握了。当然这一技术也是罗马人在学习其他民族航海经验的基础上总结出来的。

总之，罗马的思维方式是不断往外拓展，是一种开放的思维方式。鼓励大家去思考、去开拓、去创造是这种思维方式的灵魂。罗马之所以能够形成这么大的一个帝国，而且长时间保持可持续发展的态势，显然与这种开放的思维方式有密切的关系。

罗马的崛起一直是世界学术界关注的重点问题，也是永远不可能找到标准答案的问题。我今天讲的只是我的一些体会和思考。在座的各位如果有兴趣，可以去找它的标准答案，但很可能永远找不到，这就是历史学的魅力。谢谢大家。

希腊文化：西方文明的丰碑^①

古代的希腊是西方文明的摇篮，人类智慧的象征。它虽然没有形成一个统一的国家，但共同的语言、相同的信仰以及同文同种的历史却把它们紧密相连。希腊人那"无所不包的才能和活动，给他们保证了在人类发展史上其他任何民族都不能企及的地位"。古老的希腊民族不但创造了绚丽多姿、光彩夺目的文明，在文学、史学、科学、哲学、艺术诸方面都独领风骚，而且还孕育了西方近代文明的一切胚胎，为人类做出了巨大的贡献。

希腊文明发祥于克里特——一座相传位于"世界中央"的小岛。在这里，未来的雅典国王提秀斯曾闯入迷宫斩下米诺斯牛恐怖的头颅，成为希腊人崇拜的英雄。20世纪初这座迷宫被奇迹般地发掘出来，爆出举世震惊的新闻，现在，当人们面对尘封了几千年的王宫废墟，赞赏精美绝伦的壁画和细致独特的器物时，不禁感叹克里特应该就是希腊文化的滥觞之地。

然而历史的无情却把克里特的辉煌一扫而光。野蛮代替了文明，到处充斥着剽悍的民风、无穷的征战、流淌的鲜血和挣扎的死亡，这是一个需要英雄而且确实出现了英雄的时代，他们灼人的功绩呼唤后人敬仰。于是诗人荷马重新点燃了希腊文化的火种，划破漫长的黑夜，他力著《伊里亚特》和《奥德赛》两部史诗，热情讴歌万能的神灵与喋血的勇士，不管是神圣的雅典娜、波塞冬还是凡间的阿喀琉斯、赫克托，不管是希腊人还是特洛伊人，不管是胜者还是败将，凡有英雄气概之士均被这位令人尊敬的诗人弘扬。后起的品达是一位仅次于荷马的诗人，他才华横溢，

---

① 与薄海昆合写。

雄心勃勃，他把诗歌看作传播自身价值的工具，他曾庄严地向世界宣告："我要用火焰般的诗歌点燃这座亲爱的城市，让它熊熊地燃烧。让我的语言，传播到世界的每一个角落，比奔驰中的骏马，安装了翅膀的航轮行进得还要迅速。""在阿波罗的金色山谷，我将建造一座诗歌的宝库，无论是向着大海的尽头倾泻冬天的急风暴雨，还是狂暴的飓风都无法把它夷为平地。它在纯洁的光明中敞开雄伟的胜利之门。"品达的诗气势磅礴，给人以无限的美感。

希腊纯朴的古风时代是希腊人不断向海外输出移民的时代，他们的殖民地遍布西欧、南欧、北非、小亚细亚和黑海沿岸，从马萨里亚到拜占庭，从波提地亚到西诺普，就像从希腊本土这个树干上延伸出来的无数根须，饥渴地吮吸着周围土壤的文化养料。埃及的宗教，波斯的哲学，腓尼基的文字，巴比伦的天文和"野蛮民族"的艺术，数不清的远古文明和几千年的文化成果都迅速通过这些根系传播到伯罗奔尼撒起伏的丘陵，传播到阿提卡丰收的果园，传播到比阿提亚贫瘠的山岭。希腊人无比幸运，他们如万人呵护的宠儿，被诸多远古文明紧紧拥抱，享受东方文明给他们留下的恩泽。各种文化在他们手中交汇融合，争相斗艳。

希腊人热爱生活，享受生活。"在生活给人们所提供的范围内，充分发挥人的各种主要能力，使生活臻善臻美"，这是古老的希腊给幸福所写的定义。这是一个充满生活活力的概念，它贯穿于希腊的全部历史之中。典雅的戏剧正好扮演了丰富人们的精神生活的角色。索福克勒斯是希腊的悲剧大师，他的作品虽经过遥远年代的洗磨和以讹传讹的遗漏，却仍具有优美的风格和练达的技巧。"古典"的味道就是这样，洗练，沉静而肃穆，朝气蓬勃而有节制，庄严而又不失优雅。它的结构也是古典的，每一行诗都相互关联，而且渐渐演变发展至高潮，呈现其主题的意义。希腊文艺硕果累累，戏剧的成就绝非事出偶然，或许是希波战争的胜利给予了希腊人创造一个伟大戏剧时代所必需的自信和激情，或许是贸易发达、经济繁荣使他们有能力支持消耗万金的合唱与戏剧比赛。大剧作家除了索福克勒斯之外，还有埃斯库罗斯、欧利庇得斯和阿里斯多芬，他们用笔创作了一幕又一幕悲欢离合、牵动人心的场景，塑造了一个又一个鲜活生动、个性突出的人物。民主氛围是希腊戏剧充满活力、丰富多彩的根源，埃斯库罗斯可以不必担心受到中世纪神权至上观念的压制，而让普罗米修斯蔑视来自奥林匹斯的淫威；欧利庇得斯能够冲破男尊女卑思想的藩篱，让受辱的美狄亚道出世界上"唯有女人受害最深"这一发自内心的委屈。奇葩绽放的希腊戏剧将永远是人类宝贵的遗产。

古希腊人把对过去进行思考视作人类固有的本能。他们不愿把认知始终停留在问题的表面，而是要追述事情的本质，从而达到完美的理性。希腊人很早就有了历史意识，殊不知荷马就扮演了一部分史学家的角色，他的诗虽有文学成分，但也不乏众多的历史事实。特洛伊的成功发掘本身就证明了荷马记载的真实。波澜壮阔的希波战争以及希腊人在这场战争中遭受的无数苦难和经受的严酷考验都无不在希腊人头脑中留下了抹不掉的印痕。这刺激了一位伟大的历史学家希罗多德，他发誓要把这可歌可泣的事迹传至后世，以便让其千古流芳，被尊为古典史学名著的《希波战争史》(即《历史》)就这样诞生了，希罗多德也因此获得了"历史之父"的美誉。稍后的修昔底德更是把希腊史学推向新的高峰，他曾亲历发生在公元前5世纪末的伯罗奔尼撒战争，难以忘记城邦间的弟兄穿上重装铠甲，拿起投枪短剑，无情地冲向对方，同胞一批批倒下，亲人一个个死亡；瘟神漫天飞，白骨露山岗，这简直是希腊人的灾难和梦魇！战争的创痛、国家和个人的兴衰际遇深深地冲击了修昔底德的心灵，因而他用心智撰写出一部垂诸久远的精品《伯罗奔尼撒战争史》，在史学史上树起一座后人敬仰的丰碑。

埃及人为了建造金字塔、宫室和神庙并丈量尼罗河泛滥后留下的肥沃土地而研究计量方法，祭司们也时常观测天空以便从中得知"神"的谕旨。与他们相比，希腊人对宇宙的奥秘和万物规律表现出更加浓厚的兴趣。亚历山大的远征几乎让希腊人看到了世界的"尽头"，面对波涛汹涌的印度河，翻越人迹罕至的高加索，他们不禁感慨从前的无知和愚昧。与此同时，希腊化城市大量兴起在亚非欧的汇集处，图书馆也雨后春笋般建立起来，这无疑为科学的蓬勃发展提供了契机。我们知道，毕达哥拉斯很早就发现了"宇宙大定理"；欧几里得总结前人经验，创立了系统的几何学，他的《几何原理》流传千年而不衰，直到现在都是欧洲大学里流行的教材；叙拉古的阿基米德善于思考，多才多艺，他从洗澡盆里溢出的水中悟出浮力的存在，求出浮体均衡位置的数学公式而创立了液体静力学。阿基米德从科学中得到力量和自信，断言如果给他一个支点，他将撬动整个地球，这是一种向自然挑战的大无畏精神和坚韧不拔的品质，希腊科学家的可贵之处就在于此，必定得到子孙们五体投地的敬仰。那个杀死哀求宽限时间来思考难题的阿基米德的罗马士兵，意料不到自己会落下永世不得饶恕的罪名。希腊的天文学得益于巴比伦，萨摩斯人阿里斯塔克早在哥白尼之前就怀疑过"地球中心论"，希巴库斯制成了当时主要的天文仪器观像仪及象限仪，发明了以经纬线确定地面位置的分度法，并以相当接近准确的数值算出了阳历年、阴历年及恒星年的长度。浪漫的希腊人还把神话赋予扑朔迷离的天穹和他们划分的星座，每当夜幕降临，我们坐在恬静的农家小院里仰望长空，在萤火虫与星光的闪烁中遐想，就仿佛看到阿波罗穿着带有翅膀的飞鞋奔向弹竖琴的仙女，飞马腾空而起越过猛狮的头顶，还有那彪悍的猎户正狠命地挥棒砸向天狼……除了显赫的天文学、物理学和数学，希腊人在植物学、动物学、医学等各方面都取得了探索性的成果，为现代学科的发展奠定了扎实的基础。

希腊人崇尚智慧，他们心目中掌管智慧的神祇是美丽而神通广大的雅典娜。没有几个古代文明像希腊一样涌现过那么多的哲人和圣贤。花开花落，寒来暑往，月移星动，江河奔腾，希腊人总是困惑于大千世界的捉摸不定，乐于

图 26　伯里克利像

探求亘古不变的真理。智者们灵光闪动，思索不竭，米利都的泰勒斯把孕育生命的水看作万物的起源，阿那克西曼尼坚持弥漫四周的空气是宇宙的根本，而赫拉克利特则仿佛从跳跃舞蹈着的火焰中看到了终极答案，他说："这个世界，既不是由一个神，也并非由一个人所造，这个世界很早就是，现在也是，将来也是一个永存的火。"巴门尼德与德谟克利特也各抒己见。这种百家争鸣的局面得益于贸易的发展，有贸易就有人员的流动，各地精英汇集到一起必然碰撞出思想火花。雅典在战胜波斯人后成了希腊世界商贸最发达的城邦之一，完善的民主制度释放出自由的空气，它如磁铁一般吸引着各处的人才，并且赋予他们思考的闲暇，苏格拉底、柏拉图、亚里士多德和色诺芬就是在这种条件下纷纷摘取了智慧王国的桂冠。相貌丑陋、衣冠不整的苏格拉底没有写下什么东西，但点化了柏拉图，使他忘却戏剧、运动和女人，去追求至高无上的真理。柏拉图在市郊得到了一块休憩园林，后来那里就成了闻名于世的"雅典学院"，重点教授数学和哲学。在那里学生无须交费，女性也可以驻足聆听，它就像一座大熔炉，把几百年间希腊的文化成果汇集起来并提炼翻新。我们总是把柏拉图的意念分为逻辑、形而上学、伦理学、美学和政治学等，但他的学说本无系统，而是杂糅在优美沉思的"对话录"中。柏拉图认为万物取决于理念，崇拜超越肉体和精神的真理之爱，憧憬没有堕落、贫穷、暴虐和战争的社会，在他的理想国里，人人有权接受教育，由贤明统治愚昧。亚里士多德承继柏拉图的事业，向代表智慧的雅典娜神殿继续迈进。他博学深邃，智力超群，无论是哲学、政治学、逻辑学、修辞学领域，抑或是诗学和理学领域，都留下了他坚实的足印。

希腊人是一个敢于思考、敢于挑战、敢于实践的民族。尽管一些最值得赞美的作品已不复存在，但细心地研究残存的建筑、雕刻和瓶画，还是能够洞察希腊艺术成就的辉煌。帕特农神庙是希腊建筑的杰作，是人们征服自然的象征。它的各个部分都有一种持久的平衡，并不因为赖以支撑的陶立克柱故意造成的长短不一而倾覆，它舒展，伸张，挺立，强壮与文雅相和谐。神庙门楣上的饰品打破过分朴素带来的枯燥，三角墙上代表神明和英雄的浮雕酝酿着生机勃勃的气息，还有绕在柱头上的珐琅丝让人拥有清明恬静的心境。它矗立山巅，背靠蓝天，远眺大海，似乎在告诉人们即使是高山、蓝天和大海都无法与其媲美。正如伊迪丝·汉密尔顿所说的："帕特农神庙是人性、人情的集中体现：宁静、洒脱、条理井然，坦荡自若。希腊人以他们的强劲有力、欢乐明快的格局向大自然挑战。他们在山巅建造庙堂，远眺大海，背靠一线蓝天。"①它虽没有埃及的建筑那种超人的力量，也没有印度的建筑那种超自然的不可思议的形式，但它是精神与灵性启迪下的纯理智的完美体现。

图 27　帕特农神庙遗址

　　希腊人崇尚人体美，为万能的神和奥林匹克运动会上的佼佼者塑像。他们欣赏男人的阳刚强健，推崇女子的婀娜妩媚。《掷铁饼者》向后抡起的手臂和曲膝扭转的态势永远让人感到一股势不可挡的强力，米洛斯的维纳斯优美的 S 型的站姿和残缺的手臂令人遐想无穷，陶醉不已。红与黑的搭配产生出稳重、高雅的视觉效果，希腊人以它们作为烧陶的釉色，

---

　　①　［美］依迪丝·汉密尔顿：《希腊方式——通向西方文明的源流》，徐齐平译，47 页，杭州，浙江人民出版社，1988。

用千变万化的几何图形和行云流水般的线条在瓶瓶罐罐上讲述动人的传说，有马拉战车在驰骋疆场，有奥德赛艰辛的回乡旅程，还有大海深处女妖塞壬诱人的歌声。无怪乎马克思高度评价希腊的艺术，称希腊的艺术不但能给后人以精神上的享受，而且"就某方面说还是一种规范和高不可及的范本"。

希腊人创造的希腊文化璀璨夺目，光芒四射，它具有超常的渗透力，能够超越时空的限制，随扬帆远航的船队和罗马人的军团传播到亚平宁半岛，传播到莱茵河，传播到巴克特里亚；它又有无限的生命力，不时被后起的文明吸收、改造，从而成为人类共同和永恒的瑰宝。

岁月可以流逝，权力可以更替，但希腊人所创造的文明却如永恒的圣火，永不熄灭。他们的成就与人类共存，与日月同辉。

"希腊化"文化：融会四大文明精髓的创举①

"希腊化"是希腊文明与埃及文明、西亚文明和印度文明交融的产物，是四大文明精华的结晶。如果说以前的文明都是孤立发展的话，那么"希腊化"恰恰是使分散的希腊、埃及、西亚和印度文明走向了一体。这在世界文明史上都是空前绝后的，不但使局部的文明焕发了生机，而且也使原先的文明能在更广阔的空间里争相怒放。

希腊化时代的开创者并非来自希腊各邦的君主，而是来自马其顿的亚历山大，他是一位集东西方文化和智慧于一身的天才人物。少年的他曾醉心于《伊利亚特》中英雄的辉煌战绩，立志成为阿喀琉斯那样的战将。他一生金戈铁马，战功显赫。是他用坚不可摧的马其顿方阵使当时世界上最强大的波斯帝国臣服于马其顿的威名之下，也是他用坚定的信念造就了一个囊括众多民族且横跨欧、亚、非三洲的世界性帝国。亚历山大开创了一个时代，开创了一个东西方文化交融的新时代。他不仅把绚丽夺目的希腊文明的火种播撒在东方的膏腴之地，而且还将沉积于美索不达米亚、尼罗河和印度河上的智慧载向欧洲。马克思对此曾高度赞誉"希腊的内部极盛时期是伯里克利时代，外部极盛时期是亚历山大时代"。虽然亚历山大的帝国只是昙花一现，但随后的希腊马其顿王国、西亚塞琉古王国和埃及托勒密王国都秉承亚历山大的世界政策，传播希腊文化，融合东方文化，这一希腊化过程一直要到公元前 30 年罗马征服埃及时才告结束。

文化的传承需要足够的空间，在这一点上，伟大的亚历山大做得非常出色。他的铁骑曾风驰电掣般驰骋在不同的国度，凡是足迹所至之处，

---

① 与郑雪蕾合写。

哪怕是在阿富汗的深山、药杀水的河畔抑或印度河的支流上，他都建立了众多的希腊化城市，这些希腊化的城市是东西文化的交汇地，是孕育希腊化文化的沃土。普鲁塔克说，亚历山大本人大约建有七十座用自己的名字命名的城市。亚历山大和他的名字一样以世界性的形象留存在东西方众多的民间传说之中：他既是祈求建立地中海帝国的罗马皇帝的膜拜者，也是犹太人的救世主的先驱，同时又是中亚传说中的人类的始祖。早逝的亚历山大可以得到宽慰，他的文化帝国要比军事帝国更为长久，更为稳定。

埃及的亚历山大里亚城是亚历山大在非洲建立的第一座城市。它既是亚历山大文化帝国的枢纽，也是国际文化交流的大都会。城外法罗斯岛上的灯塔燃木为炬，塔顶伫立着的青铜铸造的海神波塞冬，与灯塔的光芒一起守护着亚历山大里亚，给漂泊的船只指明回家的路，让夜行的人们心中充满无限希望。在见证亚历山大里亚兴衰的1600多个春秋的风雨中，灯塔创造了古代世界的奇迹，时至今日，它依旧燃烧在人类的记忆中。城内则弥漫着国际性大都会的韵味，东方人、西方人云集于此，阿拉伯的香料、印度的胡椒、不列颠的锡、努比亚的象、小亚细亚的地毯，甚至中国的丝绸，再也不是什么奇珍异宝，世界的美丽绽放在亚历山大里亚，幸运之神亦陶醉于此，久久呵护这座繁华之城。才智超群、富有创造性的托勒密一世没有辜负如此盛世，他建起一座规模庞大的博物馆，其中有资料丰富的图书馆，供研究用的动物园、植物园，东西方的智慧在这里不受任何束缚，迸发出新的生机与活力。雅典娜的天平开始向着亚历山大里亚倾斜，而追逐雅典娜的学者们不约而同地心领神会，一时间这座"缪斯神宫"精英荟萃，群贤必至，古代东方的庄严神秘气氛被具有希腊精神的学术活动所打破。

图书馆里收藏的从各地搜集而来的希腊文著作、东方典籍多达七十余万卷，涉及数学、医学、天文、文学等方面，图书馆是人类文化的渊薮、酿造知识琼浆的天池，散发出东西方文化独有的韵味，香飘万里，追求真理的人们如痴如醉般从各地纷至沓来。"诸子争鸣，百家蜂起"，学者们把前人的智慧和经验化作无穷的动力，用他们的辛劳为人类文化的传承铺就宽广大道，带着落日余晖的昔日文化中心雅典面对如日中天的新的世界文化之都望尘莫及。

亚历山大里亚的学者享尽托勒密王朝的宽厚包容，畅游在广阔浩瀚的书海，希腊的学问与美索不达米亚和埃及的科学亲密接触，刺激着希腊人的头脑，精神的解放促使创作灵感如潮水般翻涌，自然科学被推向了希腊化文化的风口浪尖，科学成就光彩夺目，人类走进了 17 世纪以前最光辉最伟大的科学时代。从此，人们不再仅仅是坐在苍穹下仰望星空，他们的思想和灵魂已飘然于地球的上空，傲视整个宇宙。阿里斯塔克突破了希腊人固有的人类中心思想，大胆地提出"以太阳为中心"的宇宙体系，可是他超过自己的时代太远了，直到 16 世纪中期波兰的哥白尼重新发现这一真理时，人们才恍然大悟，其实 1800 多年前他们便已经输给了那个萨摩斯的希腊人。同时代的希巴库斯用自己发明的天文仪器发现了岁差的存在，而他提出的"地心说"却被最后一个希腊化的天文学家托勒密发展丰富，成为禁锢欧洲千年之久的桎梏。无论他们把地球放在怎样的位置看待宇宙，都扩大了人类好奇与幻想的空间，探索外太空的大门缓缓打开，天文学史上又镶嵌了一颗颗闪亮的新星。当人们用理论解释天体时，他们也从巴比伦人那里学会了用天体解释命运，占星术的出现让人们以为有了控制自然、天神和星宿的希望；炼金术则融合了东方的神秘主义和埃及的传统工艺，廉价的金属披上了黄金的霓裳，如金子一般纯美，有了不怕火炼的灵魂，还有什么比这更令人怦然心动的吗？然而科学并不会因此停下前进的脚步。埃拉托色尼是亚历山大里亚最博学多才的科学家，他管理着古代西方世界最高的科学和知识中心，是学术界的第一把交椅，他的天才般的智慧奉献给了图书馆馆藏丰富的地理资料和地图，于是世界地图上第一次出现了我们现在已知的五个气候带，地球的周长第一次被推算，"地理学"第一次被写进了历史，拥有了一席之地。解剖学之父希罗菲卢斯、生理学之父埃拉锡斯特拉特都在各自的领域成就卓越，他们注重人体构造，把医学建立在严格的生理解剖基础上，在西方医学史上树立起重要的里程碑。希腊化时代辉煌的自然科学成就为近代的欧洲人搭建了攀向科学巅峰的阶梯。

在文明的传播和交流过程中，语言文字是载体，是媒介，是文化情感表达的工具。在希腊化时代，希腊文化正是乘坐语言之舟畅行于已知的世界，"从马塞到印度，从里海到大瀑布"，希腊语成为当时的"国际语言"。语言大师们面对着城邦解体下的混乱，经受着内心对社会的绝望，他们的笔下再也没有了火一般的热情，神话和英雄成为过往的陈迹；个人的世俗生活、闲适的田园、附庸风雅的格调是诗歌、戏剧演绎的主题。没有人比提奥克里图斯更懂得欣赏烟雨朦胧的美景和乡间幽谷迷人的风韵，阳光下他情不自禁地说道："唱吧，嗓音甜美的缪斯女神，唱起我的乡村歌谣，一展我美妙的歌喉。"米南德是新喜剧的引领者，他以爱情为主题，以大团圆为结局，营造幽默的氛围。在他的作品中，贵族青年与女仆共坠爱河，爱的路途荆棘密布，当发现女仆竟也是贵族出身时，结局皆大欢喜。可是透过喜剧笑看人间的米南德也会慨叹："我知道有过那么多的人，他们并不是天生的无赖，却由于不幸而不得不成为无赖。"希腊化所带来的变迁，让从前自信的希腊人无所适从，从未有过的孤独和无助包裹了他们的心灵，希望如风中摇曳的烛光，若隐若现。

希腊化的世界不但改变了人们的宇宙观，而且也改变了人们的天下观。活动空间的极度扩大、视野的开阔、世界意识的拓展，使古典时代希腊世界单独的历史概念开始被更大的"世界"观念所替代。希腊化城市中成长起来的学者，以世界和历史的眼光评判着社会的变迁。从今天所能见到的埃及人曼涅托、犹太人德米德里、巴比伦人贝罗苏斯的只言片语中，我们仍可以感受那永远无法再现的世界的鲜活与生动。希腊人波里比乌斯沿着历史之父希罗多德的足迹，承继修昔底德笔下战史的遗风，成为希腊史学新时代的开拓者。他用《通史》探索罗马的伟大，求真求实、严谨慎思是这位史学家不拘一格的品德。从记神事到记人事，从用虔诚的笔调记下神明的恩赐到用批判的精神记载人类的功业，希腊史学的遗产被一路传承，成为"指导和鼓舞"西方史学前行的航标。

希腊化时代的哲学家更加贴近现实，更加关心人的生活。他们苦苦寻求把人从其生存的艰苦和险恶的环境中解救出来的良方，以使现实生活变得更有意义。公民的道德规范与城邦的政治兴衰令他们兴趣索然，对个人的关注超越一切。萨摩斯的伊壁鸠鲁是伊壁鸠鲁学派的创始人，在他的世界里，神和人一样是自然界的产物，神不关心人而生活在完美的幸福中，因此人无须服从神的摆布。对神的漠视和对人的关注，是伊壁鸠鲁学派的灵魂，无怪乎马克思和恩格斯把伊壁鸠鲁看作"古代真正激进的启蒙者"。用哲学的思想与伊壁鸠鲁学派对话的是斯多葛学派。这一学派的创立者是塞浦路斯的芝诺，他总喜欢在弥漫着艺术气息的画廊（音译斯多葛）宣讲自己的精神独白，他赋予了这一学派的哲学以理智，却让画廊领受了历史的谢词。斯多葛学派少了一份伊壁鸠鲁学派的激情，多了一丝古典希腊哲学的理性。它用伦理道德规劝人在认命中寻找心灵宁静的快乐，告诉人们："人生的要义，就在于按照理性的原则去生活，各尽本分，彼此忍让，毋相逾越。"这是缓和痛苦的一剂精神良药，夹杂着博爱及和平的配方，后起的罗马领略了其神奇功效，把它注入自己的哲学体系之中。在伊壁鸠鲁学派和斯多葛学派的哲学里，虽然已经看不到古典时期城邦公民对现实生活的信心和勇气，有时甚至还流露着当时人的苦闷和消极，但他们确实还是在探讨人的价值，探讨人应该如何变得更有意义。

哲学闪耀着人的心灵的火花与冲动，而艺术则把心灵的感受定格在了风格迥异的作品中，艺术家们用无声的语言寻求思想的共鸣，勾勒出凝结美学与永久魅力的艺术珍品。"希腊化"瓦解了城邦中和谐的理想。以前简朴的多立亚式和爱奥尼亚式的神庙，在希腊化时代让位给了奢华的皇宫、高贵的官邸和象征权力与财富的豪华的公共建筑及纪念碑。可是，艺术家仍在精益求精和推陈出新方面做着不懈的努力，有以激昂悲壮寄托斗争的渴望与激情者，亦有温厚静纯以追求艺术之精美者，更强烈的写实反映了更为广阔的生活面，更华美的装饰则适应了日趋豪富的统治阶级上层的口味。具有希腊风格的雕刻艺术随着亚历山大的东征潜入东方佛教圣地——犍陀罗，雕塑家借助希腊造型艺术之手，使原本无法表现的佛陀，从人们的心灵深处走到了世人面前，佛在人间的形象与希腊的阿波罗神完全融合在一起了。历尽十二年的辛苦，用青铜铸就的"太阳神阿波罗"，虽只风光了五十载，然而后世的人们却不知疲倦地拼凑记忆的碎片，在遐想中感受它的恢宏。胜利女神矫健丰盈的体态、昂扬的姿势显示出旺盛的生命力和胜利的豪情，凭海临风的女神已展开双翅，呼唤敬仰者的振奋和激动。只有这些蕴藏人类灵魂的作品才能够摆脱岁月的折磨，超越时间的界限，千年百载皆无碍于人们领悟其完美。

希腊化文化是古希腊文明与古代东方各国文明融合而孕育出的更为普遍和更加耀眼的果实。它使希腊古典时期积累凝结的文化精髓，在希腊化时代的广阔舞台里，在异域风情的氛围中大展宏图；它又让东方的色彩，在西方的画笔下，涂遍帝国的每一个角落，使其精彩无限。当然，它更像"润物细无声"的雨露，浇灌着人类寻求聪明和美丽的灵感，涤荡着人类渴求知识与慰藉的心灵，滋养和支撑着人类探求未知世界的坚定信念。

罗马文化：走在吸纳外来与发展特色之间

文化是创造，文化是智慧；文化是宝库，文化更是财富。罗马人不但用自己的心智创造文化，更以海纳百川的胸襟和气魄，广泛地吸纳各种优秀文化给它带来的众多养分，从而使罗马文化这朵艳丽的奇葩越开越艳。

罗马的文化是民族性和实用性的有机统一。民族性是罗马文化之魂，实用性是罗马文化之根。罗马人热爱集体，讲求实效，富有军事和组织的天才。他们重具体、务实际，不事幻想，崇拜权威与道德的结合。他们不大热衷于科学和哲学的理论探索，而更注重自身语言的发展和传播，更倾向于军事、法律、交通、建筑等方面的文化建设。实践是罗马人成就事业的关键，经验是罗马人获取知识的途径。

一般而言，文化上较为落后的征服者常常会使用被征服者成熟的文字，但罗马是个例外。作为一个征服民族，罗马人从一开始就坚持在吸收地中海其他地区先进文化的基础上，不断发展自己的文字。

罗马人使用的文字叫拉丁文(Lingua Latina)，由居住在第伯河畔拉丁姆平原上的拉丁人首先创造出来的，属字母文字。古典拉丁文有 23 个字母，其中 21 个是从埃特鲁里亚人那里学来的。[①] 中世纪时，字母 i 分化为 i 和 j，v 分化为 u、v 和 w，这样就产生了 26 个罗马字母，即大家熟悉的 Aa，Bb，Cc，Dd，Ee，Ff，Gg，Hh，Ii，Jj，Kk，Ll，Mm，Nn，Oo，Pp，Qq，Rr，Ss，Tt，Uu，Vv，Ww，Xx，Yy，Zz。

从现有的材料中，我们发现最早的拉丁文写在一枚公元前 7 世纪制

---

① 据苏维托尼乌斯记载，克劳狄元首创造了 3 个新字母，并将之应用于实际之中，加以推广。

造的斗篷别针上，文字的内容是"MANIOS MED FHEFHAKED NU-MASIOI"，意为"马尼乌斯与努美里乌斯制作了我"。罗马大约在王政时代后期就有了典籍文献。据说，老塔克文与伽比订立的条约就是用拉丁文书写的。到公元前1世纪以后，拉丁文得到了快速的发展。大政治家西塞罗和恺撒在拉丁文的发展上起了极其重要的作用。大约在公元前47—前45年，罗马还出现了专门论述拉丁语言方面的作品——《论拉丁语》。此书的作者是瓦罗，全书共二十五卷。第一卷为引言，以一篇致西塞罗的对于整部作品的献词为开篇。第二卷至第七卷论述单词的产生等问题。第八卷至第十三卷涉及从其他词中产生的派生词，包括词干派生词、名词的变格以及动词的变化形式。第十四卷至第十九卷论及句子结构。第二十卷至第二十五卷主要讨论文体修辞等问题。在这二十五卷中，流传至今的除了第五卷至第十卷外，还有一些残存的片段。瓦罗从希腊前辈那里汲取了很多营养，但他更关注从拉丁语资料中获取拉丁词语。

罗马帝国时期，随着帝国政府对其他民族统治的加强，拉丁语这一罗马帝国的官方语言得到迅速的传播，除了在少数地区受到希腊语抵制外，它逐渐取代了其他民族的语言，成了地中海世界最主要的语言。正如恩格斯所言："罗马的世界霸权的刨子，刨削地中海盆地的所有地区已经有数百年之久。凡在希腊语没有进行抵抗的地方，一切民族语言都不得不让位于被败坏的拉丁语；一切民族差别都消失了，高卢人、伊比利亚人、利古里亚人、诺里克人都不复存在，他们都变成罗马人了。"[1]

拉丁语经过数百年的发展，逐渐形成了自身鲜明的特点。这些特点包括逻辑性强、文字的边际比较明晰、便于阅读和连写等，但因为属于字母文字，所以文字与事物之间是相分离的。现在的法语、西班牙语和葡萄牙语与拉丁语之间具有直接的承继关系。

近代以后，古代拉丁语虽然已经变成了死文字，但由于它的中立性和不变性而成了世界人民的共同财富，其文化价值照样不能忽视。中国的汉字拼音方案就是在拉丁字母的基础上发展起来的。1956年以来，中

---

[1] 《马克思恩格斯选集》第4卷，148页，北京，人民出版社，1995。

国的语言工作者又利用拉丁字母为十多个少数民族创制、增添了文字。我国 1963 年、1977 年、1985 年版的《药典》所载药物（含中草药及其制品）也都注有拉丁药名，以方便药品的流通与使用。此外，许多国际条约也保存有拉丁文本，如我国清朝康熙时期与俄国所签订的《尼布楚条约》（1689 年）。条约除了使用满文和俄文外，还使用了拉丁文，并勒石立碑，规定条约最后以拉丁文本为准。当时担任翻译与书记的法国耶稣会士张诚（Jean F. Gerbillon）和葡萄牙耶稣会士徐日升（Thomas Pereira）参与了拉丁文本的书写工作。

在罗马人看来，一个理想的罗马人应该是一个勇敢强健的人（Vir fortis et strenuus）。获取军事上的成功是每一位罗马公民追求的目标。罗马文化的核心是尚武，而士兵则是体现尚武精神的主力。也正是在不断的对外征服战争中，罗马人找到了克敌制胜的法宝——军团。

罗马的军团，一般由轻装兵、骑兵、长矛兵、主力兵和后备兵五部分组成。与马其顿方阵相比，军团的主要优势有以下四点。第一，就方阵而言，战斗的结果常常取决于一次性冲击，冲破对方的队形，动摇对方的军心。方阵的冲击力巨大，没有受过专门训练的军队很难抵挡方阵的攻击。军团恰恰抓住了方阵的局限，主力排成三线：先用一线，挡其锋芒；再用二线，破其队形；后用三线，扩大成果，获取胜利。军团可以根据情况依次投入战斗，而方阵没有后备队，只能一次性投入战斗，没有较为持久的抗击能力。第二，方阵的两翼和后翼力量很弱，很容易被人利用，被人包抄，直接使方阵的冲击失去效力。军团虽然也有与方阵同样的弱点，但它通过加强两翼骑兵和设置有作战经验的老兵作为后备兵的方法，保证军团整体不受或少受威胁。第三，只要一投入战斗，方阵的指挥官就很难发挥作用。而军团具有很大的机动性和灵活性，统帅能够随时掌握战争的主动权。第四，方阵的士兵民族成分复杂，而罗马军团的士兵则是训练有素的公民兵。公民身份、土地和士兵三位一体，参军是公民的义务，但更是特权。

在军团面前，冲击力强大的马其顿方阵失去了所有的优势。马其顿王国、塞琉古王国和托勒密王国等希腊化诸国都纷纷倒在罗马人脚下。

图 28　马尔库斯·奥里略与罗马士兵

军团制度是罗马文化实用性和民族性的最好体现。从这里，我们真正能够看到罗马军团的先进，真正能够体悟到罗马成就伟业的合理性。

罗马法是罗马人奉献给人类文明的一份最宝贵的财富，是罗马人民天才的体现和智慧的结晶。它以内容丰富、体系完备、补充及时而闻名于世。罗马法是罗马人治国的工具和手段，历经千年的历史发展使其不论在立法数量还是在质量上都远远超过其他所有的古代民族；而罗马所处的环境又使它能高瞻远瞩，将法律的规范扩展至不同的地区和世界。德国法学家耶林曾经形象地说过："罗马曾三次征服世界：第一次以武力，第二次以宗教，第三次则以法律。而这第三次征服也许是其中最为平和、最为持久的一次。"实际上，罗马法的作用已经远远超出了孕育它生长的古代社会，它不仅为市民阶级或资产阶级战胜教会的统治、战胜世俗的封建势力提供了极其重要的理论武器，而且也为资本主义经济关系的建立，为资本主义经济的发展和巩固提供了现成有用的法律形式。罗马法是新兴资产阶级民权理论的思想渊源，也是近代以来欧洲大陆各国立法所遵循的范本，对人类影响巨大。

诗歌是人类高尚精神的结晶，是一切人类遗产中最优秀宝贵的部分之一。在罗马，由于奥古斯都等人的提倡，诗歌得到了很大的发展。人们一般把学习和欣赏诗歌当作必要的人生经验，当作获取知识的方式，当作完善人格的途径。诗歌中蕴含着鲜活的家国情怀、民族精神和时代价值。

维吉尔是罗马诗坛上最耀眼的巨星，是时代的大师。他用诗歌尽情地赞美牧场，歌唱田野，颂扬领袖。《牧歌》、《农事诗》与《埃涅阿斯纪》这三部杰作把维吉尔推向了诗坛的巅峰。奥古斯都曾多次要维吉尔把写好的诗篇送给他，希望能在其出版之前先睹为快。维吉尔没有辜负奥古斯都的期望。他夜以继日、呕心沥血，用了十三年时间，终于写出了罗马的辉煌，唱响了700余年罗马奋进图强的颂歌。他以预言的笔调告诉世人："罗马将由于他(罗慕路斯)的掌权而闻名于世，罗马的统治将遍布大地，它的威灵将与天为侔，它将用城墙围起七座山寨，建成一座城市，它将幸福地看到子孙昌盛，就像众神之母库别列，头戴峨冠，乘车驰过弗利吉亚的大小城市，众神是她的后代，使她感到骄傲，她抚摩拥抱着成百的子孙，个个都是以天堂为家，个个都住在清虚之府。""这就是恺撒(指奥古斯都)，这里是你的(指埃涅阿斯)儿子尤路斯那一支，他们的伟业有朝一日都将与天比高。这千真万确就是他，就是你经常听到要归在你名下的他——奥古斯都·恺撒，神之子，他将在拉丁姆，在朱庇特之父萨图努斯一度统治过的国土上重新建立多少个黄金时代，他的权威将越过北非的迦拉曼特和印度，直到星河之外，直到太岁和太阳的轨道之外，直到背负苍天的阿特拉斯神在他肩上转动着繁星万点的天宇的地方。"①维吉尔讲出了奥古斯都家族的神圣，讲出了奥古斯都给罗马带来的荣耀。中世纪的伟大诗人但丁把维吉尔当作自己的老师，对其赞赏有加。他写道："你是我的导师和我的作者，为我赢得荣誉的美丽文风也来自你，你是唯一的源泉。"英国作家丁尼生曾写过《致维吉尔》一诗，其中有这样的诗句：

> 你是逝去世纪之光，
> 像明星至今辉映幻渺幽晦的此岸；
> 你就是金枝，
> 在消失无踪的帝王、王国和黑影之间灿灿；
>
> 如今古罗马的广场已经沉寂，
> 君主的宫殿都已荡然无存，
> 唯有你诗律的滚滚涛声，
> 永远发出罗马帝国的回音；
>
> 如今奴隶的罗马已经覆灭，
> 自由人的罗马已将她替代，
> 而我，来自孤悬北方的岛国，
> 一度曾与整个人类文明隔开，
>
> 图阿诗人啊，我向你敬礼，
> 我从最初的日子起就爱你，
> 你唱出了古往今来人的嘴唇，
> 所能铸造的最庄严的韵律。

---

① ［古罗马］维吉尔：《埃涅阿斯纪》，杨周翰译，161 页，北京，人民文学出版社，1984。

人们感谢维吉尔，因为是他为诗歌编造了美丽的王国；人们崇敬维吉尔，因为是他为诗歌设定了崇高的标准。维吉尔是神，是诗神。

史学是经验之学，也是实践之学、智慧之学。罗马史学的重要特点是致用。而李维恰恰是致用史学的成功实践者。

提图斯·李维（Titus Livius，公元前59—公元17年）出生于意大利北部靠近亚得里亚海海岸的自治市帕多瓦，早年受过良好的传统教育，对修辞学和哲学有深入研究。从公元前23年开始，李维大约耗时40载，完成了以编年为线索的通史巨著——《建城以来史》（简称《罗马史》）一书的写作。全书共142卷，叙述时间上起公元前753年，下至公元前9年。李维撰史的目的在于歌颂罗马的伟大和祖先的荣光。他在《罗马史》的序言中这样写道："从来没有哪个国家拥有比（罗马）更伟大、更神圣、更杰出的典范，从来没有哪个国家能像罗马那样如此长时间地将贪婪和奢侈杜绝于社会之外，也从来没有一个国家能对清贫和简朴的生活保持如此特别的敬意和如此长期的尊重。"真可谓是"财愈少，愈不贪"。

作为历史学家，李维对奥古斯都时期的社会风气特别关注。他认为，内部的衰败正腐蚀着一个长期优越的民族的生命力，感叹"财富带来了贪婪，无节制的享乐唤起了放纵和奢靡的欲望，而这些正毁坏和损害着所有的一切"。

李维希望通过撰写历史，向罗马民众展现祖先的丰功伟业，并提醒大家关注道德对社会的影响。他说，要密切注意在罗马"是什么样的人和什么样的方法支撑起和平和战争时期帝国的治权，并将其拓展扩大。另外，还应当关注，随着纪律的逐渐松弛，世风是如何始由缓慢下沉，到急转直下，最后堕入彻底崩溃，以至一直延续至今的。我们既不能忍受自己的病痛，也不能忍受为消除病痛而采取的解救措施"。

李维的作品带有明显的民族性和时代性，整篇都充满着罗马史家固有的责任和使命，体现着罗马史家独特的爱国热情与社会担当。应该说，像李维这样关注社会道德建设的史学家在罗马还有很多。

罗马的建筑艺术是它留给后世的一份宝贵的遗产。大约从公元前1世纪开始，罗马就以各种建筑展示实力，炫耀国力的强盛。庞培建造了

图 29　罗马城遗址

第一座石造的大剧场。奥古斯都则自称他"所接受的罗马是一座砖头的城市，但留给后人的却是一座大理石城"。这话虽有些夸张，但它确实部分地反映了罗马城的巨大变化。丰富的石头把地中海世界的中心——罗马城装扮得分外妖娆，罗马城成了石头的海洋、石头的天堂。

　　　　罗马城是石头的天堂，
　　　　古代的建筑师点石为金，
　　　　赋予石头人文的内涵，
　　　　使石头有了思想与灵魂。

　　　　罗马城是石头的天堂，
　　　　无数异质的岩石在这里欢聚集结，
　　　　各自分担打扮城市的职责，
　　　　共同领略帝国赠予的辉煌。

罗马城是石头的天堂，
将军们的凯旋由石头承载，
城市的不朽靠石头书写，
罗马的历史经石头延伸。

石头塑造了罗马人凝重、朴实的性格，
石头衬托了帝国恢宏、庄严的气魄。
大理石的罗马城是帝国的需要，
是帝国的荣耀，
更是帝国稳固的象征与希望。

　　据史书记载，罗马城的大规模兴建始于公元前 29 年。首先修建的是恺撒神庙、奥古斯都凯旋门和奥古斯都广场。随后建造的有马尔斯神庙和阿波罗神庙。此外，阿格里巴还主持修建了许多新的城市建筑，如公园、浴场、万神殿、陵墓，并在各种石柱、神殿石壁、凯旋门上分别雕刻图像和铭文。万神殿则是罗马最著名的建筑之一。

　　万神殿（Pantheon）原建于公元前 27 年，后经两次火灾。公元 126 年，哈德良下令按原型重修。神殿壁缘饰带上保存着"由吕西乌斯之子，三任执政官马尔库斯·阿格利帕所建"（M. AGRIPPA L. F. COS TERTIUM FECIT）的铭文。万神殿的主体部分是一个高与直径相等的 43.2 米的大穹隆顶，拱顶通过直径达 8.5 米的圆形开口（cocullus）为神殿提供内部的照明，给人以神圣、宏大的感觉。万神殿是所有罗马建筑中保存最为完好的建筑，至今仍巍然屹立于罗马城内。

　　古罗马城建在一片丘陵、小山地上，它虽然濒临特韦雷河（Tevere），但河床低、取水困难。罗马城在极盛时期城市居民有一百多万，用水全靠输水道供应。输水道有 14 条之多，总长度达到 2080 千米。最长的一条输水道长达 60 千米，有 20 千米架在人工修建的拱券型水渠上。它们每天都向罗马城供应 160 万方的清水。输水道进城之后，分散为许多分支水道和引水管道，把洁净的饮水引入各个居民点，供应居民点里的千家万户。一位名叫朱利乌斯·弗隆蒂努斯的负责水道工程的官员写道："我们有这么多不可或缺的引水道，供给我们如此充沛的清水，相比之下，您会如何想象那些硕大的金字塔和享有盛名而毫无用处的希腊建筑。"①这些输水道带给罗马人的是幸福、自豪与自信。

1—2世纪罗马帝国进入繁荣时期，这一时期的建筑更渗透了奢侈豪华的炫耀风气。凯旋门、军官纪功柱、宏大的会场、浴池、竞技场以及剧场等纷纷被建造。64年，罗马发生大火，尼禄乘机大兴土木。塔西佗对此曾这样写道："他利用自己国家灾难的机会，修建了一座皇宫。这座宫殿的出奇之处，并不在于习以为常的金雕玉砌，而是在于野趣湖光，林木幽邃，间或林盖蓝天，阴凉宜人，间或旷境别开，风物明朗。建筑师和工程师是塞鲁斯和塞勒尔，他们别出心裁，不惜以恺撒之资财，强自然所不可，造就留名百世的艺术精品。在罗马，没有被尼禄占用的地区也开始重新建设了。但这次建设不像高卢人焚城后那样随意、无序，而是有明显的设计，按规划修建街道，留出宽阔的道路，便于行走。建筑物的高度也有明确的规定，在公寓的楼前加筑柱廊。建筑物本身一律遵照特别的规定，用坚固的、耐火性能高的加宾石和阿尔巴石砌成，改变用木石结构来建造城市的方法。尼禄提出用自己的钱来承修这些柱廊，并允许把清理后的修建场地移交给业主。他还鼓励公民参与罗马城的建设，制定相关的奖励制度。凡在一定限期内将住宅或公寓修建完成者，按完成者的地位、财产分别给予奖励。为了保证新建罗马城的安全与卫生，尼禄还规定将奥斯提亚的沼泽地设为垃圾场，命令一切沿第伯河运粮至罗马的船只在返航时必须把垃圾带走。"②历史上对尼禄的罗马城建设褒贬不一，但从罗马城的实际建设和发展而言，尼禄的贡献还是应该有所肯定。因为罗马城毕竟不是一天建成的。

朱理亚·克劳狄王朝结束后，弗拉维王朝顺应民心，把金屋皇宫废弃改造，在其部分建筑物之上建造了一座大圆形竞技场，"那里曾是尼禄

---

① Sextus Julius Frontinus, *Aqueducts of Rome*，1，16.

② Tacitus，*Annals*，Vol. 15，Chapter 42，43.

的鱼塘，宏伟的竞技场被建立起来"。当时人称之为"哥罗赛姆"（Colosseum，意为庞然大物）。传统的说法是：建筑这座建筑使用了4万奴隶，花了8年左右的时间。韦斯帕芗命令建造大竞技场的费用皆来自战利品。整座建筑呈椭圆形，长188米，宽156米，高48.5米，场内可容纳8万观众；圆形舞台长85米，宽53米，除表演角斗、兽斗外，还可灌水表演水战；外部分为三层，环以列柱。大竞技场于80年竣工。

马尔提阿努斯在大竞技场落成典礼上如此炫耀它的雄伟：

> 野蛮的孟斐斯人（埃及人），不要再吹嘘
> 你们金字塔的奇迹；
> 亚述人（巴比伦人），此刻不要再盛赞
> 塞米拉米斯的花园！
> 让温良的爱奥尼亚人不再
> 为他们的狄安娜神庙而备感自豪。
> 让提洛斯人不要
> 奢谈阿波罗营建的角多祭坛。
> 让卡利亚人不再狂热地赞美
> 立于空间的摩索拉斯陵墓。
> 往昔的所有奇迹
> 皆得让位于恺撒的大竞技场。
> 名誉之神将叙说这一杰作而替代其他的所有奇迹。①

据说，落成典礼活动持续了100天。庆典期间，一天之内，就有5000头动物被杀。元首提图斯还给一对角斗士颁发了棕榈叶奖。情况是这样的：由于普利斯库斯和维鲁斯棋逢对手，一场顽强未决的格斗相持了很久。恺撒严格遵守着自己的法律，这个法律规定角斗比赛必须进行

---

① Marcus Valarius Martialis, *De Spectaculis Liber*, 1.

下去，直到有一个手指竖起来①，才会发盾形奖牌。最后出现了这样的战斗结局：两位角斗士势均力敌。"对于这两个人，恺撒同时授予了木剑②和棕榈叶。就这样，勇气和技术得到了奖励。这件事在任何一位元首统治时都没有发生过，除了您，恺撒。两个角斗士角斗并同时赢得胜利。"③

大竞技场的建成是罗马历史上的大事。上到元首、下到百姓都为此感到振奋。有了大竞技场，罗马也就有了超越埃及金字塔，超越希腊帕特农神庙的自信。

图30　提图斯像

---

① 即一个角斗士承认失败。
② 授予木剑(rudis)作为奖励，表示解雇和给予自由。
③ Marcus Valarius Martialis, *De Spectaculis Liber*, 31.

罗马人非常喜欢带有浮雕的建筑物，并以此描绘罗马的过去和现时的重大事件。图拉真纪功柱就是罗马的代表性作品之一。图拉真纪功柱大约建成于 114 年，为歌颂图拉真的功业而建。圆柱高 38 米，由圆形的大理石构成。底下有一块方形的基座，柱身有连环式浮雕盘旋而上。浮雕的总长度约 200 米，出现在浮雕上的人物约 2500 个。浮雕生动地刻画了图拉真与达西亚人作战的情况。柱头上安放着一座图拉真的雕像。圆柱的内部是空的，里边有螺旋式的梯子。在柱脚下安葬着图拉真夫妇的骨灰瓮。到 16 世纪时，

图 31　图拉真像

图拉真的雕像被拿掉，换成使徒彼得的雕像。图拉真纪功柱为人们提供了罗马独创的雕像题材。用浮雕来叙述罗马的一段战史，这在罗马史上还是第一次。雕刻家用现实主义的手法，把多瑙河的流水、罗马军队和达西亚人的冲突，以及罗马人胜利的场面刻画得惟妙惟肖。图拉真纪功柱是西方艺术史上的杰作，它不但为后世提供了研究罗马艺术的重要物证，而且为历史学家、民族学家研究古代罗马的历史和社会提供了极具价值的史料。

罗马人除了公共建筑以外，还斥巨资修筑道路。在意大利境内，著名的道路有通往南部的"阿庇安大道"——由罗马经坎佩尼亚延至他林敦，通往北部的"弗拉米尼乌斯大道"——由罗马直达翁布里亚东海岸，通往东北部的"瓦莱利亚大道"——罗马向东沿阿尼奥河上行，穿过亚平宁山口到达亚得里亚海海岸，等等。这些大道是罗马连接地中海地区的血脉，是罗马维护帝国统治的工具。"条条道路"通过"我们的海"——地中海与

罗马紧密相连。以罗马为中心的道路体系建设客观上密切了地中海各地区之间的关系，促进了地中海地区经济的整体发展。

在造型艺术方面，希腊人对罗马人的影响较大。著名的《奥古斯都立像》和《马尔库斯·奥里略骑马像》都带有模仿的痕迹，但也有罗马人特有的品质。

《奥古斯都立像》完成于 1 世纪，现陈列于梵蒂冈美术馆。雕像中的奥古斯都身披甲胄，右手高举，左手握着权杖，右脚跨前一步，正以统帅的身份训示眼前的万马千军。据说，他铠甲上的装饰浮雕，寓示着罗马对世界的征服和统治。奥古斯都的面部清瘦严肃，威严中带有坚毅；双目炯炯有神，冷静中饱含睿智。《奥古斯都立像》是古代罗马宫廷肖像

图 32　奥古斯都立像

的典范之作，是希腊和罗马艺术的完美结合，在罗马艺术史上占有很高的地位。

《马尔库斯·奥里略骑马像》创作于2世纪，现放在罗马市政广场的中心。它是古代罗马流传下来的唯一一尊青铜骑马像。据说，在中世纪，基督徒错误地把马上的马尔库斯·奥里略当作君士坦丁，从而使这座雕像得以完整地保存下来。因为君士坦丁是首先承认基督教的罗马君主，有恩于基督教，深受基督徒的爱戴。《马尔库斯·奥里略骑马像》高4.24米，长3.87米。骑在马背上的马尔库斯·奥里略目光深邃，挥手向前，有一种发自内心的从容和胜利者应有的自信。他骑坐的骏马精神抖擞，威武中不失神圣，矫健里透着灵气。这座雕像不仅是艺术上的尊品，而且对之后西方艺术的发展也起过重要的作用。

图33　马尔库斯·奥里略骑马像

罗马的自然科学虽然远不如希腊的自然科学发达，但就农学等实用科学而言，它并不比希腊逊色。

和其他的上古民族一样，农业也是罗马最重要的生产部门，自古以来一直为罗马人所重视。老迦图明确指出："我们的祖先在赞扬一个好人时，就称赞他是一个好农民。"凡是受到这样称赞的人，就被认为受到了最高的称赞。老普林尼也认为，那些对田地疏于耕耘的公民常常会受到检察官的审理和指责。由于国家对农业的重视，所以，早在公元前 2 世纪，罗马就出现了专门研究农业的专著。此后，这类著作不断增加，到 1 世纪时，就已有四部之多。

老迦图于公元前 160 年完成的《农业志》是罗马历史上第一部农业著作，此书完整地保存了下来。它比我国现存最早的农业巨著——北魏贾思勰的《齐民要术》还早将近七百年。此外，罗马的农业著作还有瓦罗的《农业志》、维吉尔的《农事诗》和科路美拉的《农业志》等。它们都是后人研究西方农业科学史的宝贵资料。

老普林尼（23—79 年）是罗马的政治家，但同时也是一位杰出的学者。恩格斯把他称为"罗马的百科全书家"。据统计，老普林尼一生共发表了七部作品，它们分别是《在马背上使用标枪的艺术》、《庞波尼乌斯·西孔图斯传》、《日耳曼战争史》、《学者》、《语言学问题》、《历史续编》和《自然史》。其中以《自然史》最为著名。《自然史》是一部集大成的著作。为书写《自然史》，老普林尼总共参考了 3146 位罗马作家和 327 位非罗马作家的作品，并从 2000 部书中摘引了丰富的材料。老普林尼的这部巨著既保存了众多古代学者的思想精华，又为人类留下了罗马人对自然的总体看法，在西方学术史上占有崇高的地位。

3 世纪，罗马爆发了社会总危机，史称"三世纪危机"。此后，随着基督教合法化进程的加速，古典文化逐渐为基督教文化所替代。到了中世纪，基督教则完全垄断了西欧的文化和教育，一切哲学和科学都成了"神学的婢女"。正如恩格斯所说："中世纪完全是从野蛮状态发展而来的。它把古代文明、古代哲学、政治和法学一扫而光，以便一切都从头做起。它从没落的古代世界接受的唯一事物就是基督教和一些残破不全而且丧失文明的城市。"①14、15 世纪以后，文艺复兴使湮没了千年的古典文化再次焕发了生机。"拜占庭灭亡时抢救出来的手稿，罗马废墟中发掘出来的古典古代雕像，在惊讶的西方面前展示了一个新世界——希腊古代；在它的光辉的形象面前，中世纪的幽灵消逝了；意大利出现了出人意料的艺术繁荣，这种艺术繁荣好像是古典古代的反照，以后就再也不曾达到过。在意大利、法国、德国都产生了新的文学，即最初的现代文学；英国和西班牙跟着很快进入了自己的古典文学时代。旧的世界的界限被打破了；直到这个时候才真正发现了地球，奠定了以后的世界贸易以及从手工业过渡到工场手工业的基础，而工场手工业则构成现代大工业的起点。"②教会的精神独裁终于被摧毁了。"这是人类以往从来没有经历过的一次最伟大的、进步的变革，是一个需要巨人而且产生了巨人——在思维能力、激情和性格方面，在多才多艺和学识渊博方面的巨人的时代。"③文艺复兴将千年的沉寂一扫而光，从宗教中解放出来的人们，满怀热情，尽情地吸纳古典的辉煌，创造着超越古典的伟大奇迹。事实再一次证明：光荣属于希腊，伟大属于罗马！

---

① 《马克思恩格斯文集》第 2 卷，235 页，北京，人民出版社，2009。
② 《马克思恩格斯选集》第 4 卷，261 页，北京，人民出版社，1995。
③ 《马克思恩格斯选集》第 4 卷，261~262 页，北京，人民出版社，1995。

拜占庭文化：闪烁东西方异彩的中古明珠^①

  公元 5 世纪，罗马帝国在遭受外族的重重打击后，奄奄一息。彪悍、粗犷的蛮族如风卷残云般吞噬着古代灿烂的文明。476 年，西罗马帝国已经走完了其最后的岁月，寿终正寝。然而，刚从罗马帝国分离出来的东罗马帝国即拜占庭帝国，却并未受此影响，它像一艘巨轮，固若金汤地回应着蛮族浪潮的冲击，传承着古典文化的精髓，吮吸着东方文化的养分，成为当时最有教化的国家，欧洲知识和文明的圣地。

  拜占庭文化是西方古典文化、基督教文化和东方文化三者总汇的结果。虽然基督教文化影响巨大，但由于教权始终未能超越世俗政权，因而拜占庭仍能保持珍贵的人文火种和强大的创造力。在西欧进入黑暗时期之时，它宛如一颗璀璨的明珠，闪烁异彩。

  拜占庭原是古希腊商业殖民时代建立于地中海东部的一个小城。它坐落在博斯普鲁斯海峡西侧，东扼黑海关口，西瞰色雷斯平原，南临马尔马拉海，北靠"黄金角"海湾。与生俱来的独特地理位置注定其要得到历史的青睐。4 世纪初叶，雄才大略的古罗马君主君士坦丁力挫群雄，统一天下，并将帝国东都锁定于欧亚两洲相交的拜占庭。330 年，拜占庭用"君士坦丁堡"的名字记录下君士坦丁大帝一生的伟绩。拜占庭的历史也因为君士坦丁堡的建成而绽放千年之久的辉煌，而后世的学者也常常以"拜占庭"来写就以君士坦丁堡为核心的东罗马帝国的盛世余晖。枕着帝国的温床，拜占庭文化经历了 4—15 世纪的演变，从自我完善到融会贯通，最终实现伟大的复兴，直至 1453 年才被奥斯曼土耳其的军队无情地消灭。

---

  ① 与郑雪蕾合写。

310

为拜占庭文化打造卓尔不凡的历史空间的最伟大人物是君士坦丁和查士丁尼。君士坦丁在拜占庭之上构筑"新罗马"，点燃的不仅是对未来盛世的希望，而且是人们心中一触即发的尚古情怀。君士坦丁堡见证着人们对古典文化发自肺腑的狂热。古典建筑中流行的大理石柱廊随处可见，希腊式阳台使整个城市建筑群显得格外典雅庄重。全城主要街道、广场和建筑物前都布满了美轮美奂的古典艺术品，正如历史学家吉本所述："一切能有助于显示一座伟大都城的宏伟、壮丽的东西，一切有助于为它的居民提供便利和娱乐的东西，在君士坦丁堡这座城市的四墙之内无不应有尽有。"在君士坦丁时代，拜占庭是欧洲、亚洲、黑海和爱琴海贸易之路的枢纽，世界各地奇珍异宝的集散地，不同肤色的商贾络绎不绝，光灿炫目的金币涤荡了跋涉的劳苦，异域的风情照亮了不夜的欢乐。在这座百业俱兴的"沟通东西方的金桥"上，无休止地上演着有声有色的中世纪难得一见的富庶与繁华。君士坦丁堡的风光异彩引来了整个地中海世界关注的目光，文人墨客云集于此，品读汗牛充栋的古籍，瞻仰不计其数的文物，叙史论史，探究学术；从百官到布衣，从老叟到孩童，学习古语蔚然成风，拜占庭的文化正披着古典的盛装，踏着自己的节拍，随着地中海的清风翩然起舞。

雄心勃勃的查士丁尼是拜占庭帝国的骄傲，他承继了罗马帝国的遗风，以其毕生精力重现罗马帝国的荣光。他或许不曾想到，其精心编纂的《查士丁尼民法大全》是世界立法史上的重大创举，人类文明发展的里程碑。他所经营的帝国可以消失，但在其主持下编纂的法律，却逾千古而犹存，对后世文明尤其是近代文明产生了巨大的影响。

当西欧的基督教教会对古典文献进行疯狂的破坏时，东部的拜占庭文化却成了照亮西方世界黑暗时代的灯塔，千余年间保持着盎然生机。在拜占庭文化殿堂里，柏拉图、亚里士多德的智慧火种有幸传承万代，愈久弥珍的古典名著再次被珍藏，被模仿，被引述。

拜占庭人把历史看成是引人入胜的文艺读物，喜爱用文学演绎史学，其灵感和气魄虽无法与古希腊人相媲美，却也透出少有的生动诙谐，优雅别致。查士丁尼时代的文史巨匠普罗可比曾无比陶醉于《荷马史诗》音乐般的美妙，君士坦丁堡学而不厌的光阴，充满希罗多德、修昔底德灵魂的文风，无不成就了他传世的美名。古希腊史家记人事而非叙神事的世俗化传统在他的笔下发扬光大。在其著作《战史》中开创丰功伟业的查士丁尼，在《秘史》中却遭到了他辛辣的嘲讽和无情的指责。尽管如此，可谓"双面史家"的普罗可比还是用其生花妙笔把查士丁尼时代的拜占庭栩栩如生地刻画在悠悠历史的长卷之上。既是学者又是皇帝的君士坦丁七世，在其当政时期就组织编著了《国家管理规则》、《宫廷礼仪》和《帝国的行省》等著作，亲自写就了《巴塞尔一世传》，为后人研究拜占庭历史提供了丰厚的材料。

在拜占庭人眼中，哲学是有关神和人以及他们的相互关系的知识，可以让人和神贴得更近，哲学是万般艺术的艺术，是各种科学的科学。思想来源上的折中主义、本体论上的神秘主义、认识论上的直觉主义和伦理观上的人神结合，让新柏拉图主义的理念炙手可热。普洛克罗从中领悟到了宇宙从高到低的存在和感知世界的局限，而菲洛普诺斯则在亚里士多德智慧的启迪下发现了另外存在的"灵魂"世界和宇宙前行的原动力。当主张整个世界和所有人共享同一理念并服从同一"道"的理性心灵成为官方哲学时，禁欲节制、服从忍让、仁爱慈善就逐渐成为基督教伦理的核心。基督教神学、犹太教神学和古希腊哲学在碰撞融合中产生了新的思想。拥有阿拉伯血统的拜占庭思想家约翰，用这些新的思想撰写了《知识的源泉》，给后世神学家托马斯·阿奎那带去了创作《神学大全》的满腔热血。拜占庭的皇帝始终用至高无上的权威将基督教的信仰纳入社会生活的范畴，多彩的思想在神圣信条编织的网中收起了翱翔的双翅。在西欧，当教会凭借经院哲学、蒙昧主义、禁欲主义三大绳索捆绑人们焦躁不安的心绪时，一场旷世持久的毁坏圣像运动让拜占庭教会面对罗马教会凌驾一切的光华时黯然失色。

中世纪的基督教教会总是想给世俗权力和精神生活加上种种束缚，然而虔诚的信仰却没有抵挡住拜占庭前行的步伐，教俗文化虽如水火般相克，却在不同的天地里成就着自身，共存并荣，勾画出拜占庭文化独有的风韵。拜占庭人正是在如此对立的文化氛围中接受着西方古典传统与基督教神学的洗礼，世俗与宗教的教育之门向一切帝国臣民敞开。《圣经》与《荷马史诗》成为基础教育中不可或缺的诵读范本，培养探索真理、传播真理的有识之士是无所不包的高等教育永恒的主题。名垂青史的大学者在教俗文化中游刃有余地畅行，只了解神学的教士或对宗教问题无知的世俗作家都难登大雅之堂。人人渴望泛起教育之舟驶向文明的海洋，在对挚爱的古典文学的研究中提高精神生活的质量，点亮生生不息的文化火炬。

"垄断的天堂，特权的天堂，家长式的天堂"——有人这样描述拜占庭帝国，然而"天堂"毕竟是世俗的人们创造出来的概念。在这个概念里，有为真理而激动的俗人，有为新发现而高呼雀跃的学者。拜占庭人虽然并没有像古代希腊人那样在自然科学领域做出惊世之举，然而他们还是在不断应用先辈成果的过程中，为人类的知识宝库增添新的财富，用古人的智慧之光去照亮"天堂"里的灵魂。

塞奥是拜占庭著名的数学家和天文家，更是拜占庭自然科学大厦的奠基人。希腊数学家欧几里得的《几何原本》、托勒密的《天文学大全》正是通过他的注释才得以广泛流传，使其跨越时空，接触现代人的目光。与古希腊学者以智慧锻造的理论相比，拜占庭人将理论与实际相结合的实践观则加重了知识对社会生活的价值筹码。他们不断采撷古典希腊的医学硕果，热衷于养生和预防，健康科学的生活观念遍及帝国境内。干湿冷热四气失调，疾病自然乘虚而入，聪明的拜占庭人最懂得发掘大自然开出的药方，用胡椒调肝脾，用青草除口臭，用艾蒿洁空气，生命在细致入微的调养呵护下彰显出存在的意义。

拜占庭是一个充满基督教化的国度，基督教的思想深深地融会于艺术之中。无论是镶嵌画、壁画、纺织品还是建筑、音乐和舞蹈等，无时无刻不是为了荣耀基督，从而展现其神奇魅力而创作。形式上的高贵、豪华烘托出内容上的神性和庄严，在东方艺术的熏陶下，拜占庭喜欢色彩而不喜欢造型，迷恋装饰而厌弃写实。崇尚自然纯朴和谐之美的古典艺术让位于着力表现抽象精神、神圣情感的拜占庭艺术，艺术不仅仅为悦目而延续，而是开启思索的金匙，让人在有形的作品中获得隐藏许久的无形顿悟。拜占庭的镶嵌画和壁画取代雕刻而装点教堂，它们注重传神，只求"得意而忘形"，宗教故事是其永远的主题，画中基督、圣母圣子在美丽的光泽中平添了神秘气息，虔诚的教徒从色彩鲜艳的图画里寻求对上帝的理解。在享有"欧洲明珠"、"中古时代巴黎"美誉的君士坦丁堡融汇了各种艺术的杰作，可谓用拜占庭艺术美饰的大都会。建筑艺术的经典之作，查士丁尼时代修建的圣索非亚大教堂便坐落于此。来自米利都的建筑设计师安提密阿用大小不同的穹顶连续构成开阔高大的内部空间，拱顶的窗户透射出来的束束光线，恰似一道光环托着巨大的穹顶漂浮于空中。地面、墙壁、廊柱、门窗无处不是精雕细刻。主厅明亮宽敞，走道曲折幽深，驻足仰视，顿觉自身之渺小，上苍之博大。如此奇妙的景象，增添了崇高、神圣的气氛。这一欧洲文明宝库中的艺术瑰宝是一万多名工匠，耗尽五年多的光阴，用智慧和血汗堆砌而成的。人们不愿意将金碧辉煌的高大建筑与曾经的挥霍奢侈相提并论，然而历史却似乎在告诉人们：承载着艰辛和痛苦的艺术更令人心动和令人神往。

拜占庭文化历经一千多年的发展和兼收并蓄，如燃烧的中古文明火把，照亮自己前行的方向，并将光华撒向巴尔干、意大利、斯拉夫世界以及西欧广大地区。拜占庭人自信而不狂妄，虽沉浸在文化带来的优越感之中，却向身边的一切文化敞开宽大的胸襟，吸收，改造，为我所用，带着古典的烙印却又不失东方的神秘。当拜占庭帝国风光不再时，文化却可以跨越国与国的壁垒而缔造有别于西欧的东欧世界。同时，拜占庭给西欧带来的震撼也叩响了西欧通往崭新的精神世界的大门。毁坏圣像的喧闹，十字军洗劫的混乱并未阻断拜占庭文化西行的路途，当奥斯曼土耳其挥舞着弯刀在巴尔干渲染剑拔弩张的干戈时，拜占庭的知识分子以深厚的古典学功底铸就满腔豪情，踏上西欧的土地，在意大利拨动了复兴古代文化艺术的心弦，近代欧洲的第一道曙光穿透中世纪的迷雾普照大地。著名学者巴尔拉姆在反击奥斯曼人入侵的游说演讲中，用丰富的古典知识赢得了意大利文艺复兴时期文学三杰之一的彼特拉克的赞誉。彼特拉克把他称作思维敏捷的"杰出的演说者"。皮拉杜斯完成的《荷马史诗》新的拉丁译本，被文艺复兴的巨人薄伽丘看作当时"最伟大的希腊文学活权威和希腊传说故事取之不尽的档案"。在意大利文艺复兴浪潮中搏击的人文主义者坚信,隔亚得里亚海相望的拜占庭帝国是封存古代文化的恢宏殿堂。

拜占庭文化跨越千年的蹉跎岁月,在学术和艺术中留下了光辉的遗产,它用力量和智慧呵护着神圣的地中海东部世界,它的成就远远超过同时期的西欧,在欧洲中世纪历史上放射出耀眼的光芒。历史学家吉本面对掩埋在历史尘埃中的拜占庭,断然落笔,不知所措。然而当我们拭去尘埃却陡然发现,在拜占庭文化的光辉形象面前,中世纪的幽灵消逝了,"惊讶的西方"迎来了新的世界。昔日的荣光不止闪现在人们的记忆中,而且化作颗颗明珠洒落在人类历史文化的长河里,熠熠生辉。

古代印度：蒙着神秘面纱的东方美人①

　　古代印度是世界四大文明古国之一。它位于南亚次大陆，北靠喜马拉雅山，南濒印度洋。恒河与印度河一东一西，从白雪皑皑的高山地带俯冲下来奔流到海，就像两条天然的大动脉，不断给流域内的土地输送养料，使之永葆活力。古印度千百年来在相对封闭的环境里成长，偶尔有"野蛮"或文明的民族跨越无垠的沙漠，穿过大山豁口来到这里，以战争或和平的方式同土著人发生碰撞交融，共同缔造了印度独具特色的区域文化，在世界文明史上写下凝重且神秘的一笔。

　　印度河上游的哈拉巴是印度文明最早的发祥地。不过，哈拉巴文明一直笼罩在神秘的面纱中，三三两两躺在地上的不知产于何时、来自何方的烧砖预示此处并非寻常之地。当铁路建筑工的鹤嘴镐第一次探及这里的土地时，它们竟触到大量这样莫名其妙的烂砖碎瓦。意外的发现并没有立即引起轩然大波，这些现成的建筑材料也被顺手抛到铁轨之下做了枕木。若干年后，考古学家才把好奇的目光转向这里，经过一番艰苦发掘终于使一座沉睡五千年之久的城市重见天日。当人们尚沉浸在哈拉巴城发现的喜悦之中时，另一座与之规模布局均相仿的城市遗址摩亨佐·达罗就惊现在人们面前。一连串的发现迅速掀起考古热潮，也似乎在一夜间擦亮了人们的眼睛，使之穿越时空看到了被遗忘多年的历史，把印度文明向前推进了一千年。考古遗迹中坍塌的墙垣、倾斜的柱石和残破的地基为我们丰富的想象力提供了现实依据。当年，高耸的城墙圈出城市居民狭窄的生活空间，四周塔楼虎视眈眈地凝望着不测的远方，纵横交错的街道上人喧马嘶，川流不息。平民屈身于简陋单一的小屋中，

---

① 与薄海昆合写。

粗茶淡饭，含辛茹苦，无法知晓卫城里的贵人们在如何花天酒地，声色犬马。宗教和祭仪已经成为生活中的重要部分，被无数琼楼玉宇围绕在中间的大浴池注满清澈甘甜的"圣水"，为参加典礼的信徒洗去劳动的辛苦，洗去战争的创痛，洗去一切私心杂念。如今，浴池边上的七宝楼台已经荡然无存，只剩下几根残柱和断梁，傍晚时分在夕阳的照射中投下斜长的影子，随着落日与红云的游移而明灭闪烁，若隐若现。再也不见和风细雨之季，浴池中微微泛起的圈圈涟漪，再也不见春光明媚时节，池底游移不定的五彩斑斓。主持宗教仪式的祭司是神的使者，是万人景仰的圣人，他们也同涟漪和斑斓一起永远留在想象中，我们只能从一尊雕像的神态上揣测他们的睿智、诡异和不可一世。随同祭祀雕像一同出土的还有印章、水罐、兵器和青铜舞女等，这无数质朴粗犷且散发着原始艺术气息的手工艺品，像一个个具象的符号，圈点出残缺不全的历史，再现了刚刚跨入文明之门的那个时代丰富多彩的社会生活。贵族和平民之间或许自始至终就存在着隔阂与怨隙，存在着差别和不公，但一场突如其来的灭顶之灾彻底打破了所谓贵与贱的界限，无人能逃脱可怕的浩劫。哈拉巴文化在很短的时间内毁灭了，不知是因为地震，是因为洪水，还是因为外族铁蹄的蹂躏，总之就像在没有观众的剧场里做了一次短暂精彩的演出，尔后便谜一般悄然谢幕，藏身于层层泥土和尘埃中，把历史舞台留给了后来者。

在古代印度文明中唱主角的是雅利安人，早在公元前 20 世纪他们就离开中亚和黑海沿岸的草原，跨越兴都库什山，逐渐渗透到曾产生哈拉巴文化的印度河流域。这支来自北方的游牧民族带着在凶险环境中磨炼出来的野蛮、勇敢和剽悍，像雷神因陀罗的霹雳重重地击碎了土著居民简陋的铠甲，像火神阿耆尼的烈焰烧焦了反抗者脆弱的盾牌，像太阳神苏里亚的战车摧垮了在漫长岁月里经营起来的城镇乡村。战争、屠戮、毁灭和奴役成为这个漫漫长夜般的时代的主题，社会动荡不安，文明丧失殆尽，到处都是流淌的鲜血和熊熊火焰，然而这恰恰是历史新乐章的序曲，在深沉悲壮的调子中和着一位佚名诗人谱写的歌："火专司毁灭，却又带来再生；鲜血代表死亡，却又是生命的象征。"好战的雅利安人没有专门把征服和胜利写成历史，用文字铸造不朽的丰碑，却全身心投入对神祇的崇拜和歌颂之上，以期望得到神灵的保佑和庇护。于是我们只能根据宗教典籍《吠陀》提供的线索去推断那个时代亦真亦假的事迹，《梨俱吠陀》的颂诗、《耶柔吠陀》的散文、《婆摩吠陀》的唱词和《阿闼婆吠陀》的咒语从不同角度描写了神明的形象和他们令人畏惧的法力，暗示连年战争的残酷与社会的变迁，影射少女献身、敬牛为神和畅饮苏摩酒的奇风异俗。这个时代由此得名"吠陀时代"。与很多民族的早期历史相似，如此混乱无序的状态最容易幻化出杰出人物和英雄的形象，寄托人民对摆脱深重苦难的渴求之情，歌颂英雄的代表性史诗也往往在这种时候被有名或无名的诗人创作出来。《摩诃婆罗多》记述了发生在雅利安人内部的一场血战，婆罗多族般度王与持国王的儿子们为争夺王位而刀兵相见，最终两败俱伤。《罗摩衍那》的主人公罗摩英勇无比，杀死面目狰狞、嗜血成性的十首妖，他"就像是众生的创造主，品质优秀，道德超群"。不管这些作品是出自无可争辩的史实还是源于想象丰富的传说，它们毕竟折射出了当时的社会状况。游牧民族四处飘荡的本性决定了雅利安人不可能很快安居乐业，直到他们的主力被吸引到水草丰美、气候湿润的恒河流域之后，才从马背上跳下来并拿起新兴的铁器开垦一方之土；土著居民因为黝黑丑陋的相貌从一开始就被蔑称为"达萨"，也因为不敌高大肤白的入侵者而沦为任人宰割的奴隶，同时被烙上低贱的印记；雅利安的英雄们得到考验和洗礼，摇身一变，成为大权在握的国王，在唯唯诺诺的侍从和官吏的簇拥下不可一世，颐指气使。巨大的变迁让本来就渺小的人身不由己，不知从何时开始，古印度人生来就要面对命运的摆布，祭司之子永远是高贵的婆罗门，奴隶的后代不可能与刹帝利和吠舍为伍，只能心甘情愿地承认自己是低贱的首陀罗。"种姓"的权利和义务被写入《摩奴法典》，就算人们形骸消散、灰飞烟灭也不会有所改变。婆罗门的祭司和刹帝利的王公贵族是这种荒谬制度下主要的受益者，他们把持最好的职业，拥有强大的武力，控制神圣宗教的传布和研习，欺压经商务农的吠舍和悲惨的首陀罗。如果地位低下的人胆敢冒犯侮辱他们，必然会遭受残害身体器官的酷刑。人一生充满不测、苦难和无奈，在被逼到绝境、没有退路之时往往会发自本能地奋力一搏，争个鱼死网破，但那些时而徜徉在恒河边，间或静坐在山林里，不管是烈日炎炎还是刮风下雨，终日修炼寻求解脱的低级种姓苦行师，似乎暗示古印度人有着超凡脱俗的韧性和自我折磨的承受力。难道他们昏懦无能，患得患失？不。原来宗教就像一张大网，早把古代印度笼罩其中，信仰也如同一条绳索，将人的意念牢牢绑缚。种姓制度立足于婆罗门教，祭司编造的《原生歌》煞有介事地这样解释世界的起源：远古大神普鲁沙遭到分割，他的口化为婆罗门，双臂变成刹帝利，双腿成为吠舍，而从他的脚上生出首陀罗。脚支撑整个身体并接触污秽，口却是言论与智慧的象征，种姓差别当然有依有据，顺理成章。和大多数宗教一样，婆罗门教也离不开狂热的偶像崇拜。庙宇中、祭坛上、森严王宫和普通民宅里，总少不了受人瞻仰膜拜的木雕泥塑和金银器物。梵天身为主神，是世界和人类的缔造者。他有面向东南西北的四个头，洞察万事万物的一举一动；他有擎握宝物的四只手，莲花、念珠、匙子和吠陀经足以降服恶魔和异端。神有超凡的力量和不朽的躯体，他们怪异诡秘的形象使人望而生畏。世界保护者毗湿奴通体深蓝，卧于七首巨蟒之上，经常以千姿百态的化身出现。湿婆翩翩起舞，优雅的姿态和婀娜的手势仿佛在表达他那难以抑制的欢乐之情，殊不知这正是毁灭世界的诅咒。

恒河如同步履矫健的巨人，带着无穷力量越过千山万水。它的两岸处处长满奇花异草，散发着摄人魂魄的芬芳，五彩缤纷的花瓣轻盈地随风飘落，被迅速卷进汹涌波涛，又很快在漩涡中淘气地若隐若现，飘忽不定。然而胜境背后却隐藏着从未停息过的血腥厮杀和凄厉惨叫，从印度河沿岸迁过来的雅利安部落经过几百年的风云变幻，已经进化为一个个名副其实的国家，历史的步伐已经踏入"列国时代"，这里广袤肥沃的土地也最适合雄心勃勃的君主养精蓄锐，角逐最终的霸主地位。刹帝利种姓的频毗沙罗和阿阇世父子力克群雄，在恒河所能泽被到的范围内建立了一个幅员辽阔、兵强马壮的摩揭陀王国，吹响了统一古印度的号角。将军和武士喋血沙场，用生命来成就伟大功业，庸俗腐朽的祭司在他们面前突然黯然失色，披在身上的那层神圣外衣也慢慢滑下。婆罗门教已经失去了原有的威望，人们的精神需要得到重新洗涤。一位来自喜马拉雅山南麓的圣贤舍弃荣华富贵，终日云游四方，冥思苦想，渴望在顿悟中找到解释人间冷暖的答案。这就是迦毗罗卫国净饭王之子乔达摩·悉达多，他甘愿牺牲自己的形骸，为芸芸众生换来光明，因此被尊称为"释迦牟尼"。柔软的沼泽、清香的果园与喧嚣的市井都会，无处不留下他羸弱但坚毅的足迹。菩提树和莲花座似乎永远都有讲不完的传奇与动人故事。七七四十九天的苦修终成正果，释迦牟尼以心血换来真谛。原来欲爱是一切苦痛的根源，生老病死是前世作孽遭的报应，六道轮回也在业力的推动下流转不息。释迦牟尼一生的时光皆用来悟道传教，枯竭昏暗的生命之灯转瞬即逝，在一个夕阳西下的黄昏，他披着绛紫色的余晖，卧于鲜花丛中溘然圆寂。而新生的佛教凭借势不可挡的锐气冲破种姓制度的藩篱，藐视祭司阶层的淫威，成为印度乃至世界的主要宗教之一。

南亚次大陆上仍在烽烟滚滚、诸侯争霸之时，马其顿人的方阵已经横扫江河日下的希腊城邦，击破雍容华贵的埃及，穿透外强中干的波斯帝国，亚历山大大帝的马鞭也指向了印度这片西方人从未企及的神秘土地。然而炎热难耐的气候和肆无忌惮的瘟疫阻止了征服者的行程，壮志未酬的伟人也不得不在战士的声声抱怨中含恨离去。马其顿人的身影在南亚次大陆上一闪即逝，似乎没留下什么痕迹，却为印度人孵化出了富庶强大的统一帝国。热血青年旃陀罗笈多揭竿而起，反抗马其顿军官的骄横跋扈，转而一鼓作气，把盘踞在恒河边的摩揭陀王国拉下马，用家族名号"孔雀"来称呼自己创建的新生王朝。国家机器从来没有这样完备，国王的权力也从来没有这么有效，第三代统治者阿育王也因此开拓了史无前例的疆土。当帝国军队的弓箭如飞蝗般射向南方国度羯陵迦，皇家战士的大刀凶残地砍下一颗颗无辜的头颅之时，血流成河、尸横遍野的场面经常使阿育王从梦中惊醒，于是他幡然觉悟，"放下屠刀，立地成佛"，决定以怀柔正义的教化代替暴殄天物的武力。从此释迦牟尼多了一位高贵的信徒，宏伟的寺庙和玲珑的佛塔如雨后春笋般出现在帝国首都华氏城，出现在这片神秘土地上，佛法也随着云游僧人、远行商队和跨越重洋的帆船弘扬到玉石遍地的缅甸、广植橡胶的暹罗、狮虎出没的锡兰和高山背后的中国。

古代印度河流域的文明早已衰亡，留下的也就是一些残垣断壁，从这里我们或许能够依稀看到佛塔流畅的半圆形轮廓，感受到阿育王铭文在经历千年岁月打磨后丝毫未减的肃穆。浮雕上扭动腰肢、妩媚多姿的舞女仿佛跳动出咒语般的旋律，犍陀罗风格的佛像面露微笑，似乎要慷慨地把福祉赐予众生。纵观人类古代文明，如果说埃及之美在于壁画和法老金面具的华丽，巴比伦之美在于泥板文书和楔形文字的朴实，希腊之美在于文艺、科学和哲学铸造的辉煌，那么古印度的魅力就在于神秘，一层朦胧的面纱使它永远都隐藏在含蓄、优柔与沉静之中。

四大发明：中国对人类的巨大贡献①

中国是一个伟大的国家，在世界文明史上占有举足轻重的地位。中国人民勤劳勇敢，奋发向上，以其杰出的创造性劳动，谱写了人类文明进步的一页页篇章，为人类做出了巨大的贡献。

中华文明源远流长，博大精深，至今已有大约 5000 年的历史。中国与古埃及、古巴比伦和古印度并称为世界四大文明古国。当其他文明古国由于各种原因而湮没于历史的尘埃时，中华文明却表现出最顽强的生命力，坚韧不拔地一代一代传承至今。中国是世界文明古国中唯一没有中断历史的国家。由于这种独一无二的相对连续性，这片土地成了古代世界重要发明和发现的故乡。从秦汉建制、隋唐盛世、宋元之治，一直到明清之际，中华文明始终居于世界的领先地位。

在大约 5000 年的奋斗中，中华民族不但创造了丰厚富足的物质文明，而且也创造了气势恢宏的精神文明，创造了数以万计的世界奇迹，其成就足以让世界倾倒。早在抗日战争最艰难的时期，毛泽东就曾以中国古代的辉煌成就，鼓舞正在浴血奋战的中国人民，他这样说道："在中华民族的开化史上，有素称发达的农业和手工业，有许多伟大的思想家、科学家、发明家、政治家、军事家、文学家和艺术家，有丰富的文化典籍。在很早的时候，中国就有了指南针的发明。还在一千八百年前，已经发明了造纸法。在一千三百年前，已经发明了刻版印刷。在八百年前，更发明了活字印刷。火药的应用，也在欧洲人之前。"②中国古代文明的领先地位，也令当今的西方人惊叹不已。美国现代学者罗兹曼对此说得非

---

① 与陈凤姑合写。
② 《毛泽东选集》第 2 卷，622～623 页，北京，人民出版社，1991。

常明白，他说：

> 在世界历史的大部分时间里，中国一向是整个东亚社会的文化巨人，其所扮演的角色，集西方人在文化上无限景仰的古希腊、罗马和作为现代欧洲文明中心而倍受倾慕的法兰西于一身。悠悠2000载，中国人表明自己拥有程度极高而造诣极深的多样化文化价值，拥有控制、协调和管理幅员辽阔而人口众多的国家的能力，拥有有效地把技术开发应用于生产的扩大并维护数倍于19世纪欧洲国家人口的组织天才。[①]

在中国古代众多的成就中，举世闻名的四大发明就是其中最重要的几项，这些成果既是中国人民智慧的结晶，也是中国人民奋发有为的象征。它们通过西北方戈壁沙漠间的蜿蜒商路、南海和印度洋之间的海上航道以及蒙古高原上来往的草原之路等，对世界科技的发展和进步起了极大的推动作用。近代伟大的科学家、英国17世纪的著名学者弗兰西斯·培根在其《新工具》一书中曾对此有过高度的评价。他指出，印刷术、火药和指南针的发明，产生了巨大的力量和效能，其后果是："已经改变了整个世界的面貌和事物的状态：第一种是在学术方面，第二种在战争方面，第三种在航海方面；并由此又引起难以数计的变化，以致任何帝国、任何宗教、任何名人在人事方面似乎都不及这些机械发明更有力量、更具影响。"

中国早在北宋时期就已经发明了人工磁极的方法：人们把经过磁化的钢针，穿上几根灯草，放在一只盛满水的碗里，它就能浮在水上为航船指示方向，这就是世界上最早用来指示方位的仪器——指南针。指南针传到欧洲后，意大利人乔亚又对其进行改进，把用纸做成的方向刻度盘和磁针连接在一起转动，从此航船变向就不必再用手转动罗盘了。

---

① ［美］吉尔伯特·罗兹曼主编：《中国的现代化》，国家社会科学基金"比较现代化"课题组译，15～16页，南京，江苏人民出版社，2003。

指南针的发明、使用和西传，大大地推进了世界航海事业的发展。明朝初年，我国伟大的航海家郑和七下西洋以及 15、16 世纪哥伦布对美洲的发现，麦哲伦的环海航行都与指南针有重大的关系。

造纸术是中国四大发明之一，相传它是由东汉的蔡伦发明的。根据史书记载，蔡伦是一位监制皇宫所用器物的太监，他选用树皮、麻头、破布和渔网作为造纸的原料，造出来的纸张物美价廉。105 年，他把这种纸献给朝廷，人称"蔡伦纸"。当时流传着这样一句话，即"自是莫不从用焉，故天下咸称'蔡侯纸'"，由此可见这种纸的受欢迎的程度。现代的考古资料证明，实际上在蔡伦之前，人们就已经知道了造纸的方法。1933 年，在新疆出土了公元前 1 世纪的西汉麻纸。1957 年，西安东郊的灞桥出土了公元前 2 世纪西汉初期的纸，它们主要是由大麻和少量苎麻纤维制成的，这是世界上现存的最早的纸。

纸的发明为人们提供了一种廉价而方便的书写材料，大大促进了文明的传播。大约在 6 世纪，造纸术传入朝鲜和日本，8 世纪传入阿拉伯。12 世纪，中国的造纸术又经由阿拉伯传入欧洲。18 世纪，法国工程师福得利尼尔兄弟在此基础上，发明了造纸机，从而使大批量生产纸张成为可能。

印刷术的发明是中华文明对世界文明的巨大贡献之一。在印刷术问世以前，要获得一部著作，非得经人辗转抄写，相当费力。我国晋朝时，文学家左思写了一篇《三都赋》，非常华美，读书人竞相传抄，以致洛阳城里纸张价格猛涨，留下了"洛阳纸贵"的成语。在欧洲文艺复兴的早期，封存于修道院书库中的大量古希腊学术著作经过学者的传抄翻译，才得以流传到社会上。而每本书要是都靠抄写才能流传，必然极大地限制知识的传播，能得到书、读上书的只有很少一些人，大多数人只得望书兴叹。

然而印刷术的发现却为人们解决这一问题找到了希望。早在唐朝，中国人就有了雕版印刷术，即在经过处理的木板上刻上文字，然后用鬃做成的小笤帚蘸墨把雕版均匀涂刷一遍，再把白纸覆在雕版上，用刷子轻轻揉擦纸背，揭下后字就印在纸上了。因为在古代的印刷中，雕版的原料常常是枣木、梨木或梓木，所以人们往往把书稿交付印刷出版称作

"付之枣梨"或"付梓"。用雕版不但可以印刷文字内容，还可以印刷图案。1900 年，在我国敦煌发现了一部唐代刻印的佛经，上面的人物图案刻画细腻，栩栩如生。宋朝时，毕昇发明了一种更加先进的印刷技术——活字印刷。活字印刷是世界印刷史上一次划时代的革命。它传到了朝鲜、传到了日本，13 世纪初又随着蒙古人成吉思汗的西征，迅速传到了中亚和欧洲。印刷术的发明和传播在人类知识的传播和发展过程中发挥了巨大的作用。

火药是一类在没有助燃剂的参与下能迅速燃烧并产生大量气体的药剂，它是一类不太猛烈的炸药。我们通常所称的火药主要指"黑火药"，黑火药是人类最早使用的炸药，是我国的四大发明之一。它是一种混合炸药，一般由 75%硝酸钾、10%硫黄和 15%木炭研成粉末，均匀混合而成。黑火药爆炸时发生一系列氧化反应，释放出二氧化碳、一氧化碳和氮气。它作为主要的炸药，沿用了上千年。在北宋时，人们用火炮把火药包抛出去，以此来攻击敌人。在南宋初年，火药武器有了重要的发展，人们制造出了管形武器，如突火枪等。在明朝，人们制造出了"飞弹"和"二级火箭"。而现代的许多先进武器都是在此基础上一步一步发展而来的。

中国的四大发明不仅推动了世界科技的发展，而且还改变了人类社会的发展进程。它们对西欧资本主义形成，对人类由封建社会发展到资本主义社会产生了至关重要的作用。马克思在评价中国四大发明中的火药、指南针、印刷术对欧洲的作用时，曾这样写道：

> **火药、指南针、印刷术**——这是预告资产阶级社会到来的三大发明。火药把骑士阶层炸得粉碎，指南针打开了世界市场并建立了殖民地，而印刷术则变成新教的工具，总的来说变成科学复兴的手段，变成对精神发展创造必要前提的最强大的杠杆。[1]

火药在传入西欧后，成为摧毁西欧封建制度的政治基础，和为资本

---

[1] 马克思：《机器、自然力和科学的应用》，67 页，北京，人民出版社，1978。

主义制度开辟道路的有力工具。

5 世纪后，西欧的封建制度在西罗马帝国奴隶制的废墟上建立起来。在封建时代，西欧各国诸侯割据，自然经济在社会经济中占据统治地位，封建领主们在封建城堡里过着相对自给自足的生活，而封建骑士则成为维护封建制度的阶级基础和社会基础。但是到了封建社会末期，资本主义生产关系在封建社会内部孕育产生。资本主义的发展，客观上强烈要求摆脱封建制度的束缚，建立全国统一的商品市场。而火药的传入和使用正好满足了这种需要，它有力地摧毁了西欧的封建城堡，粉碎了西欧封建制度的阶级基础——骑士阶层，对结束西欧封建割据，建立统一市场起到了巨大的推动作用，在政治上为西欧资本主义制度的建立开辟了道路。

资本主义的发展不仅需要统一的国内市场，而且需要广阔的世界市场。由于西欧本身的市场有限，资源也严重缺乏，资产阶级就大力拓展海外市场，争取尽可能多的原料来源。但是如果没有精确的定位工具，远航几乎毫无可能。中国人发明的指南针恰恰解决了这个难题。西欧人利用从中国传入的指南针，开始了历时达几个世纪的海外探险活动，足迹遍及非洲、美洲、亚洲、大洋洲等各大洲。西欧列强在海外广建殖民地，将世界各地纳入了资本主义世界市场。号称"世界工厂"和"日不落帝国"的大英帝国在其最强盛时，所建立的殖民地遍布世界各大洲，殖民地面积相当于其本土面积的 150 倍。其他的西欧列强，如法国的殖民地面积相当于法国本土面积的 20 倍；而西班牙、葡萄牙则把几乎整个拉丁美洲置于自己的殖民统治之下。尽管"殖民地"这一充满血腥和罪恶的字眼已经随着人类文明的发展在 20 世纪末成了历史名词，但是毋庸讳言，建立殖民体系确是资本主义发展的一个重要阶段，它在资本主义的原始积累和资本主义世界市场的建立过程中发挥了重要的作用。从这个意义上可以说，指南针在资本主义经济制度建立过程中居功甚伟。

中国人发明的火药、指南针曾经在资本主义政治、经济制度建立过程中发挥了重要的作用，而中国四大发明中的印刷术则在打破西欧封建蒙昧主义，传播资产阶级民族主义和民主思想方面做出了巨大的贡献。

在封建时代，封建统治阶级为了维护其统治地位，在文化上实行"民可使由之，不可使知之"的愚民政策。在西欧实行封建蒙昧主义统治的过程中，封建教会扮演了极为重要的角色。当然，这样的政策能够长期实行，除了封建统治阶级本身的强烈意愿以外，也与当时的生产力发展和文化传播工具简陋有密切的关系。因为在以传统农业为主要经济形式的封建时代，社会分工非常简单，生产技术通过代代相传即能完成传授过程。而当时传播文化的工具如竹简、木简、青铜、甲骨、帛布、纸草、泥块等，或笨重，或易坏，或昂贵，确实也不利于文化的传播。

但是，到了西欧封建社会末期，资本主义生产方式开始出现，资产阶级民族主义意识开始觉醒，独立、自由、民主、人权等观念也相应产生。西欧各国新兴的资产阶级强烈要求打破封建政权和封建神权的束缚，建立资产阶级的政治，发展资本主义文化。而要广泛传播资产阶级思想意识和科学文化，则迫切需要采用一种新的有效的文化传播工具。西欧主要国家如英国、德国、法国等在批判封建文化，建立资产阶级文化的过程中均采用了宗教改革这种形式，而中国发明的印刷术则为新教的建立创造了必要的前提，在资产阶级政治思想和科学技术的传播过程中发挥了重要的作用。

中国的四大发明是古代科学技术高度发达的标志和象征，是祖先留给我们的一份丰厚的科学遗产，它表明中国人在研究自然并将相关研究用于造福人类方面，很早而且在相当长的时间内雄踞于世界先进民族之林，这些都是值得我们自豪的巨大源泉。可以毫不夸耀地说，四大发明不但震撼了世界，而且还将世界引入了一个新的时代；但同时我们也应清楚地认识到：进入近代以后中国的科学技术已经明显地落后于世界科学技术发展的潮流。不过，刻苦耐劳的中国人从来不会气馁。中华人民共和国成立 60 多年的历史表明：伟大的中国人民在中国共产党的领导下，已经改变了以前的落后面貌，不但在石油事业、原子武器研制和航天事业等领域内取得了令世界瞩目的成就，而且在生物技术、运载火箭技术、超导研究等方面已跻身世界先进行列。我们深信有中国共产党的英明领导，有中国人民的奋发努力，中华文明一定能在新的世纪里蓬勃发展，为人类做出更大的贡献。

后 记

本书收录的是我在读"活书"过程中撰写的一些作品。有的发表在《光明日报》、《天津日报》、《中国文艺报》等报纸上，有的发表在《史记研究》等论文集里，有的则发表在《史学史研究》、《高校理论战线》、《人民论坛》、《史学理论与史学史学刊》等刊物（集刊）上。文章虽短，但都是我成长过程中所留下的思考。

本书在出版过程中，得到了北京师范大学出版社编辑刘东明的支持与帮助，在此特表感谢。

杨共乐

北京师范大学史学理论与史学史研究中心

2017 年 8 月 17 日

图书在版编目（CIP）数据

史林探径/杨共乐著. —北京：北京师范大学出
版社，2018.8
ISBN 978-7-303-24070-8

Ⅰ. ①史… Ⅱ. ①杨… Ⅲ. ①史学－研究
Ⅳ. ①K0

中国版本图书馆 CIP 数据核字（2018）第 180787 号

营　销　中　心　电　话　010－58805072 58807651
北师大出版社高等教育与学术著作分社　　http://xueda.bnup.com

SHI LIN TAN JING

出版发行：北京师范大学出版社 www.bnup.com
　　　　　北京市海淀区新街口外大街 19 号
　　　　　邮政编码：100875
印　　刷：北京盛通印刷股份有限公司
经　　销：全国新华书店
开　　本：787 mm ×1092 mm　1/16
印　　张：21
字　　数：335 千字
版　　次：2018 年 8 月第 1 版
印　　次：2018 年 8 月第 1 次印刷
定　　价：60.00 元

策划编辑：刘东明　　　　　　　　责任编辑：曹欣欣
美术编辑：王齐云　　　　　　　　装帧设计：王齐云
责任校对：段立超　　　　　　　　责任印制：马　洁